GOLDMANN
Lesen erleben

Buch

Frau lernt einen interessanten Mann kennen, man unterhält sich, alles läuft super. Aber dann ruft er einfach nicht an. Hat er die Telefonnummer verloren? Leidet er an Bindungsangst? Steht er einfach nicht auf sie? Mit ziemlicher Sicherheit kann man all diese Fragen verneinen, wenn es sich nicht gerade um einen Vollidioten handelt. Aber was ist dann der Grund? Rachel Greenwald hat mit 1000 Männern Interviews dazu geführt und herausgefunden, woran es liegt, wenn er sich nicht mehr meldet. Es zeigt sich, dass Frauen anscheinend oft unbewusst abtörnende Signale aussenden. Die gute Nachricht: Die meisten davon lassen sich ganz einfach vermeiden. Kein Mann kann beim ersten Treffen erkennen, ob eine Frau warmherzig, brillant, tolerant und gut in Mathe ist. Aber er kann sehr wohl beurteilen, ob er sie attraktiv und interessant genug findet, um ihr wahres Ich kennenlernen zu wollen. Wenn also irgendwann der Traummann vor einem steht, sollte man vorbereitet sein! Rachel Greenwald gibt die entscheidenden Tipps, was Frauen bei einem ersten Treffen beachten müssen, damit ihr Traummann sie ganz sicher wiedersehen will.

Autorin

Rachel Greenwald hat ihr Studium an der Harvard Business School mit einem Master of Business Administration abgeschlossen und ist seit zehn Jahren als Partnervermittlerin und erfolgreiche Buchautorin tätig. Sie ist einer der bekanntesten Single-Coachs der USA und bei vielen Talkrunden mit hohen und höchsten Einschaltquoten gern gesehen. Mit ihrem Mann und ihren drei Kindern lebt sie in Denver, Colorado.

Von Rachel Greenwald außerdem im Programm

Fang den Mann (E-Book 01151)

Rachel Greenwald

Warum ruft er mich nicht an?

Alles, was Frauen über Männer
wissen müssen

Aus dem Amerikanischen
von Wibke Kuhn

GOLDMANN

Verlagsgruppe Random House FSC-DEU-0100
Das für dieses Buch verwendete FSC®-zertifizierte Papier
Classic 95 liefert Stora Enso, Finnland.

1. Auflage
Vollständige Taschenbuchausgabe Juli 2012
Wilhelm Goldmann Verlag, München,
in der Verlagsgruppe Random House GmbH
© 2010 der deutschsprachigen Ausgabe
Wilhelm Goldmann Verlag, München,
in der Verlagsgruppe Random House GmbH
© 2009 Rachel Greenwald
This translation published by arrangement with
Crown Publishers, a division of Random House, Inc.
Dieses Werk wurde vermittelt durch die Literarische Agentur
Thomas Schlück GmbH, 30827 Garbsen
Originaltitel: Why He Didn't Call You Back
Originalverlag: Crown Publishers
Umschlaggestaltung: Uno Werbeagentur, München
Umschlagillustration: FinePic; Getty Images/Ryan McVay
Redaktion: Wiebke Rossa
Satz: Barbara Rabus
Druck und Bindung: GGP Media GmbH, Pößneck
CB · Herstellung: IH
Printed in Germany
ISBN 978-3-442-17315-0

www.goldmann-verlag.de

Die Definition von Wahnsinn?
Immer wieder dasselbe tun,
aber hartnäckig andere Ergebnisse erwarten.

ALBERT EINSTEIN

Inhalt

1 JEDER STEHT AUF SIE – WARUM ER NICHT?

Warum, warum, warum?

Es ist das große Rätsel unserer Tage: »Warum hat er nicht mehr angerufen?« Da hatten Sie nun eine tolle Verabredung mit einem vielversprechenden Typen. Sie dachten, alles sei prima gelaufen, und haben erwartet, dass Sie ihn wiedersehen würden ... doch dann: *Pffft!* Aus unerfindlichen Gründen löst sich der Kerl in Luft auf. Sie sitzen mit Ihren Freundinnen zusammen und diskutieren, warum er sich nicht mehr gemeldet hat. Was ist bloß passiert zwischen »Ich hol dich um acht Uhr ab« und diesem »*Pffft!*«? Sie stellen Spekulationen an, verbeißen sich in die Frage, suchen ganz rationale Erklärungen oder Rechtfertigungen. Sie möchten wissen *warum*. Und wenn Ihre Freundinnen sagen »Es lag nicht an dir, es lag an ihm!«, dann möchten Sie wissen, ob sie einfach nur nett sein wollen oder die Wahrheit sagen.

Wissen Sie was? Es gibt jemanden, der Ihnen die Wahrheit über diese erste Verabredung verraten kann. Aber das sind nicht Sie, auch nicht Ihre Freundinnen und erst recht nicht Ihre Mutter. Sondern der Typ, mit dem Sie ausgegangen sind. Was also bedeutet, dass Sie niemals erfahren werden, woran es gelegen hat, stimmt's? Falsch. Selbstverständlich würde es Ihnen im Traum nicht einfallen, ihn zu fragen, denn ... na ja, wer würde das schon tun? Total peinlich. Deswegen habe ich ihn für Sie befragt! Sogar gleich tausendmal. Ich habe mit eintausend Männern gesprochen, um herauszufinden, warum sie sich nach dem ersten oder den ersten paar Treffen nicht mehr bei Ihnen gemeldet haben. Dabei habe ich ein paar interessante Antworten bekommen. Wie sich herausgestellt hat, gibt es ganz klare, immer gleichbleibende Gründe, warum Männer Frauen nicht mehr anrufen. Natürlich liegt es manchmal schlichtweg an ihm – wer von uns ist noch nicht mit einem Vollidioten ausgegangen? Doch es hat sich gezeigt, dass wir anscheinend allzu oft Signale aussenden, derer wir uns gar nicht bewusst sind. Hier kommt die gute Nachricht: Die meisten dieser Signale lassen sich ganz einfach vermeiden.

Denken Sie mal darüber nach: Was würden Sie sagen, wenn Sie erfahren, dass drei von vier Männern, mit denen Sie zuletzt ausgegangen sind, alle aus demselben Grund nicht mehr bei Ihnen angerufen haben? Aus einem Grund, der sich beheben ließe? Vielleicht sind Sie erst einmal gekränkt, aber es ist wichtig, dass Sie herausfinden, wo das eigentliche Problem liegt. Vor allem, wenn es dabei um etwas Äußeres geht, was möglicherweise gar nicht zu Ihrem wahren Wesen gehört. Bei den ersten Verabredungen wird die äußerliche Wahrnehmung mit der Realität gleichgesetzt. Wenn also demnächst der Richtige vorbeikommt und Sie sich keinen Fehler leisten wollen, dann möchten Sie doch sicher gut vorbereitet sein, oder?

Das Ziel der ersten Verabredung

Hier ein kleiner Multiple-Choice-Test: Was ist das Ziel der ersten Verabredung?

a) Sie wollen dem Mann Ihr wahres Ich zeigen.

b) Sie wollen, dass er sich ein zweites Mal mit Ihnen verabreden will.

Meiner Meinung nach ist b die korrekte Antwort. Wenn Sie im ersten Moment für a votieren wollten, dann überlegen Sie bitte mal kurz. Niemand kann eine Person beim ersten Date durch und durch richtig einschätzen, ganz gleich, was für eine grandiose Menschenkenntnis er besitzt. Bei der ersten Verabredung benehmen sich die meisten Leute alles andere als normal (der eine mehr, der andere weniger), weil sie nervös, zynisch oder übereifrig sind, weil sie auf der Hut sind, einen schlechten Tag haben oder zu viel trinken. Wie oft haben Sie schon falsch über einen Menschen geurteilt (einen neuen Arbeitskollegen oder Nachbarn zum Beispiel), um ihn dann später doch ganz nett zu finden? Kein Mann kann beim ersten Treffen erkennen, dass Sie warmherzig, nett, brillant, interessant und gut in Mathe sind. Was er beim ersten Date jedoch sehr wohl beurteilen kann, ist die schlichte Tatsache, ob er sie attraktiv und bezaubernd genug findet, um Ihr wahres Ich kennenlernen zu wollen. Das Problem ist nur – er wird Ihr wahres Ich (und Sie seines) nur dann kennenlernen können, wenn Sie beide sich ein zweites Mal verabreden.

Die neue Welt der Partnersuche

Wie einfach ist es also, ein erfolgreiches erstes Date hinzulegen? Leider ist das gar nicht einfach. In den letzten zehn Jahren habe ich einen schockierenden Trend beobachtet: Heutzutage gehen mehr erste Verabredungen daneben als je zuvor. Dem Aufschwung der Partnervermittlungsbranche nach zu urteilen, haben die Leute immer öfter »erste Verabredungen«. Aber diese Verbindungen funktionieren offensichtlich nicht, schließlich gab es noch nie so viele Singles wie heute. Es ist wichtig, dass Sie verstehen, wie die Partnersuche heute aussieht, vor allem wenn Sie gerade nach einer längeren Beziehung wieder Single sind. Heutzutage muss man sich bei der Partnersuche drei wesentlichen Herausforderungen stellen: den negativen Auswirkungen der Online-Kontaktbörsen, einer größeren Anzahl gebildeter Singles sowie der Tatsache, dass Sex relativ leicht zu bekommen ist.

I. Die negativen Auswirkungen des Online-Datings

Mehr Optionen: Die Frage, die sich den meisten Singles stellt, lautet nicht, *ob* sie Online-Partnerbörsen nutzen, sondern eher *wie viele*. Normalerweise haben Singles Profile auf zwei bis drei Seiten, und sie sind auch offen für romantische Kontakte, die sich über anderweitigen sozialen Austausch im Netz ergeben (z. B. Facebook, MySpace, Lokalisten oder Blogs). Wichtig ist hier die soziologische Entwicklung, dass Männer und Frauen heute glauben, sie hätten durchs Internet unbegrenzten Zugang zu ersten Dates. Wenn der potenziell *noch* bessere Partner nur einen Mausklick entfernt ist, warum sollte man dann jemanden anrufen, mit dem die erste Verabredung gut-aber-nicht-hundertprozentig-perfekt gelaufen ist? Bei der heutigen Partnersuche spiegelt sich die Tendenz zur Breite statt Tiefe.

Höhere Erwartungen: Da die Singles eine so große Auswahl haben, urteilen sie auch kritischer. Das wiederum nimmt viel Zeit in Anspruch, also versuchen sie, möglichst schnell durch die Angebote zu surfen und auszusortieren. Der erste Schritt besteht also nur noch aus Eliminieren, statt erst einmal einen näheren Blick zu riskieren. Letztendlich sortieren die Leute nach Perfektion statt nach Potenzial.

Einfachere Absagen: Da eine Online-Bekanntschaft zunächst nur auf dem Bildschirm existiert, sieht man den anderen weniger als Person, daher ist es leichter, ihm einen Korb zu geben. Heutzutage geht es nicht mehr darum, jemanden anzurufen (oder nicht), sondern auf die Enter-Taste zu drücken (oder nicht). So lassen sich diejenigen, die man nicht haben will, so schmerzlos und ohne persönliche Konfrontation eliminieren wie Spam.

II. Die Singles sind gebildeter und erfahrener

Mehr Beziehungen: Heutzutage haben die Männer und Frauen, die sich zu einem Date zusammensetzen, mehr Erfahrungen mit Beziehungen. Normalerweise verabreden sich die jungen Menschen schon viel früher, als es in den vorherigen Generationen üblich war, und bleiben auch länger Single. Das Durchschnittsalter bei der Eheschließung liegt in Deutschland mittlerweile bei 33 (Männer) bzw. 30 Jahren (Frauen). Denken Sie mal darüber nach, was das bedeutet: Eine 35-jährige Frau, die ihren ersten Freund als junger Teenager hatte, verabredet sich seit mittlerweile zwanzig Jahren mit Männern. Je nach Dauer der Beziehungen bzw. Anzahl ihrer Partner könnte sie rein rechnerisch bereits zwanzig wichtige Beziehungen (oder mehr) hinter sich haben.

Tiefere Beziehungen: Die Beziehungen sind nicht nur zahlreicher, sie sind oft auch tiefer, weil die meisten Paare schon vor der Ehe zusammenleben. Dann hat man schon gesehen, wie der andere reagiert, wenn er gestresst, hungrig oder gereizt ist, oder wie er sich auf Reisen verhält. Ob Sie nun geschieden oder verwitwet sind oder gerade frisch aus einer längeren Beziehung kommen, Sie haben frühere Partner viel intensiver erlebt, was bedeutet, dass Ihre Checkliste für den nächsten noch länger geworden ist. Mehr Beziehungen bedeuten automatisch auch mehr Trennungen, und das erschwert es vielen Menschen, neuen Bekanntschaften wieder Vertrauen entgegenzubringen – und macht es ihnen leichter, jemanden gleich von der Liste zu streichen, wenn sie sich nicht sicher sind.

Höheres Maß an Selbsterkenntnis: Die Auswirkungen dieser zahlreicheren und tieferen Vorbeziehungen werden noch verstärkt durch die »Selbsterkenntnis-Industrie«. Darunter verstehe ich das Ansteigen und die vermehrte Akzeptanz von Paartherapien (für verheiratete ebenso wie für unverheiratete Paare), eine hohe Zahl von Menschen in Einzeltherapie, die Ausbreitung populärer Selbsthilfebücher und Beziehungsanalysen in beliebten Fernsehshows. Heutzutage erscheinen die Singles zu ihrer nächsten ersten Verabredung mit dem festen Vorsatz: »*Diesen* Fehler werde ich nicht mehr machen!«

Wer so viel Geschichte mit sich herumträgt, projiziert nur allzu schnell seine Vergangenheit aufs neue Gegenüber und hält sein schnelles Urteil für korrekt. Aber was kommt dabei heraus? Der durchschnittliche Single von heute ist viel erfahrener und glaubt ziemlich sicher zu wissen, wonach er sucht und wonach nicht... und schon wird die erste Verabredung zum beispiellosen Minenfeld.

III. Der Sexfaktor

Heutzutage ist Sex leicht zu kriegen, auch ohne dass man sich dafür auf eine Beziehung einlassen müsste (z. B. One-Night-

Stands oder unverbindlicher »Sex unter Freunden«), und Paare werden in einem viel früheren Stadium ihrer Bekanntschaft sexuell aktiv. Es besteht für Singles also keine Notwendigkeit mehr, sich mehrmals mit der gleichen Person zu verabreden, nur um irgendwann auch Sex »abzubekommen«. Einfacher ausgedrückt: Es fehlt die Dringlichkeit bzw. der körperliche Anreiz, sich mit einer Person näher einzulassen.

Jeder macht Schaufensterbummel, aber kaum einer kauft etwas.

Von einem Augenblick auf den anderen

Doch die größte Herausforderung für alle Singles ist überhaupt nicht neu – die bleibt immer die gleiche. Männer wie Frauen fällen vorschnelle Urteile, anhand derer sie entscheiden, ob sie mit dem anderen noch ein zweites Mal ausgehen oder nicht. Die Menschen verarbeiten Informationen sehr schnell und treffen ihre Entscheidung dann nach »Bauchgefühl«. Dabei ziehen sie Schlussfolgerungen aus allen möglichen Indizien: Äußere Erscheinung, Worte, Verhalten, Geräusche lösen in jedem von uns instinktive Reaktionen aus. Aber diese Reaktionen basieren oft auf Vorurteilen (gegen einen bestimmten Akzent, Kleidungsstil u. Ä.), die uns auf eine falsche Fährte locken.

In seinem Buch *Warum Männer bestimmte Frauen heiraten und andere nicht* untersuchte John Molloy insbesondere den falschen ersten Eindruck. So hat er z. B. Bräute befragt, die gerade aus dem Standesamt kamen, und stellte fest, dass zwanzig Prozent von ihnen ihre Ehemänner nicht mal *mochten*, als sie sie zum ersten Mal trafen! Glücklicherweise haben diese Paare eine zweite Chance bekommen – und darum geht es hier.

Nachdem Sie nun wissen, wie wichtig das Thema des ersten Eindrucks und der vorschnellen Urteile ist, können Sie sich unschwer ausrechnen, dass Sie dem Mann, mit dem Sie sich verabreden, möglichst positive Informationen über sich selbst vermitteln sollten, damit er Sie besser kennenlernen möchte. Ich werde Ihnen über die ersten oberflächlichen Dates hinweghelfen und Sie in das Terrain begleiten, wo Sie und der potenzielle Richtige einander wirklich kennenlernen können.

Ergreifen Sie die Initiative

Traditionellerweise geht der Mann auf die Frau zu, und dank Online-Dating können die Männer heutzutage aus einer noch viel größeren Auswahl schöpfen. In Anbetracht dieser Tatsachen und der anderen beschriebenen Schwierigkeiten muss man sich fragen, warum eigentlich nicht die Frauen die Initiative ergreifen sollten. Ich möchte, dass Sie über Ihre zukünftige Beziehung *selbst* bestimmen, indem Sie sich in die Lage bringen, die Einladung zu einem zweiten Treffen anzunehmen oder abzulehnen. Wahrscheinlich haben Sie schon mal gehört, dass es bei der Partnersuche darauf ankommt, sich eine möglichst große Auswahl anzusehen. Dem kann ich mich nur hundertprozentig anschließen. Aus den meisten Verabredungen entwickeln sich keine Beziehungen. Aus gutem Grund sind Dates ein Filterungsprozess – Sie sollen am Ende nicht mit dem falschen Partner dastehen. Aber wenn Sie mit hundert Typen ausgehen müssen, um den einen zu finden, mit dem Sie den Rest Ihres Lebens verbringen wollen, sollten Sie nicht riskieren, dass auch nur einer von diesen Männern Sie nicht zurückruft – denn was, wenn ausgerechnet er der Richtige gewesen wäre? Ich möchte nicht, dass Sie sich jemals den

Kopf darüber zerbrechen, warum jemand Sie nicht mehr angerufen hat. Ich möchte, dass Sie *wissen* warum und Ihr Wissen nutzen, damit Sie ab heute immer ein zweites Mal angerufen werden. In meiner perfekten Welt würde keine Frau neben dem Telefon warten und sich fragen, warum ein Mann sich nicht mehr meldet. Nein, in einer perfekten Welt gehen Sie mit einem süßen Typen zu Ihrer zweiten Verabredung, während zu Hause den ganzen Abend all die anderen Männer anrufen, die Sie bitten wollen, sich ein zweites Mal mit Ihnen zu treffen.

Das Küchensieb

Wenn Sie sich in die beneidenswerte Lage bringen wollen, dass Sie sich Ihre Verabredungen aussuchen können, müssen Sie zuerst verstehen, was in einem Mann vorgeht, wenn er zu einer Verabredung geht und sich verliebt, vor allem in der heutigen Zeit. (Frauen durchlaufen natürlich denselben Prozess.) Nach meiner Erfahrung als professionelle Singleberaterin und Partnervermittlerin durchlaufen Männer dabei drei Phasen: Zuerst die **Filterphase**, bei der die meisten Frauen durchfallen – wie bei einem Küchensieb. Während der ersten Verabredungen sucht er nach den Eigenschaften, die er persönlich unschön findet. Es ist gut möglich, dass er sich diese Eigenschaften nur einbildet, aber er beobachtet eben ein paar ganz triviale Verhaltensweisen und zieht daraus weitreichende Schlüsse. Er schüttelt das Sieb kräftig, um möglichst viele Kandidatinnen auszusortieren. Als Nächstes kommt die **Auswertungsphase**, in der er sich auf eine Frau konzentriert, die nicht durchs Sieb gefallen ist. Er stellt gedanklich eine Liste mit den Pros und Kontras auf, die umso mehr mit der Realität zu tun haben, je besser er die ausgewählte Frau kennenlernt. »Klar«, denkt er sich dann, »sie hat schon gewisse Fehler, aber das und das finde ich wirklich fantastisch an ihr.« Als Drittes kommt die **Akzeptanzphase**. Er beschließt: »Die Vorteile überwiegen die Nachteile. Die möchte ich ganz haben.« Je besser er sie kennt, umso leichter wird ihm dieser Schritt fallen.

Der Schlüssel zum Verständnis dieses Prozesses ist das Erkennen der Reihenfolge: Zuerst wird gefiltert, dann ausgewertet und zum Schluss akzeptiert. Ich glaube, dass viele erste Verabredungen nicht deswegen schiefgehen, weil zwei Leute nicht sonderlich gut zusammenpassen, sondern weil einer zu früh ausgemustert wird, bevor der andere einschätzen konnte, ob sein Gegenüber überhaupt Beziehungspotenzial hat.

Wissen ist Macht

Was kann man tun, wenn heutzutage eine zweite Verabredung schwieriger zu erreichen ist als je zuvor? Was kann man tun, um nicht gleich durchs Sieb zu fallen? Vielleicht ist es ganz nützlich, wenn Sie einfach mal einen Schritt zurücktreten und überlegen, wie Sie ein solches Problem in anderen Bereichen Ihres Lebens angehen würden. Eine erste Verabredung hat tatsächlich große Ähnlichkeit mit einem Bewerbungsgespräch. Innerhalb kürzester Zeit versuchen Sie, einen guten Kontakt zu der Person herzustellen, die Ihnen gegenübersitzt und Sie einer kritischen Musterung unterzieht. Sie tun alles, um nicht durchs Raster zu fallen, damit Sie zu einem zweiten Gespräch eingeladen werden. Wonach der andere sucht, ist Ihnen nicht ganz klar, aber Nachfragen ist leider nicht möglich. Beim Bewerbungsgespräch geht es (wie auch beim Dating) nur um die drei Vs: vorbereiten, vorstellen und vermitteln eines günstigen

Eindrucks. Wenn Sie gut vorbereitet in Ihr Bewerbungsgespräch gehen, können Sie Ihre Stärken herausstellen, Ihre Schwächen herunterspielen und wichtige Fragen stellen. Was passiert jedoch, wenn Sie unvorbereitet sind? Wenn Sie die Kriterien für die Auswahl des richtigen Bewerbers nicht kennen? Ein paar falsche Worte, und prompt haben Sie den Stempel weg: »Nicht das, wonach wir suchen.« Und bevor Sie sich's versehen, schneit Ihnen auch schon das gefürchtete Schreiben ins Haus: »Vielen Dank für Ihre Bewerbung... Sollte sich in unserem Haus eine passende Stelle ergeben, werden wir uns gern bei Ihnen melden.«

Die meisten Karriereberater empfehlen Jobsuchenden, »ihre Hausaufgaben zu machen«. Das bedeutet, dass Sie sich vor dem ersten Gespräch vorbereiten, indem Sie sich ein Bild davon verschaffen, was die Firma eigentlich sucht. Sie können sich die Homepage des Unternehmens ansehen, vielleicht sogar Freunde fragen, die dort arbeiten, welche Werte in dieser Firma besonders großgeschrieben werden, und sich in beruflichen Netzwerken über aktuelle Trends informieren. Dabei könnten Sie z. B. herausfinden, dass ein Unternehmen Leute mag, die hart arbeiten, aber auch viel Kreativität einbringen, und dass sie insbesondere nichts für Einzelkämpfer übrig haben, sondern auf Teamgeist setzen. Wenn Sie sich so sorgfältig vorbereiten, können Sie den Job vielleicht wirklich ergattern, denn Sie betonen im Gespräch Ihre Arbeitsmoral, Ihre Kreativität und Teamfähigkeit mehr als alle anderen Eigenschaften. Natürlich sollten Sie die Stelle auch wirklich wollen, aber in erster Linie müssen Sie darauf hinarbeiten, dass die Leute *Sie* wollen. Sie sollten sich alle Optionen offen halten.

Nun stellen Sie sich vor, Sie gehen zu Ihrer ersten Verabredung mit einem netten Typen und wissen schon vorher genau, was die meisten Männer suchen. Genauer gesagt, was ihnen bei einem Treffen mit Ihnen eher gefällt und was nicht. Wenn Sie eine Möglichkeit hätten, Ihre »Hausaufgaben« vor dem Date zu machen, hätten Sie gleich wesentlich bessere Chancen. Sollten Sie einen gemeinsamen Freund haben, können Sie dem im Voraus ein paar Fragen stellen. Sie können den Mann googeln, sein Profil bei einer Online-Singlebörse oder seine Facebook-Seite ansehen. Aber manchmal hat man solche Quellen eben nicht zur Verfügung, und normalerweise vermitteln sie ja auch nur recht oberflächliche Informationen. Wenn Sie herausfinden, dass er ein netter Kerl ist, 31 Jahre alt, gerne Ski fährt und nicht vorbestraft ist, sagt Ihnen das nicht unbedingt, wonach er beim ersten Date Ausschau halten wird – oder mit welchen Eigenschaften er sich bei einer Frau niemals arrangieren könnte. Sich vor jeder Verabredung darüber zu informieren, was der Betreffende mag oder nicht, ist ein wenig unpraktisch – einfacher ist es, wenn Sie wissen, worauf die meisten Männer anspringen, damit steigern Sie Ihre Chancen schlagartig. Wissen ist Macht, sowohl im Beruf als auch bei der Partnersuche. Jetzt müssen Sie nur noch an dieses Wissen herankommen.

Die Abschlussgespräche

Während meines Studiums an der Harvard Business School habe ich ein sehr gutes Management-Instrument kennengelernt – das Abschlussgespräch. Wenn ein Angestellter seinen Posten verlässt, führt der Personalchef oft noch ein solches Gespräch mit ihm, um seine Meinung über die Firma, seinen Chef und seine Kollegen zu hören. Da der Angestellte schon mit einem Bein zur Tür hinaus ist, wird er tendenziell etwas freimütiger sprechen. Diese Freimütigkeit wiederum ermöglicht es dem Unternehmen, bestimmte nützliche Informationen zu erhalten, um seine Organisation zu verbessern und gute Angestellte in Zukunft besser halten zu können. Kluge Geschäftsführer reagieren konstruktiv auf solches Feedback, vor allem, wenn sie von mehreren ausscheidenden Mitarbeitern immer wieder dasselbe zu hören kriegen.

Als ich anfing, als professionelle Singleberaterin zu arbeiten, wollte ich herausfinden, warum die ersten Verabredungen meiner Kundinnen schiefgingen, und die typischen Knockout-Kriterien aufspüren. Also übertrug ich die Technik des Abschlussgesprächs aus der Geschäftswelt in die Welt der Partnersuche. Ich begann 1998 damit, als Sophie, eine meiner Kundinnen aus New York, sich telefonisch bei mir über James beklagte, einen 27-jährigen Investmentbanker. Ihre erste Verabredung war ganz toll gelaufen, meinte sie, aber nun waren schon zwei Wochen verstrichen, und er hatte sich immer noch nicht gemeldet. »Rachel, warum hat er mich nicht mehr angerufen?«, fragte sie. Tja, ich hatte keine Ahnung – wie konnte ich auch? Ich bin weder Wahrsagerin, noch war ich bei ihrem Date dabei gewesen. Aber ich hatte eine einschneidende Idee: Warum sollte ich James nicht einfach selbst anrufen und fragen?

Mit Sophies Erlaubnis rief ich also an. Er sprach sogar überraschend bereitwillig über ihre Verabredung. Natürlich musste ich meinen ganzen Charme einsetzen, um über die übliche Standardantwort »die Chemie hat einfach nicht gestimmt« hinauszukommen. Doch nach ein paar vorsichtigen Fragen wurde er offener. Ich hatte schon damit gerechnet, dass er auf meine Nachricht auf seinem Anrufbeantworter gar nicht reagieren würde, aber zum Schluss unterhielt ich mich eine halbe Stunde mit ihm. Ich erfuhr, dass er Sophie zwar attraktiv fand und sich gut amüsiert hatte, sie jedoch mehrfach erklärt hatte, wie tief sie sich in New York verwurzelt fühle. Das hatte ihm Sorgen gemacht. Nach James' Angaben hatte sie gesagt: »Ich liebe New York – ich würde diese Stadt niemals verlassen. Hier habe ich meine Arbeit und meine ganze Familie.« James kam ursprünglich von der Westküste und hoffte, nach ein paar Jahren an der Wall Street wieder dorthin zurückzuziehen. Er kam zu dem Schluss, dass Sophie in puncto Wohnort nicht flexibel war, und hielt es nicht der Mühe wert, die Bekanntschaft mit ihr fortzuführen. Ein wenig verlegen gab er zu, dass er sich gerne mit hübschen Frauen traf, ohne über die Zukunft nachzudenken, aber im Grunde sei er bereit, sich wirklich fest zu binden. Allerdings wollte er nur etwas Festes mit einer Frau anfangen, die in seinen Augen auch wirklich Potenzial für eine langfristige Beziehung hat.

Als ich Sophie dieses Feedback übermittelte, fiel sie aus allen Wolken – und dann wurde sie sogar ein bisschen wütend über die verpasste Gelegenheit. »Es stimmt schon, ich liebe New York, aber für den richtigen Typen – vor allem, wenn wir heiraten würden – wäre ich durchaus bereit umzuziehen.« Doch das war natürlich nicht der Eindruck, den sie ihm vermittelt hatte. Da sie nur zwei Stunden hatten, um sich kennenzulernen, hatte er auch nicht weiter nachgeforscht, ob sie sich einen Umzug vielleicht doch vorstellen konnte. Sie hatte überhaupt keine Chance herauszufinden, ob James der Richtige für sie gewesen wäre. Sie hat bei ihrem Date den Niemals-im-Leben-Fehler begangen (siehe auch: Die Kategorische, Seite 258).

Nachdem ich aufgelegt hatte, musste ich mich erst einmal von meiner Verblüffung erholen. Die Idee mit dem Abschlussgespräch war ebenso einfach wie nützlich. Wenn ich den Männern mehr Informationen über die typischen Fehler bei einer ersten Verabredung entlocken konnte, dann konnte ich meinen Kundinnen auch helfen, ihre Chancen bei der Suche nach dem richtigen Partner zu steigern. Also bot ich meinen Abschlussgespräch-Service auch anderen Kundinnen an und rief weitere Männer an. Durch Versuch und Irrtum verfeinerte ich in den nächsten zehn Jahren meine Vorgehensweise.

Wenn ich die Männer anrief, fragte ich sie zuerst, ob sie fünf Minuten Zeit für mich hätten. Tatsächlich lag die Durchschnittsdauer der Gespräche bei 43 Minuten! Wichtig war, dass ich diesen Singlemännern einen Anreiz bot, offen mit mir zu reden. Also behauptete ich einfach, dass ich ihnen ein Treffen mit einer tollen Frau vermitteln könnte, wenn ich nur genau wüsste, wonach sie suchten (und das war nicht mal gelogen – ich kenne jede Menge großartige Singlefrauen!). Zuerst trieben wir ein bisschen Small Talk, ich sorgte dafür, dass sie sich wohlfühlten, und sicherte ihnen zu, dass ihre Aussagen anonym bleiben würden. (Einige Männer sagten, sie hätten auch nichts dagegen, dass ich die individuellen Anmerkungen weitergebe, wenn es jemandem weiterhilft.) Dann unterhielten wir uns über die Frau, mit der sie ausgegangen waren, und ihre Ansichten über Verabredungen im Allgemeinen. Zwar fingen die meisten Männer mit oberflächlichen Standardantworten an, à la »es ist einfach kein Funke übergesprungen« oder »ich habe jemand anders kennengelernt«, aber ich kam bald dahinter, dass diese Ausreden eine verschlüsselte Aufforderung waren: »Ich hatte einen wahren Grund, aber wenn Sie ihn erfahren wollen, müssen Sie sich schon ein bisschen anstrengen.« Also habe ich mich angestrengt. Wenn ein Mann versuchte, mir mit der fehlenden Chemie zu kommen, antwortete ich: »Können Sie mir von einer Frau erzählen, mit der Sie diese Chemie gefühlt haben, und was sie anders gemacht hat?« Oder wenn er behauptete: »Ich hatte damals so viel Arbeit«, fragte ich zurück: »Und was hätte sie tun müssen, damit Sie etwas weniger hart arbeiten und sie um eine zweite Verabredung bitten?« Meine Taktik ging auf, und ich bekam sehr konkrete Auskünfte.

Die ehrlichen Antworten, die ich sammelte, waren für meine Kundinnen von unschätzbarem Wert. Als unbeteiligte Dritte konnte ich die Knock-out-Kriterien erforschen und aufrichtiges Feedback von den Männern erhalten, die normalerweise einfach aus dem Leben der betreffenden Frau verschwinden würden. Nach Gesprächen mit fünf oder sechs verschiedenen Verabredungspartnern einer Kundin konnte ich für gewöhnlich ein Verhaltensmuster bei ihr entdecken, dessen sie sich überhaupt nicht bewusst war. Was mich besonders erstaunt: Die Frauen wissen überhaupt nicht, was bei einem missglückten Date eigentlich passiert ist. Vor meinen Abschlussgesprächen fragte ich meine Kundinnen immer nach ihrem Tipp, welchen Grund die Männer für ihren Rückzug angeben würden. Soll ich Ihnen was verraten? Neunzig Prozent von ihnen lagen *daneben*!

Manchmal ist es ein Segen, wenn man bestimmte Dinge nicht weiß. Aber die Daten aus meinen Abschlussgesprächen geben Singlefrauen endlich klare, konstruktive Informationen über die wichtigsten Knock-out-Kriterien. Diese Antworten können erhellen, was bei Ihren früheren Verabredungen möglicherweise schiefgelaufen ist – aber was noch viel wichtiger ist: Sie helfen Ihnen, sich auf Ihre nächsten Verabredungen besser vorzubereiten und das Ergebnis zu verbessern. Immer wieder habe ich erlebt, wie Abschlussgespräche dazu führten, dass die betreffenden Frauen anschließend ziemlich rasch einen Partner fanden.

Kluge Partnersuche

Ich höre Sie förmlich schon losschimpfen: »Wollen Sie damit sagen, ich soll mein Verhalten ändern, damit ich anziehender auf die Männer wirke? Wenn er der Richtige ist, sollte er mich so mögen, wie ich bin!« Ich gebe Ihnen vollkommen recht, er sollte Sie so mögen, wie Sie sind. Wie Ihre Freundinnen, Ihre Kollegen, Ihre Familie und Ihre Nachbarn. Aber er kann Sie nicht mögen, wie Sie wirklich sind, bevor er Sie richtig kennengelernt hat. *Und er kann Sie erst bei einem zweiten Date richtig kennenlernen.* Wer seine Verabredungen klug angeht, denkt immer ein paar Züge voraus, wie ein Schachspieler.

Damit wären wir wieder beim Ziel der ersten Verabredung, nämlich um eine zweite Verabredung gebeten zu werden. Wenn Sie Ihre Taten und Worte darauf abstimmen, wonach Männer *im ersten Stadium des Kennenlernens* Ausschau halten, geben Sie der Chemie eine Chance, bei Ihnen beiden zu wirken. Später können Sie sich dann immer noch auf die unvermeidlichen Kompromisse konzentrieren. Wenn Sie beide verliebt sind, werden Ihnen im Laufe der Zeit die Dinge, die Sie aneinander nicht mögen, in einem ganz anderen Licht erscheinen. Sie könnten sich z. B. vorstellen, dass Sie einem Mann einen Korb geben, der starken Mundgeruch hat. Aber wenn Sie den Mundgeruch erst bei der fünften Verabredung feststellen, nachdem Sie hundert andere wundervolle Eigenschaften an ihm bemerkt haben, würden Sie das Ganze etwas anders bewerten. Sie könnten denken: »Das ist wirklich ein richtig toller Typ, was könnte ich da denn unternehmen? Vielleicht gebe ich ihm ein paar Pfefferminzbonbons oder ich kaufe ihm so einen Zungenreiniger oder ich schlage ihm vor, mal zum Arzt zu gehen, um eventuelle medizinische Gründe abklären zu lassen...« Zu diesem Zeitpunkt würden Sie die Dinge also schon

ganz anders angehen. Statt sofort mit einem kategorischen
»Nein, danke!« zu reagieren, bemühen Sie sich um eine Lösung. Aber trotzdem sollte der Mann vielleicht lieber ein Pfef-
ferminz lutschen, bevor er mit Ihnen ausgeht – damit Sie bei
einer zweiten Verabredung herausfinden, dass er die Mühe
wert ist.

Eine kluge Verabredungsstrategie bedeutet nicht, dass Sie
Ihre Werte oder Ihre Identität verändern müssen. Sie sollen
auch nicht gekünstelt auftreten oder ihm etwas vorspielen.
Vielmehr sollen Sie Informationen sammeln und sie zu Ihrem
Vorteil nutzen. Angenommen, Sie finden heraus, dass der
scharfe Typ, der Sie auf der Party eines gemeinsamen Freundes
um ein Date gebeten hat, auf Schokolade steht. Wenn Sie mit
ihm in ein Restaurant gehen und beschließen, ein Dessert zu
teilen, wäre es dann nicht schlau, Schokoladenkuchen statt
Pfirsichtörtchen zu ordern? Sie würden es doch auch zu schätzen wissen, wenn ein Mann Sie nicht ins Sushi-Restaurant
führt, wenn er weiß, dass Sie allergisch sind auf Meeresfrüchte.
Vielleicht würden Sie sich dann eher denken, dass Sie ihn näher kennenlernen möchten. Ihr Verhalten anzupassen bedeutet also nur, dass Sie Rücksicht auf Ihr Gegenüber nehmen und
sich bemühen, ihm den Abend richtig schön zu machen. Ich
rate Ihnen nicht, sich zu verbiegen, um seinem Wunschbild zu
entsprechen (das würde ihn sowieso bald langweilen), sondern
dass Sie kleine Änderungen in Ihren Verhaltensweisen und
Worten vornehmen, die ihm ermöglichen – bei weiterer Verabredungen – herauszufinden, wie toll Sie wirklich sind.

Bei der Kommunikation zwischen Mann und Frau läuft im
frühesten Stadium des Kennenlernens so einiges schief – aber
wer ist nun dafür verantwortlich?

Manchmal unterliegen die Gründe für ein missglücktes
Date überhaupt nicht Ihrer Kontrolle, z.B. wenn ein Mann

sagt: »Sie war zu groß« oder »Meine Kontaktperson bei den Anonymen Alkoholikern meinte, ich sollte mich zu diesem Zeitpunkt noch nicht mit Frauen verabreden« oder gar »Meine Frau mag es nicht, wenn ich mit anderen ausgehe!« Solche Fälle sind mir bei der Recherche zwar untergekommen, aber man macht es sich zu leicht, wenn man alles vom Tisch wischt und den Männern pauschal die Schuld gibt. Bei meinen Nachforschungen hat sich herausgestellt, dass 78 Prozent der Frauen glaubten, dass der Mann sie aus Gründen nicht zurückgerufen hatte, *die sich ihrer Kontrolle entzogen.* Doch nur 15 Prozent der Männer stimmten dem zu. Die restlichen 85 Prozent der Gründe hatten mit einem negativen Eindruck zu tun, der sich aus Worten oder Verhalten der Frauen ergeben hatte. Zudem gaben die Männer so oft ähnliche Gründe an, dass sich in meinen Daten bald gewisse Muster herauskristallisierten. Es mag Sie überraschen, wie banal diese Gründe zum Teil sind, aber das Gute daran ist, dass sich diese Fehler normalerweise vermeiden lassen.

Der Rechercheprozess

Wenn man tausend Männer befragt, muss man ziemlich viel zuhören, und ich erhielt dabei unerwartete Einblicke in die männliche Denkweise. Mithilfe gut geschulter Rechercheassistenten kontaktierte ich eine große Zahl von Singlemännern – bei Speed-Dating-Veranstaltungen, bei Partnerschaftsagenturen, online, bei zufälligen Begegnungen in Cafés, Buchhandlungen und Flughafenlounges. (Für Details zur Recherchemethode und den gesammelten Daten siehe auch: Anmerkungen, Seite 353ff.) Nachdem ich all diese Typen gefragt hatte: »Was war Ihr Hauptgrund, die Frau nicht zurückzurufen?«, nannte man mir 4152 Gründe (Doppelnennungen waren möglich), die sich grob in zwei Kategorien einteilen ließen:

a) die Abtörner *während* der ersten Verabredung

b) die Abtörner *direkt nach* der ersten Verabredung

Die Einteilung in diese zwei Kategorien spiegelt meine Erkenntnis wider, dass das erste oder zweite Date manchmal richtig gut laufen kann – aber kurz danach passiert etwas, was das Ganze im Keim erstickt.

Wie Sie in diesem Buch noch sehen werden, waren die Abschlussgespräche schockierend, komisch, bitter, verblüffend, peinlich und tiefschürfend. Indem ich die Männer dazu ermunterte, sich mir anzuvertrauen, ist mir ein Riesenfang geglückt: Sie haben mir mitgeteilt, was sie nie wieder bei Ihrer ersten Verabredung tun sollten, und was Sie sich andererseits von Ihnen erhoffen. An dieser Stelle möchte ich noch einmal unterstreichen: Niemand schiebt Ihnen die Schuld für jedes missglückte Date in die Schuhe oder verlangt von Ihnen, dass Sie Ihre Identität ummodeln. Sie sollen hier einfach die Reaktionen der Männer auf weibliche Kommentare und Verhaltensweisen kennenlernen, die Ihnen vorher vielleicht nicht bewusst waren. Wissen ist Macht.

Augen auf!

Die Mehrheit der Männer, mit denen ich gesprochen habe, war wirklich aufmerksam und hilfsbereit. Trotzdem könnten Ihnen ein paar von den Geschichten, die ich Ihnen unterbreiten werde, ziemlich unfair oder vorurteilsbeladen vorkommen. Viele wollten anfangs auch gar nicht zugeben, wie trivial und oberflächlich die Gründe für ihren Abgang waren. Die meisten gaben sogar zu, dass es eher mehrere kleine Auffälligkeiten sind, die sich dann in ihrem Kopf zu einem negativen Stereotyp addieren. Erwarten Sie also bitte keine Ansammlung von Storys über missglückte Dates, die man sich so gerne erzählt – bei denen man sich entweder vor Lachen auf dem Boden wälzt oder vor Schreck nach Luft schnappt. Die Anekdoten in diesem Buch handeln vielmehr von ganz »normalen« Menschen (na ja, meistens jedenfalls), und sie stammen von berufener Stelle. Manche der Männer klingen wie die letzten Idioten – mit denen Sie ja sowieso nie ausgehen würden –, aber ich habe ihre Aussagen trotzdem mit aufgenommen. Natürlich habe ich bei meinen Befragungen eine Menge aufschlussreicher Kommentare gehört, und die machen auch den Löwenanteil dieses Buches aus. Allerdings dürfen Sie sich auch auf ein paar lächerliche, plumpe und schmerzhafte Antworten gefasst machen.

Wie Sie von diesem Buch profitieren

In diesem Buch finden Sie eine Reihe ganz simpler Verhaltensweisen, die eine tolle Frau jederzeit bei einem Date mit einem potenziellen Partner an den Tag legen würde – ohne zu merken, dass er ihr Verhalten aus einer ganz anderen Perspektive betrachtet. Die zehn größten Abtörner, die Männer den Rückzug antreten ließen, werden mit detaillierten Erklärungen und Beispielen aufgeführt. Nach jeder dieser Beschreibungen können Sie mithilfe eines kurzen Selbsttests herausfinden, ob Sie in dieses Stereotyp passen. Wenn Sie sich den Schuh anziehen müssen, können Sie im folgenden Abschnitt nachlesen, was Sie dagegen tun können. Sie werden sicher mindestens ein Stereotyp finden, das Ihr typisches Verabredungsverhalten beschreibt, und vielleicht noch ein paar kleinere obendrauf. Seien Sie ehrlich mit sich selbst, wenn Sie über gewisse Signale nachdenken, die Sie vielleicht unbewusst senden, und seien Sie darauf gefasst, dass das Ihnen zugeordnete Stereotyp Ihnen völlig abwegig vorkommen könnte.

Wenn Sie etwas lesen, was überhaupt nicht auf Sie passt, halten Sie einfach für einen Moment inne, als wären Sie beim Zappen bei einer besonders peinlichen Castingshow hängen geblieben, sehen Sie sich die Kandidaten an und freuen Sie sich, dass nicht Sie es sind, die sich da zum Affen macht.

Sollten Sie Ihre Nachforschungen noch ein Stückchen weiter treiben wollen, dann erkläre ich Ihnen später (siehe: Ihre persönlichen Abschlussgespräche, Seite 331ff.), wie Sie eine Freundin engagieren können, die für Sie ganz persönliche Abschlussgespräche mit den jeweiligen Männern führt. Wenn ein unbeteiligter Dritter ein paar von den Männern anruft, mit denen Sie ausgegangen sind, werden Sie Ihrem individuellen Verabredungsverhalten garantiert auf die Spur kommen. Dafür ist sicher einige Courage nötig, aber bevor ich Ihnen mehr darüber erzähle, wollen wir uns erst einmal ansehen, was Männer über andere Frauen gesagt haben, mit denen Sie sich vielleicht identifizieren können.

Unterm Strich

Sie haben kapiert, dass er einfach nicht auf Sie steht – aber *warum*? Die Enthüllungen in diesem Buch sind ungeschminkt, ehrlich und kommen direkt von der Quelle. Sie bieten Ihnen die tiefsten Einsichten, die ich im Laufe meiner zehn Jahre im Partnervermittlungsgeschäft zu sehen bekommen habe. Ich garantiere Ihnen, wenn Sie begreifen, was die Typen da draußen wirklich denken, und anschließend die entsprechenden Tipps befolgen, dann können Sie den richtigen Mann anziehen und halten, wenn er eines Tages des Weges kommt. Nach der Lektüre dieses Buches werden Sie in der Lage sein, eine selbstsichere Antwort auf die frustrierende, zwanghafte, verstörende, allgegenwärtige Frage zu geben: »Warum ruft er mich nicht an?«

Und dann können Sie etwas dagegen unternehmen.

2 WAS DIE FRAUEN GESAGT HABEN

Fragen, die Singlefrauen mir immer wieder stellen

Wenn Sie als Singleberaterin arbeiten, hat jede Frau eine Frage an Sie. Wenn sie dann herausfindet, dass Sie über tausend Männer befragt haben, dann hat sie plötzlich eine Million Fragen. Ich glaube, es geht mir ein bisschen so wie Ärzten. Man geht auf eine Party, denkt nichts Böses, und plötzlich will einem jeder die seelischen Narben seiner Beziehungen vorführen. Aber das macht mir gar nicht so viel aus. Aus solchen Unterhaltungen habe ich genauso viel gelernt wie aus meinen offiziellen Abschlussgesprächen.

Hier sind die fünf häufigsten Fragen, die Singlefrauen mir stellen – und meine Antworten:

1. Viele Männer rufen mich wieder an, aber nicht unbedingt diejenigen, die mir am besten gefallen haben. Was hat das zu bedeuten?

Wenn Sie jede Menge Einladungen zu zweiten Dates erhalten – selbst wenn sie nicht von den Typen kommen, von denen Sie sie sich erhofft hatten –, wissen Sie schon mal, wie man einen guten ersten Eindruck macht ... aber eben nicht immer. Hier haben wir es mit zwei Problemen zu tun. Erstens: Wenn Sie nicht die Männer anziehen, die Ihnen am besten gefallen, verhalten Sie sich in deren Gegenwart vielleicht einfach anders.

Eventuell merken Sie es selbst gar nicht, dass Sie Nervosität ausstrahlen. Zweitens: Wenn Sie glauben, dass Sie einen tollen ersten Eindruck hinterlassen haben, weil Sie wieder angerufen werden, folgen Sie einer gefährlichen Logik. Denn wenn Sie nur auf dem Markt sind, um Ihren *einen* Seelenverwandten zu finden, dann ist es tatsächlich relevant, wenn auch nur *einer* Sie nicht wieder anruft. Man lernt so selten jemanden kennen, den man wirklich toll findet, dass Sie unbedingt das Beste aus jeder Chance herausholen sollten. Wenn 99 Versager wieder bei Ihnen anrufen und nur der potenzielle Richtige nicht, dann haben Sie ein Problem.

Warum sollte Ihnen eine kleine Panne den Weg zu einer großen Liebe verstellen? Es sind vielleicht nur triviale Kleinigkeiten, aber sie schlagen sich zum Schluss in Ihrer Gesamtwertung nieder. Egal, welche Kleinigkeiten es sind, Sie sollten unbedingt herausfinden, warum Sie keine Hundert-Prozent-Quote erzielen, und etwas dagegen unternehmen. Darum geht es in diesem Buch.

2. Ich mache mir keine Sorgen darüber, ob mich jemand um eine zweite Verabredung bittet, weil ich gar nicht erst so viele interessante Männer treffe, die mich ein erstes Mal ausführen! Was kann ich tun?

Wenn Sie das Gefühl haben, dass Sie einfach nicht die richtigen Männer kennenlernen, wage ich zu behaupten, dass Sie in Ihrem täglichen Leben permanent »richtigen« Männern über den Weg laufen – von denen Sie aus irgendeinem Grund aber nicht um eine Verabredung gebeten werden. Technisch gesehen fallen diese Bekanntschaften nicht in die Kategorie »Männer, die mich nicht mehr angerufen haben«, denn es handelt sich bei ihnen um Ihre männlichen Arbeitskollegen, die Typen, die im Fitnessstudio neben Ihnen keuchen, die Männer, die in der Reinigung hinter Ihnen stehen, oder die Freunde Ihrer Freundinnen. Dazu gehören auch männliche Besucher Ihres Online-Profils, die dann doch keine Mail geschickt oder auf Ihre Kontaktaufnahme nicht reagiert haben. Ebenso der Typ, den Sie neulich auf dieser Party kennengelernt und mit dem Sie eine Viertelstunde gequatscht haben – zu Anfang hatte er ein gewisses Interesse, aber dann ist er gegangen, ohne Sie nach Ihrer Nummer gefragt zu haben. Irgendwie haben Sie seinen kurzfristigen Erwartungen wohl doch nicht entsprochen. Für ihn war die Kennenlernphase damit abgeschlossen. Verabredung überflüssig. Diese Fehlzündungen – d.h. frustrierende platonische Freundschaften, kurze Unterhaltungen, Blickflirts oder abgebrochene Online-Kontakte – sind im Grunde gleichbedeutend mit Dates, nach denen Sie nicht mehr angerufen wurden. Mithilfe dieses Buches können Sie herausfinden, wie Männer Sie nach einem ersten Eindruck in ihre Klischeevorstellungen einordnen – sowohl in Ihrem Alltagsleben als auch bei einer Verabredung.

3. Warum schreiben Sie kein Buch für Männer, in dem Sie ihnen erklären, warum die Frauen *sie* nicht zurückrufen?

Glauben Sie mir, wenn es in diesem Universum mehr als sieben Männer gäbe, die Dating-Ratgeber kaufen würden, dann hätte ich ein ganzes Buch über die Fehler geschrieben, die die Männer bei ihren Verabredungen begehen! Natürlich hat sich im Laufe meiner Recherchen herausgestellt, dass ebenso viele Frauen wie Männer nach der ersten Verabredung einen Schlusspunkt setzen ... Aber in diesem Buch geht es darum, *Ihnen* einen entscheidenden Vorteil zu verschaffen, sodass Sie mit

Traumtypen ausgehen und die Blindgänger aussortieren können. Aber die Wirklichkeit sieht so aus, dass Männer nie die
Bücher kaufen, die sie vielleicht am nötigsten bräuchten.

4. Wie entscheidend ist das Aussehen bei der Frage, ob man zurückgerufen wird?

Aussehen ist wichtig, das ist nichts Neues. Wir leben eben in
einer sehr visuell geprägten Welt. Im Laufe von tausend Unterhaltungen mit Männern habe ich weiß Gott genug negative
und grobe Bemerkungen über die äußere Erscheinung von
Frauen gehört, von nüchternen Beschreibungen pockennarbi-
ger Gesichter bis hin zu unschmeichelhaften »Elefantenfes-
seln«. Manchmal kam es mir so vor, als hätte ich schon mein
Leben lang den Gesprächen im Herrenumkleideraum ge-
lauscht. Da Aussehen unbestreitbar wichtig ist, wenn man anziehend auf einen Mann wirken will, sollten Sie sich immer
bemühen, so gut wie möglich auszusehen. Das wissen Sie bereits.

Aber ich habe auch noch eine gute Nachricht: Es geht *nicht
nur* ums Aussehen. Rufen Männer *ausschließlich* solche Frauen
zurück, die sie schön fanden? Ganz und gar nicht. Der Grund,
den sie am häufigsten für ihren Rückzug nach der ersten Verabredung angaben, hatte nur wenig mit dem Erscheinungsbild
der Frau zu tun. Warum? Weil die Männer ihr Aussehen schon
beurteilt hatten, bevor sie sie um ein Date baten. Tatsächlich
hatten ungefähr 80 Prozent der Befragten die Frau vor der ersten Verabredung entweder persönlich gesehen (z. B. auf einer
Party, im Büro, im Fitnessstudio) oder hatten zumindest ihr
Foto im Internet betrachten können. Nachdem sie das Aussehen schon eingeschätzt hatten, bevor sie mit ihr ausgingen,

gab es normalerweise einen anderen Grund, der eine zweite Verabredung ausschloss (Ausnahme: irreführende Online-Fotos!). Außerdem konnte ich feststellen, dass 68 Prozent der befragten Männer sagten, die betreffende Frau sei durchaus gut aussehend gewesen.

Ja, die äußere Erscheinung einer Frau spielt für Männer eine große Rolle. Jedoch lässt es sich nicht leugnen, dass sie sich zwar oft mit einer Frau verabreden, die sie für gut aussehend halten, aber beileibe nicht mit jeder dieser gut aussehenden Frauen ein zweites Mal ausgehen möchten. Die Gleichung lautet also nicht schlicht »hübsches Gesicht + tolle Figur = zweite Verabredung«. Die wahre Frage ist die: Wenn ein gewisser Grad an Attraktivität gewährleistet ist, warum werden manche Frauen dann zurückgerufen und manche nicht? Oder, anders formuliert: Was macht eine Frau sowohl physisch als auch emotional attraktiv für einen Mann?

Ich habe mit diversen »sehr gefragten« Männern gesprochen, die sich jede Woche mit schönen Frauen (inklusive Models) verabreden. Ich habe mich sogar mit einem der »begehrtesten Junggesellen von New York« (laut der Zeitschrift *Gotham*) unterhalten. Warum rufen diese Kerle die eine attraktive Frau zurück, eine andere, ebenso attraktive, aber nicht (wenn sie denn an einer Beziehung interessiert sind)? Die Antwort hat selbstverständlich nichts mit dem Aussehen, sondern mit dem Charakter zu tun. Ich habe auch mit begehrten »Normalos« geredet, die nicht unbedingt auf der Suche nach California Girl Barbie sind. Viele haben mir anvertraut, dass sie bewusst Frauen anpeilen, denen sie in puncto Schönheit sieben von zehn Punkten geben würden, denn solche Frauen seien netter, weniger arrogant und hätten einen besseren Charakter als die Neuner oder Zehner, mit denen sie nach ihrer eigenen Einschätzung ebenfalls ausgehen könnten.

Die zwei folgenden Zitate bringen am besten zum Ausdruck, was die befragten Männer dachten:

Wenn eine in Sachen Aussehen sechs von zehn Punkten hat, kann sie es mit einem tollen Charakter zu einer Acht bringen.

Brian, 28, New York

Die wirklich heißen Frauen – mit den tollsten Gesichtern und Körpern – sind meistens die unsichersten oder die egoistischsten. So jemanden möchte ich nicht als langfristige Partnerin.

Daniel, 34, Indianapolis

Ist das Aussehen also wirklich wichtig? Klar, aber es ist definitiv nicht alles.

5. Warum glauben Sie, dass die Männer Ihnen bei Ihrer Befragung die Wahrheit gesagt haben?

Einige meiner Kundinnen konnten sich in den Antworten der Männer, die ich nach dem ersten Date für sie befragt habe, sofort wiedererkennen. Manchmal ist es aber nicht ganz so einfach. Überraschung und Leugnen sind ganz normale Reaktionen, wenn man hört, dass einen die anderen nicht immer so wahrnehmen, wie man sich selbst sieht. »Warum sollte ich glauben, was er sagt?«, werde ich oft gefragt – und vielleicht liegt Ihnen diese Frage auch auf der Zunge. Männer können lügen und sind sich ihrer eigenen Fehler nicht immer bewusst – das ist uns allen hinlänglich bekannt –, also kann man durchaus in Zweifel ziehen, ob ihre Auskünfte aufrichtig waren. Aus den folgenden Gründen bin ich überzeugt, dass ihre Antworten (gerade, wenn man die Aussagen von tausend Männern verallgemeinert) sowohl wahr als auch relevant sind.

a) Ich habe mich niemals mit den simplen Einzeilern abspeisen lassen. Wie im ersten Kapitel schon erwähnt, habe ich keine oberflächlichen Antworten akzeptiert, wenn ich die Männer zu ihren missglückten Verabredungen befragt habe. Ich habe weitergebohrt und keinen Trick ausgelassen, wenn ich merkte, dass sie sich um heikle Themen herumreden wollten. Nach tausend Abschlussgesprächen war mein Nonsens-o-meter ein ausgereiftes, hochempfindliches Messinstrument! Meine psychologische Ausbildung hat mir hier ebenfalls gute Dienste geleistet. Wenn ein Mann mauern wollte, habe ich das ziemlich schnell durchschaut.

b) Die Ergebnisse waren gleichbleibend. Während ich die Befragungen für dieses Buch durchführte, habe ich bewusst Männer jeden Alters, aus allen Regionen des Landes, aus allen möglichen ethnischen Gruppen ausgewählt (siehe auch: Anmerkungen, Seite 353ff.) und ihnen meine Fragen telefonisch, persönlich oder online gestellt. Diese Männer hatten sich entweder einmal mit einer meiner Kundinnen verabredet, oder ich hatte sie ganz willkürlich ausgewählt (z. B. bei öffentlichen Veranstaltungen). Außerdem habe ich bei manchen Befragungen einen männlichen Interviewer eingesetzt, um jede »weibliche Voreingenommenheit« auszuschließen, die den einen oder anderen Mann vielleicht von völliger Offenheit bei seinen Aussagen abgehalten hätte. Trotz dieser bunten Mischung wiederholten sich die Antworten auffällig, was mich davon überzeugte, dass die Männer die Wahrheit sagten – und die Gründe, die sie angaben, ihre echten waren.

c) Ich habe die Männer geködert. Da ich von Natur aus vorsichtig bin, habe ich den Männern eine Belohnung in Aussicht gestellt, um sicherzugehen, dass sie mir auch aufrichtig antworten. Ich sagte ganz einfach: »Wenn Sie mir sagen können, was Sie wirklich suchen (also z. B. auch, was diese spezielle Frau nicht hatte, die Sie nicht mehr angerufen haben), dann könnte ich Ihnen vielleicht eine Freundin vorstellen, die Ihren Ansprüchen besser entspricht.« Die meisten Männer, mit denen ich mich unterhalten habe, waren noch ungebunden, also gefiel ihnen der Vorschlag durchaus. Während ich keineswegs für jeden Einzelnen von ihnen eine tolle Singlefrau im Hinterkopf hatte (und auch nicht alle dieser Männer es wert waren, mit einer meiner Freundinnen oder Kundinnen verkuppelt zu werden!), habe ich auf diese Art meinen Gesprächskandidaten über die Jahre mehr als hundert Frauen vorgestellt.

d) Ich habe den Männern Feedback gegeben. Männer sind auch nur Menschen! Gerade wenn sie älter werden, rennen sie nach einer Verabredung nicht gleich in die Umkleide, um vor ihren Kumpels zu prahlen – aber sie sind mit echten Gefühlen (positiven oder negativen) aus ihrer Verabredung herausgekommen und würden sich gern darüber austauschen. Im Unterschied zu Frauen haben sie zu diesen Zwecken aber nicht unbedingt eine feste Date-Nachbesprechungsrunde zur Verfügung. Also war ich ihr Feedback. Sie wollten nicht nur darüber reden, was bei ihren Verabredungen gut (oder schlecht) gelaufen war, ich glaube, meine Gesprächsanfrage hat manchen auch geschmeichelt oder ihr Selbstbewusstsein gehoben. Mir sollte es recht sein. Ich bekam nützliche Antworten von ihnen, egal, welchen zusätzlichen Nutzen die Männer aus den Gesprächen zogen.

e) Wenige wahre Auskünfte wären immer noch besser als gar keine. Es ist besser, wenn man sich anhört, was die Männer sagen, als sie überhaupt nicht zu fragen. Natürlich gab es ein paar, die tiefer gehende psychische Probleme hatten, die sie mir in dem Abschlussgespräch nicht mitteilen konnten oder wollten. Aber *was* sie mir mitgeteilt haben, war immer noch nützlich und interessant, vor allem, wenn ich von den verschiedensten Männern immer wieder dieselben Dinge zu hören bekam. Die angesprochenen Themen – sollten sie stellenweise auch unvollständig sein – können Ihnen immer noch wertvolle Einsichten verschaffen, mit deren Hilfe Ihr nächstes Date besser laufen wird.

f) Es funktioniert! Unterm Strich kann ich nur sagen: Die Abschlussgespräche funktionieren! Meine Kundinnen, die sich das Feedback wirklich zu Herzen genommen haben, konnten von entscheidenden Verbesserungen bei ihren folgenden Verabredungen berichten. Viele von ihnen sind mittlerweile mit wunderbaren Männern verlobt oder verheiratet. Sie haben nur ein paar einfache Korrekturen vorgenommen – die keinesfalls eine Veränderung ihrer Persönlichkeit verlangten –, und schon bald wurden sie um ein zweites und drittes Treffen gebeten. Weitere Verabredungen bedeuten automatisch die Chance, den anderen besser kennenzulernen, denn das zweite Treffen führt zum dritten und zum vierten und so weiter. Meiner Erfahrung nach haben die Frauen, die sich den Erkenntnissen meiner Gespräche geöffnet haben, sehr rasch den Richtigen gefunden (oder mehrere potenzielle Richtige).

Die Top Drei – Was Frauen glauben, aus welchem Grund er nicht mehr angerufen hat

Bevor ich im Auftrag einer meiner Kundinnen einen Mann anrief, um eine Abschlussbefragung mit ihm durchzuführen, habe ich sie immer gefragt, was *sie* für den Hauptgrund hielt, warum er sich nicht mehr bei ihr gemeldet hatte. Wie ich bereits erwähnte, lagen die Frauen zu neunzig Prozent daneben. Normalerweise tippten sie auf einen dieser drei Gründe:

I. Zeitpunkt

44 Prozent der Frauen glaubten, dass er sich nicht mehr gerührt hatte, weil das Timing schlecht war. Dazu gehörten Rechtfertigungen wie: »Er war zu diesem Zeitpunkt nicht bereit für eine feste Beziehung« (weil er sich frisch getrennt hatte, nur spielen wollte, noch an seiner Ex hing oder einfach unreif war), »Er war zu beschäftigt« (im Job oder auf Reisen) oder »Er hatte andere Prioritäten in seinem Leben« (trainierte für einen Marathon, war alleinerziehender Vater usw.).

II. Angst

21 Prozent der Frauen tippten, dass ihn Ängste abhielten, sie wieder anzurufen. Ich hörte Begründungen wie: »Er hatte Angst vor Nähe«, »Er hatte Angst, wieder verletzt zu werden« oder »Er war eingeschüchtert von meinem Erfolg (oder meinem Lebensstil)«.

III. Vergebliche Liebesmüh

13 Prozent der Frauen meinten, *sie* seien an einem zweiten Date mit ihm nicht interessiert gewesen – das habe er wohl gespürt und sich die Mühe gespart, sie noch einmal anzurufen.

Weitere Vermutungen

Die restlichen 22 Prozent der Frauen meinten »Vielleicht war er schon mit einer anderen liiert«, »Der Altersunterschied war zu groß«, »Er fand mich zu dick«, »Er wollte keine Alleinerziehende«. Manche meinten auch: »Ich war perplex – ich hätte gewettet, dass er mich wieder anruft.«

Eine Frau tippte, der Betreffende müsse ein verkappter Schwuler sein, aber als ich ihn nach seinen Gründen fragte, rief er sofort: »Das war die totale Hundefanatikerin! Sie hat ständig über ihren Hund geredet, hatte Hundehaare auf dem Blazer und hat mir auf ihrem Handy ein Foto von ihm gezeigt. Sie hat sogar eine Geburtstagsparty für ihn geplant.« (Natürlich ist es möglich, dass der Mann ihre Hundeliebe absurd fand und *zusätzlich* auch noch schwul war – das entzieht sich meiner Kenntnis!)

Ein weiteres Beispiel war die Frau, die mich bat, ihren besten Freund anzurufen, um ihn zu fragen, warum er immer wieder andere Freundinnen mit seinen Kumpels verkuppelte, sie aber noch nie jemandem vorgestellt hatte. Widerwillig gab sie an, dass er vielleicht heimlich in sie verliebt sei, während sie nur platonische Gefühle für ihn hegte. Als ich ihn anrief, erklärte er mir, sie rede ständig von »heißen, geilen Typen«, mit denen sie ausgehen wollte – er hätte zwar jede Menge tolle Freunde, aber aufs Cover der *GQ* würde es keiner von ihnen schaffen. Also nahm er an, sie würde sich für seine Kumpels nicht interessieren und stellte sie nie einem von ihnen vor.

Im Großen und Ganzen waren bei den Gründen, die die Frauen vermuteten, zwei Punkte bemerkenswert. Erstens drückten sie sich genauso vage aus wie die Männer zu Anfang der Abschlussgespräche. Die Frauen konnten sich an kein bestimmtes Ereignis während ihrer Verabredung erinnern, an dem man den Rückzug hätte festmachen können. Natürlich sprachen manche Männer anfänglich tatsächlich von schlechtem Timing, Ängsten oder dem Gefühl vergeblicher Liebesmüh, aber wenn ich hartnäckig weiterbohrte, stellte sich meistens heraus, dass der wahre Grund ein anderer war. Zweitens bezogen sich die Vermutungen der Frauen meistens auf Faktoren, die sich ihrer Kontrolle entzogen. Ja, manchmal war es auch so: 15 Prozent der Männer gaben solche Gründe an, aber 85 Prozent nannten Gründe, die direkt mit einem negativen ersten Eindruck zu tun hatten, weil die Frau irgendetwas gesagt oder getan hatte, was ihnen gegen den Strich ging.

Ich habe eine gute Nachricht für Sie: Diese Faktoren lassen sich in den meisten Fällen durchaus beeinflussen, was Ihnen ganz neue Möglichkeiten eröffnet. Wenn Sie erst einmal wissen, wie die Männer scheinbar harmlose Bemerkungen oder Handlungen wahrnehmen, können Sie sich den Richtigen herausfischen, wenn er vorbeigeschwommen kommt.

3 WAS DIE MÄNNER GESAGT HABEN

Die zehn größten Abtörner
während der ersten Verabredung

Dieses Kapitel offenbart die von den Männern am häufigsten genannten Abtörner – die Gründe, warum ein Date in die Binsen ging. Außerdem erfahren Sie darin, wie Sie Abhilfe schaffen können. Wenn Sie die Gründe lesen, halten Sie sich bitte immer vor Augen, dass es hier nicht darum geht, Sie von Verabredungen abzuschrecken, Sie in tiefe Reue über Ihre vergangenen Fehler zu stürzen oder Ihnen das Gefühl zu vermitteln, immer alles falsch zu machen. Überhaupt nicht. Ich möchte Ihnen zeigen, welche *trügerischen* Indizien die Männer davon abhalten, sich ein zweites Mal mit Ihnen zu treffen.

Eine der wichtigsten Erkenntnisse, die mir bei den tausend Befragungen zuteilwurde, war diese: Wenn ein Mann eine Frau nicht mehr anruft, dann deswegen, weil er am Ende des ersten Dates zu dem Schluss gekommen ist, dass sie in eines seiner weniger schmeichelhaften weiblichen Stereotype fällt. Sie hat ein paar Kleinigkeiten gesagt oder getan (die Knock-out-Kriterien), die ihn zu dieser Schlussfolgerung geführt haben. Obwohl wir alle wissen, was das Wort »Stereotyp« bedeutet, wollen wir einmal kurz innehalten und uns folgende Definition vergegenwärtigen: *Ein Stereotyp ist ein übermäßig vereinfachtes, überzeichnetes Bild einer Gruppe.* (Also z. B. »Fußballer sind dumm«. Oder »Franzosen sind unfreundlich zu Touristen«.) Die Menschen bedienen sich solcher Stereotype, um ih-

re Umwelt schnell katalogisieren zu können, solange sie ihr
Wissen noch nicht vertieft haben. Bei der Partnersuche benutzen Männer Stereotype, um Frauen trotz der eher spärlichen
Informationen, die man bei der ersten Verabredung austauscht, effizient einschätzen zu können. Sie wissen, worüber
ich rede, denn Frauen benutzen dieselbe Taktik bei Männern.
Ganz wichtig ist, dass Sie die häufigsten Stereotype kennenlernen, die die Männer den Frauen anheften – und das aufgrund
scheinbar trivialer Verhaltensweisen, die Sie leicht vermeiden
können, sobald Sie Bescheid wissen.

Vergessen Sie nicht, dass die Männer aufgrund der im ersten
Kapitel genannten Gründe eher Frauen aussortieren wollen.
Daher konzentrieren sie sich darauf, ein *negatives* weibliches
Stereotyp zu finden, das auf Sie passt, und kein positives. Ich
habe die drastischsten Beispiele aus meinen Gesprächen ausgesucht, um Ihnen die verschiedenen Stereotype zu erläutern,
und Sie können sich überlegen, was davon vielleicht auf Sie zu-
trifft, wenn auch nicht in so starker Ausprägung. Wenn Sie sich
in der einleitenden Beschreibung eines »Abtörners« nicht
gleich wiedererkennen, lesen Sie bitte trotzdem weiter bis zum
Schluss, bestimmt werden Sie in der einen oder anderen Verhaltensweise Übereinstimmungen entdecken. Die »Kommt Ihnen das bekannt vor?«-Fragen am Ende bieten Ihnen abschlie-
ßend die Möglichkeit, sich selbst treffend einzuschätzen.

Zwar habe ich die Gründe in der Reihenfolge aufgeführt, in
der sie von den Männern vorgebracht wurden, aber für Sie ist
natürlich der Punkt der wichtigste, der am ehesten auf *Sie* zu-
trifft. Wenn ein Grund, der eher am Ende der Liste rangiert, für
Ihr Verhalten bei Dates charakteristisch ist, dann ist das tatsächlich auch das Thema, auf das Sie sich konzentrieren sollten.
(Für die zahlenmäßige Verteilung der 4152 von den Männern
genannten Gründe siehe auch: Anmerkungen, Seite 353ff.)

Die Chefin

*Ich kam mir eher vor wie bei einem Arbeits-
essen, nicht wie bei einer Verabredung.*
Carl, 28, Philadelphia

*Bei der Arbeit habe ich täglich genug mit
Aggression zu tun. Wenn ich nach Hause kom-
me, möchte ich dort jemanden, der weicher
und fürsorglicher ist.*   Jacob, 31, New York

*Ihr stand auf die Stirn geschrieben: »So und so
werden die Dinge laufen« statt »So denke ich
darüber, aber ich würde gern auch deine Meinung dazu hören«.*   Kiran, 52, Seattle

Der wichtigste Grund, den mir die Männer genannt haben, lief
mehr oder weniger auf eines hinaus: dominantes Verhalten.
Viele Männer meinten, das Date sei gescheitert, weil sie die
Frau eher für einen Job einstellen würden, als noch einmal mit
ihr auszugehen. Gut möglich, dass sie die Intelligenz und die
Fähigkeiten einer Frau durchaus bewundern, aber das bedeutet nicht, dass sie sie attraktiv finden. Die Männer haben nicht
gesagt, dass sie sich eine schlichte, hilfsbedürftige oder unkomplizierte Partnerin vorstellen, aber sie hatten keine Lust,
sich in ihren persönlichen Beziehungen angespannt, herabge-
setzt oder vernachlässigt zu fühlen.

Der Ausdruck »Chefin« reflektiert dabei die Auffassung der
Männer, dass manche Frauen *streitlustig, wettbewerbsbetont, kontrollierend, unweiblich, zu unabhängig* oder *zu wenig fürsorglich*
auf sie wirkten. Mit anderen Worten, manche Frauen strahlen
einfach etwas Maskulines aus. Natürlich würden Frauen ihr

Verhalten nicht mit denselben Attributen beschreiben, sondern sich zu Recht als *überzeugend, kompetent, kampferprobt, schlau, organisiert, modern, selbstbewusst* oder *direkt* bezeichnen. So können die Ansichten auseinandergehen.

Das ist ein ganz schön harter Brocken für die Frauen von heute, vor allem für solche, die beruflich erfolgreich sind. Im Grunde lässt sich alles verhaltenspsychologisch erklären – Männer wie Frauen ähneln dem pawlowschen Hund: Wir legen das Verhalten an den Tag, für das wir belohnt werden. Wenn der pawlowsche Hund lernt, dass er ein Leckerli bekommt, sobald er bellt, wird er irgendwann nur noch bellen. Am Arbeitsplatz werden Frauen (ebenso wie Männer) mit Beförderungen, Bonuszahlungen, Lob und Respekt belohnt, wenn sie Initiative und Kompetenz beweisen. Wenn Frauen Karriere gemacht haben, haben sie auf ihrem Weg nach oben viele traditionell eher männliche Eigenschaften angenommen, egal ob sie im Bereich Finanzen, Einzelhandel, Recht oder Partyorganisation arbeiten. Diese Alpha-Persönlichkeit abzulegen, wenn man aus dem Büro kommt, ist gar nicht so einfach. Doch sie kommt viele teuer zu stehen.

Ein Mann hat mir erzählt, dass die meisten Frauen, die er heutzutage kennenlernt, es lieber hätten, wenn er »ihre Leistungen statt ihren Hintern« bewundert. Damit wären wir beim Einmaleins der Partnersuche. Wenn Sie berufliche Anerkennung über sinnliche Begierde stellen, haben Sie wahrscheinlich gerade die Chance auf eine zweite Verabredung verspielt. Ich nenne diese Chefinnen auch »Die Schneewittchen-Generation«: Sie sind durch die gläserne Decke nach oben vorgestoßen, haben ihren gläsernen Schuh aber gleich mit zerbrochen. Natürlich ist das unfair. Gott sei Dank glaube ich nicht, dass Sie sich zwischen einer Beförderung und einem Date mit Ihrem Traumtypen entscheiden müssen. Sowie Sie sich die

Probleme bewusst gemacht und ein paar einfache Korrekturen vorgenommen haben, können Sie jederzeit beides haben.

Es ist schon schwer genug, sich von Verantwortung, Konzentration aufs Wesentliche und Organisation von Arbeitsplänen zu lösen, aber ebenso wichtig ist es, dass Ihnen Folgendes klar ist: Die Männer erklären, dass das »Image« der Frau, die sie sich um acht Uhr abends wünschen, nicht dasselbe ist, wie das Image der Frau, die sie um acht Uhr morgens wollen. Er würde niemals rote Rosen für die Arbeitskollegin kaufen, mit der er tagsüber zusammenarbeitet – die, mit der er die Strategie bei einem bestimmten Kunden bespricht und die seiner Meinung nach problemlos die ganze Firma schmeißen könnte. Sie schüchtert ihn nicht ein (behauptet er jedenfalls). Er hat wirklich Respekt vor ihr. Aber viele Männer können sich einfach nicht vorstellen, nach einem langen Arbeitstag zu so einer Frau nach Hause zu kommen (oder, präziser ausgedrückt, zu ihrem *Stereotyp*). Was den Beruf angeht, haben 44 Prozent der Männer bei einer separaten Online-Befragung angegeben, dass sie am liebsten eine Lehrerin heiraten würden. Diese Umfrage stammt von 2008, nicht 1950!

Während meiner Gespräche haben mir die meisten Männer erklärt, dass sie sich eine intelligente, patente Frau wünschen, mit der sie sich angeregt unterhalten können. Der Job der Frau war nicht das Zünglein an der Waage, wenn sie überlegten, ob sie sie wieder anrufen sollten, aber es war wichtig, ob sie ein sanftes Wesen hatte – soweit sich das während der ein, zwei Stunden des ersten Dates einschätzen ließ. Dieser Zeitrahmen ist entscheidend, denn es geht bei der ersten Verabredung nicht darum, wie Sie in Ihrem Innersten sind, sondern dass Sie sich am Ende mit ganz nichtigen Bemerkungen oder Taten aus dem Rennen werfen können, bevor er Sie kennen- und schätzen lernen kann.

Sind Sie eine Chefin?

Bei der Chefin gibt es sechs typische Verhaltensmuster. Obwohl sich manche von ihnen überschneiden, hat jedes doch ganz charakteristische Züge. Kommt Ihnen eine der folgenden Beschreibungen bekannt vor... vielleicht auch nur ein kleines bisschen?

Streitlustig

Paul, ein 28-jähriger Kunsthändler, vertraute mir an: »Ich glaube, Frauen meinen, sie müssten mir beweisen, dass sie schlauer sind als ich, um ernst genommen zu werden.« Mehrere Männer fanden es frustrierend, dass sie keine Frau finden konnten, die sie intellektuell herausfordert, ohne sie einfach plattzumachen. Wie die Befragten immer wieder erklärten, wollten sie die Meinung der Frau durchaus hören, aber sie wünschten sich einen lustigen, intelligenten Meinungsaustausch und keinen hitzigen Streit.

Der 41-jährige Arzt Scott beklagte sich, dass er sich bei seiner Verabredung gefühlt hatte, »als würde sie die ganze Zeit für die Abschlussprüfung des Debattierklubs üben. Ein einziger Schlagabtausch, das ging den ganzen Abend so.« Sie hatten zum Beispiel in einem Restaurant die Speisekarte gelesen und nach einer Vorspeise gesucht, die sie sich teilen könnten. Dabei erwähnte er, dass er kein Curry mag, woraufhin sie zurückgab: »Wer mag denn bitte kein Curry? Wie ist das bloß möglich, dass du kein Curry magst?« Woraufhin ein paar Minuten über seine Curry-Abneigung diskutiert wurde, und was immer er sagte, sie hatte eine scharfzüngige Antwort parat. Sie sprach vom Nährwert und von Eltern, die ihre Kinder bewusst an neue Geschmacksrichtungen heranführen müssen. Sie brachte ihre Bemerkungen gar nicht bissig vor, erzählte er, aber die ganze Sache nervte ihn einfach nur noch. »Manometer«, stöhnte er, »sie hätte doch nur sagen müssen: ›Okay, du magst also kein Curry – wollen wir uns dann vielleicht die Artischocken mit Dip bestellen?‹ Wissen Sie, es wäre vielleicht gar nicht so schlimm gewesen, aber ich war in derselben Woche schon mit einer anderen, viel entspannteren Frau ausgegangen, und als dann die Curry-Debatte losging, hab ich mich innerlich langsam ausgeklinkt.«

Ich wette, Scotts Gegenüber hielt diesen Wortwechsel eher für einen spielerischen Wettkampf, mit dem sie ihm beweisen wollte, dass sie die Herausforderung war, die die Männer doch so gerne suchen. Aber überraschend nebensächliche oder profane Wortwechsel wie dieser können sich im männlichen Hirn zu Symptomen eines größeren Problems aufbauschen. Scott erwähnte noch zwei weitere Beispiele von dieser Verabredung, die dem Curry-Drama ähnelten, und er gab zu, dass er sie am Ende einfach als »streitsüchtige Person« abgestempelt hatte.

Der Redenschreiber Bart, 28, beschrieb mir seine Verabredung mit Holly, einer meiner Kundinnen. Er meinte, eigentlich sei sie alles gewesen, wonach er suche... bis die Stimmung bei ihrem Date komplett kippte. Als sie in scherzhaftem Plauderton über ihre Eltern redeten, erwähnte er, dass seine Mutter Hausfrau sei. Nach seinen Angaben verschwand in diesem Moment das Lächeln aus Hollys Gesicht, und sie sagte: »Vorsicht – du bewegst dich hier auf gefährlichem Terrain. Ich hoffe, das bedeutet nicht, dass du von deiner zukünftigen Frau auch erwartest, zu Hause bei den Kindern zu bleiben. Ich für meinen Teil liebe meine Arbeit nämlich und möchte auch weiterarbeiten, wenn ich eine Familie gegründet habe.« Bart erzählte, wie das Gespräch sofort bitterernst wurde, während sie jeweils ihre Ansichten über Frauen, Arbeit und Familie verfochten. Er meinte, er sei in diesem Punkt offen für die Wünsche seiner zukünftigen Gattin, doch sie hielt ihm entgegen, das sage er vielleicht jetzt, doch später würde er wahrscheinlich das traditionelle Hausfrauenmodell bevorzugen, das er als Heranwachsender erlebt hatte. Also stritten sie sich über dieses heikle Thema, und Bart kam zu dem Schluss, dass Holly »irgendwie streitlustig« war. So ein Mädchen finde er nicht attraktiv, erklärte er.

Als ich Holly dieses Feedback übermittelte, antwortete sie nur: »Tja, der hat eben ein überempfindliches Ego.« Dabei hatte sie mir vorher anvertraut, dass sie eigentlich hoffte, ihn wiederzusehen. Meiner Meinung nach war es zu früh, um zu beurteilen, ob er ein überempfindliches Ego hatte. Wenn sie sich bei weiteren Verabredungen näher kennengelernt hätten, hätten sie die Ansichten des anderen besser einschätzen können, um dann eine wohlinformierte Entscheidung über ihr Zukunftspotenzial treffen zu können.

Wettbewerbsorientiert

Mehrere Geschichten, die ich über die Chefin gehört habe, hatten mit Wettbewerbsorientierung zu tun. Die Frauen in dieser Kategorie unterschieden sich dadurch von den Streitlustigen (die streiten, um ihr Wissen oder ihre Intelligenz unter Beweis zu stellen), dass sie unbedingt »gewinnen« wollten. Ob sie bei einem unausgesprochenen Wettkampf im Namedropping die Nase vorn haben mussten (»Wer von uns beiden kennt mehr wichtige Leute in der Stadt?«) oder ausfechten wollten, wer besser über Wein Bescheid weiß oder nach der letzten Party weniger geschlafen hat – dieser Typ Frau muss immer besser sein als andere. Die Männer haben mir erzählt, dass es eher ihren Wettbewerbsgeist anstachelt als romantische Gefühle weckt, wenn eine Frau versucht, sie mit ihren Bemerkungen oder Geschichten zu übertrumpfen. Die Jungs denken nicht: »Wie beeindruckend!« Und sie sagen auch nicht: »Hey, super, sie hat mich beim Bowling besiegt!« Natürlich habe ich ein paar Geschichten zu hören bekommen, bei denen sofort klar war, dass es ihn einfach nur gekränkt hatte, auf dem Tennisplatz, beim Golf oder an der Spielekonsole besiegt zu werden. Aber wir wissen doch alle: Ab und zu müssen wir die Männer gewinnen lassen, um ihr Ego zu streicheln.

In den Augen der Männer hatten es die wettbewerbsorientierten Frauen darauf abgesehen, um jeden Preis zu gewinnen, statt sich freundlich und anmutig zu geben (was der Idealvorstellung einer langfristigen Partnerin näher kommt). Diese Art von Wettbewerbsorientierung zeigte sich auf die subtilsten Arten. SekouWrites (das ist sein echter Name, den ich mit seiner Erlaubnis erwähnen darf, und ja, er schreibt sich genau so, in einem Wort), ein 36-jähriger Schriftsteller aus New York, hat mir von einer Frau erzählt, die er schon als wettbewerbsorientiert empfand, als sie sich bloß zu einigen versuchten, wo sie sich treffen wollen. Er hatte Alma auf einer Signierstunde in Brooklyn kennengelernt und fand sie sehr attraktiv. Als SekouWrites sie anrief, um Zeit und Ort für ihr erstes Date festzulegen, erklärte sie ihm, sie habe ein Meeting um fünf Uhr nachmittags, das zwei Stunden dauern würde, und er möge sie doch bitte um sieben Uhr vom Büro abholen. Er entgegnete: »Oh, manchmal kann sich so ein Meeting ja hinziehen – warum rufst du mich nicht einfach an, wenn ihr fertig seid, und dann komm ich dich abholen? Ich brauche keine zehn Minuten zu deinem Büro.« Darauf sie: »Was stört dich bitte an meinem Vorschlag? Ich finde es besser, wenn du einfach um sieben kommst. Ich bin dann schon da.«

Er erklärte mir, dass ihn gar nichts an ihrem Vorschlag gestört hatte – er wollte den Abend nur bestmöglich planen. Aber dann gab es ein mehrminütiges Hickhack, bei dem sie sich über die logistischen Details stritten. Natürlich enthielt seine Beschreibung auch Elemente der »streitlustigen« Frau, aber SekouWrites betonte, dass es sich für ihn so anfühlte, als sei es ihr immens wichtig, dass ihr Plan »gewann«. Wie er erzählte, versuchte sie auch einen scherzenden Ton anzuschlagen, hörte sich dabei aber an wie ein Kind auf dem Schulhof: »Ätschibätsch, mein Plan ist besser als dein Plan!« Zum Schluss trafen sie sich um sieben vor ihrem Büro, aber für den Rest des Abends achtete er extrem auf jede ihrer Bemerkungen. Wenn sie vorschlug: »Gehen wir doch zu Fuß, statt ein Taxi zu nehmen«, hörte er heraus: »Ich weiß, was besser ist.« Wie er zugab, war er vielleicht zu voreingenommen, aber wie auch immer, auf eine zweite Verabredung hatte er keine Lust mehr.

Eines fiel mir bei den Abschlussgesprächen immer wieder auf: Sobald ein Typ etwas wittert, das ihm gegen den Strich geht, hält er Ausschau nach weiteren Beweisen für diese Hypothese. Und dann findet er natürlich auch was. Ich glaube, wenn man akribisch genug hinsieht, findet man alles, was man finden will.

Jake, ein 26-jähriger Maschinenbauer, hatte eine ähnliche Story auf Lager. Er erzählte von einem Abend mit einer Frau namens Carla, die er hinterher nie wieder anrief. Bei einer Dinnerparty hatte ein gemeinsamer Freund sie einander vorgestellt, der beiden vorher angedeutet hatte, sie würden einander bestimmt gut gefallen. Jake betrachtete diese Dinnerparty quasi als ihr erstes Date und freute sich auf Carla, denn sein

Freund hatte sie als hübsch, zierlich und frech beschrieben. Als sie sich dann persönlich begegneten, plauderten sie ein wenig, bevor sie sich an den Tisch setzten. »Die Frau hat echt Potenzial«, dachte er. Da es eher ein kleiner Kreis war, beteiligten sich meistens alle Anwesenden an einem Gespräch. Irgendwann kam das Thema globale Erwärmung auf, und es wurde brisant, als ein Mann verkündete, er glaube nicht, dass überhaupt etwas dran sei an all diesen Behauptungen. »Hast du den Film von Al Gore denn nicht gesehen?«, fragte Carla. »Natürlich«, erwiderte der andere, »einfach lächerlich.« »Tja«, erwiderte Carla, »ich hab den Film dreimal gesehen, und einer der Wissenschaftler, den Gore zitiert hat, war einer meiner Professoren in Yale. Ich kann dir versichern, seine Daten sind absolut wasserdicht, alles bestätigt von Nobelpreisträgern.« »Das ist doch alles bloß politische Propaganda«, tönte der andere.

So flogen minutenlang die spitzen Bemerkungen zwischen den beiden hin und her. Während Jake beobachtete, wie Carla mit ihrem »Widersacher« kämpfte, kam es ihm so vor, als wäre es ihr weniger wichtig, ihre Meinung darzulegen, als vielmehr zu beweisen, wer mehr Fakten kannte und die »Runde« für sich entschied. Zwar musste er zugeben, dass er die Bemerkungen des anderen Typen auch ziemlich aufreizend fand, aber sein Augenmerk lag an diesem Abend eben auf Carla. Wie er erklärte, wünscht er sich eine Frau, die ihre Liebenswürdigkeit zu bewahren weiß, auch wenn sie es mit einem Vollidioten zu tun hat. Carlas Stil hingegen ließ ihn schmerzlich zusammenzucken, wie er mir erzählte. »Sie war so kämpferisch, so aggressiv... wollte den anderen Gast ständig überbieten. Ich bin sicher, das ist sehr nützlich, wenn man diese Frau als Scheidungsanwältin hat, aber wer wünscht sich so was schon bei seiner Freundin?«

Kontrollierend

Die beruflich erfolgreiche Chefin hat die Dinge gern unter Kontrolle. Sie ist es gewohnt, die Zügel in der Hand zu halten. Aber wenn diese Gewohnheit sich bei der Verabredung mit einem Mann zeigt, kann sie ihn abschrecken – zumindest beim ersten Mal. Später, wenn sich zwei Menschen besser kennengelernt haben, einigen sie sich auf einen gewissen Rhythmus, d. h., einer von beiden trifft mehr Entscheidungen, zumindest eine gewisse Art von Entscheidungen, damit die täglichen Fragen, die man als Paar zu klären hat, nicht in Machtkämpfe ausarten. Aber da die meisten Männer es gewohnt sind, die Dinge auf ihre Art zu tun (seien sie nun 22 oder 72), schrecken sie instinktiv vor Frauen zurück, die ihnen schon beim ersten Treffen zu kontrollierend vorkommen.

An dieser Stelle möchte ich noch einmal etwas ganz Wichtiges unterstreichen: Bei der ersten Verabredung tut es nichts zur Sache, ob Sie in Ihrem Innersten eine »kontrollierende« Persönlichkeit *sind* oder *nicht* – oder ob Sie andere negative Eigenschaften besitzen (wie wir alle). Nein, ich will Ihnen nicht empfehlen, ihm vorzuspielen, dass Sie völlig anders sind. Aber wenn er Sie bei Ihrer ersten Verabredung als kontrollierend *wahrnimmt*, wird er Sie nicht um ein zweites Date bitten, so viel geht aus meinen Studien hervor. Basta. Das bedeutet aber noch lange nicht, dass eine Beziehung mit Ihrem »wahren Ich« ihn (und Sie) nicht glücklich machen könnte, selbst wenn Sie wirklich ein Kontrollfreak sein sollten.

Wenn ein Mann Sie im Laufe der Zeit besser kennenlernt, stehen die Chancen gut, dass er Ihr Verhalten, das er beim ersten Date als »kontrollierend« bezeichnet hätte, eher als »organisiert« oder »direkt« wahrnimmt – sobald diese Eigenschaft eben von all Ihren anderen Vorzügen ausgeglichen wird, die er so an Ihnen schätzt. Lassen Sie die Zeit für sich arbeiten, und er wird Sie mit anderen Augen sehen. Wenn Sie sich also öfters verabreden und sich immer besser kennenlernen, werden Sie schon merken, ob sich Ihre Wesensart mit seiner verträgt oder nicht. Vielleicht wird sich Ihre kontrollierende Art als Problem in Ihrer Beziehungsdynamik herausstellen, vielleicht aber auch nicht. Es geht vom ersten Moment an darum, seinem Aussortierreflex vorzubeugen – denn sobald Sie ihm Gelegenheit geben, eines seiner negativen Stereotype in Ihnen zu entdecken, geht die potenziell großartige Beziehung, die sich aus Ihrer Begegnung entwickeln könnte, unweigerlich den Bach runter.

Die Indizien, an denen die Männer die Kontrollsucht einer Frau festmachen, sind manchmal ganz banale Ereignisse während einer Verabredung, z. B. das Aufspannen eines Regenschirms oder das Beladen der Spülmaschine. Ryan, 26, ein Hedgefondsmanager, erzählte mir von seinem ersten Date mit Tina. Sie trafen sich vor ihrer Wohnung und wollten in ein Café um die Ecke gehen, um etwas zu trinken. Trotz Regenwetter hatte er seinen Schirm vergessen, doch Tina hatte Gott sei Dank einen zweiten parat. Während sie im Fahrstuhl nach unten fuhren, überschüttete sie ihn mit Anweisungen: »Hier hast du einen Regenschirm ... Nein, mach ihn jetzt noch nicht auf ... Steck ihn einfach in die Tasche ...« Ryan musste lachen, als er daran zurückdachte. »Ich kannte sie noch keine fünf Minuten, und schon erzählte sie mir, was ich zu tun habe und wann!« Er bekommt den ganzen Tag Anweisungen von seinem Chef, meinte er, also braucht er so etwas nicht auch noch am Wochenende. Als ich meine Überraschung darüber ausdrückte, dass ein paar Worte in einem Fahrstuhl über den Ausgang eines ganzen Abends entschieden hatten, erwiderte er: »Sehen Sie, an und für sich wäre das noch kein Drama gewesen, aber dadurch war ich schon mal sensibilisiert, und nachdem Tina im weiteren Verlauf des Abends noch ein paar Dinge in der Richtung gesagt hatte ... Wissen Sie, ich lerne jede Menge tolle Mädchen kennen, also hab ich's einfach gut sein lassen.«

Ein anderer Mann, John, ein 37-jähriger Werbeleiter, erzählte mir von seinem Erlebnis mit Shauna. Anfangs war sie ihm sympathisch – sie schien warmherzig und klug und teilte seine Leidenschaft für Scrabble. Die Anziehungskraft wurde immer stärker, und am Ende ihres ersten Dates bot sie ihm an, ihn beim nächsten Treffen in ihrer Wohnung zu bekochen. Die zweite Verabredung ließ sich gut an, obwohl er merkte, dass sie in manchen Dingen etwas pingelig war. Eigentlich Nebensächlichkeiten, die ihn nicht gleich störten, aber irgendwann kam eine zur nächsten und dann wurde es eben doch zu viel. So hatte sie ihn gebeten, an der Tür die Schuhe auszuziehen, ihn daran erinnert, die CD wieder in die richtige Hülle zu stecken, als er Musik auflegte, und ihm (zweimal) vorgeschlagen, den Rotwein atmen zu lassen, bevor er ihn eingoss. Nach dem Abendessen spielten sie Scrabble und küssten sich anschließend bis ein Uhr morgens leidenschaftlich auf ihrer Couch. Schließlich meinte sie, es werde langsam spät. Zu diesem Zeitpunkt hatte er immer noch vorgehabt, sie wieder zu treffen. Als er ihr anbot, vorm Gehen noch die Spülmaschine einzuräumen, grinste sie und antwortete: »Danke, das wäre echt super.«

Doch innerhalb von zwei Minuten war die Stimmung umgeschlagen. Shauna erklärte ihm, er habe die Spülmaschine falsch eingeräumt, weil er den schweren gusseisernen Topf ganz oben neben die Weingläser gestellt hatte, die so leicht zerbrechen konnten. Also griff sie ein und stellte das Geschirr »korrekt« in die Geschirrkörbe. »Nur ein Kontrollfreak könnte sich Gedanken drüber machen, wie eine Spülmaschine richtig oder falsch eingeräumt wird«, meinte er. »Stattdessen hätte sie eher drauf achten sollen, dass ich ihr überhaupt helfen wollte.« Obwohl er sie in der Küche anlächelte und ein »Oh, tut mir leid« murmelte, hatte sie in seinen Augen das Stereotyp der »kontrollierenden« Frau bekräftigt, das ihm schon vorher in den Sinn gekommen war. »So etwas brauche ich wirklich nicht für die nächsten fünfzig Jahre«, erklärte er.

Ich bin sicher, als Shauna und ihre Freundinnen später analysierten, warum sie nie wieder von ihm gehört hatte, wären sie niemals darauf gekommen, dass die Spülmaschine dabei eine entscheidende Rolle gespielt hat.

Unweiblich

Heterosexuelle Männer fühlen sich erklärtermaßen von Frauen angezogen, nicht von Männern. Vielleicht kommt Ihnen diese Feststellung überflüssig vor, aber die Grenzen zwischen dem, was als maskulin, und dem, was als feminin gilt, sind heutzutage durchaus fließend. Manche Männer haben mir erzählt, dass Frauen Bemerkungen oder Gesten machten, die sie eher an ihre Arbeitskollegen oder Kumpels erinnerten. Der 29-jährige Harlan, Anwalt, erwähnte eine Frau, mit der er während eines Klassentreffens ins Gespräch kam. Gegen Ende des Abends fragte sie ihn nach seiner Mailadresse und schlug ihm vor, über LinkedIn in Kontakt zu bleiben. Wie er mir erklärte, ist LinkedIn ein geschäftliches Netzwerk – kein soziales wie Facebook –, und so hatte er das Gefühl, dass sie eher auf einer professionellen Ebene kommunizierten, statt zu flirten. Als ich weiterbohrte (»War das der *einzige* Grund, warum Sie sie nicht attraktiv fanden?«), erinnerte er sich, dass er noch einige andere Beobachtungen gemacht hatte, die sich nahtlos ins Schema ihres LinkedIn-Vorschlags einfügten: Sie trug einen Hosenanzug, keinerlei Schmuck und hatte kurze Haare. Er hielt sie für klug, fühlte sich von ihrer maskulinen Ausstrahlung aber wenig angezogen.

Owen, ein 30-jähriger Managementberater, erzählte mir, wie er eine Frau nach ihrer Nummer gefragt hatte und sie ihm eine Visitenkarte ihrer Firma in die Hand drückte. In seinen Augen signalisierte sie damit, dass sie keinerlei persönliches Interesse an ihm hatte, also warf er die Karte in eine Schublade und ging nicht mit ihr aus. Er meinte, irgendwann würde er sie vielleicht einmal anrufen, um ihre Dienste in Anspruch zu nehmen (sie war Immobilienmaklerin). Aber er finde es eben femininer, wenn ihm eine Frau ihre Nummer »in mädchenhafter Handschrift« auf eine Serviette oder einen Zettel schreibt, und noch süßer, wenn sie nach seinem Handy greift und ihre Nummer selbst eintippt. Dann wisse er, dass die Begegnung für sie keine berufliche, sondern eine persönliche Bedeutung habe.

Andere Männer beschrieben »maskuline« Frauen, die mit kraftvollem Gang durchs Restaurant oder über den Gehweg marschierten, oder solche, die ständig Phrasen wie »im Endeffekt läuft es darauf hinaus« im Mund führten. Businesssprache klang für sie besonders männlich und erstickte jeden Anreiz zum Flirten schon im Keim. Der Architekt Carl, 28, erzählte: »Wir haben zu viel über unsere Arbeit geredet, weil wir zufällig in derselben Branche waren… Die Konversation hatte irgendwie etwas Businessmäßiges. Es fühlte sich eher wie ein Geschäftsessen an als wie ein Date.«

Cameron, ein 51-jähriger Banker, wollte mir anfangs weismachen, er wisse nicht, warum er Carol nicht mehr angerufen hatte. »Die Chemie hat einfach nicht gestimmt«, seufzte er. Ich bohrte jedoch nach: »Und wann haben Sie beschlossen, dass Sie sie nicht attraktiv finden? Können Sie sich an Ihre erste Reaktion erinnern, als Sie sie sahen?« Schließlich fiel ihm ein, dass Carol sich schon hingesetzt hatte und in ihr Handy sprach, als er zu ihrer Verabredung eintraf. Sie lächelte ihm kurz zu, um ihm zu zeigen, dass sie ihn wahrgenommen hatte, und formte mit den Lippen ein lautloses: »Moment noch.« Dann widmete sie sich wieder ihrem Telefon und setzte ihre Anweisungen an ihre Assistentin fort, die offensichtlich Geld aufs Konto eines Kunden überweisen sollte. Ihr formeller, geschäftstüchtiger Ton gab ihm das Gefühl, als wäre er wieder im Büro, und das ließ sich auch nicht mehr abschütteln, als sie aufgelegt hatte. Zwischen ihnen wollte absolut kein Funke überspringen. Körperliche Anziehung ist kurzlebig – ein paar kleine Gesten oder arbeitsbezogene Bemerkungen können jeder romantischen Stimmung den Garaus machen.

Die Kleidung spielte hierbei ebenfalls eine Rolle. Vielleicht überrascht es Sie nicht, wenn ich Ihnen sage, dass die meisten Männer immer noch ein wenig altmodisch sind. Ich will keineswegs vorschlagen, dass die Frauen wieder Reifröcke und Sonnenschirmchen tragen sollen, aber wir haben es hier eben mit schnellen, instinktiven Reaktionen zu tun – höhlenmenschartig sozusagen. Wenn ein Mann mir bei einem Gespräch eine Chefin beschrieb, hakte ich nach, ob er sich an ihr Outfit erinnerte. Wie Sie sich schon denken können, waren viele überfragt, aber sie konnten sich erinnern, ob sie sie attraktiv gefunden hatten oder nicht. Wahrscheinlich war ihre Kleidung Teil dieser Erinnerung, ob die Männer sie nun bewusst wahrgenommen hatten oder nicht. Bei meiner Online-Befragung wollte ich es dann ganz genau wissen: »Welche Kleidung würden Sie an einer Frau beim ersten Date am liebsten sehen – wenn Sie in ihr jemanden mit Potenzial für eine langfristige Beziehung erkennen sollen?« Überwältigende 68 Prozent votierten für Rock oder Kleid. Mit Abwesenheit glänzten Hosenanzüge (und militärische Uniformen). Die »heiße Jeans« kam gerade mal auf 17 Prozent. Wie es ein Mann zusammenfasste: »Wenn sie eine Frau ist, dann soll sie sich auch anziehen wie eine Frau!«

Natürlich variierten die Ansichten von Person zu Person, und auch das Alter spielte eine gewisse Rolle bei der Frage, was feminin und sexy ist. Aber das Thema »weibliches Aussehen« bzw. »nichts Businessmäßiges« dominierte bei dieser Umfrage.

Zu unabhängig

Von vielen Singlefrauen bekomme ich das beliebte Mantra zu hören: »Ich bin eben so. Ich werde nicht so tun, als wäre ich jemand anders. Ich möchte gern einen Mann haben, aber *brauchen* tue ich keinen.« Worauf ich grundsätzlich erwidere: »Natürlich!« Aber dieses Mantra verbindet sich gern mit einer etwas kratzbürstigen Einstellung. Wie reagieren Männer, wenn dieses Mantra ausgesprochen oder angedeutet wird? Überschlagen sie sich, um solchen Frauen nachzulaufen, sie zu umwerben und zu überzeugen, dass sie genau das sind, was sie sich wünschen? Hm. Nein, eigentlich nicht. Die Männer waren sich einig, dass so eine Einstellung eher abschreckend auf sie wirkt, und sie spüren sie sofort. Mateo, ein 45-jähriger Anwalt, sagte: »Ich brauche kein Burgfräulein in Nöten – ich will schließlich niemand retten müssen –, aber es wäre schon schön, wenn man ab und zu das Gefühl hätte, gebraucht zu werden.« Der 23-jährige Jay, Produktionsassistent, erzählte mir, wie er eine Frau zu einem Date abholte: Sie stieg ein, schnallte sich aber nicht an, woraufhin er in scherzhaftem Ton vorschlug, sie solle doch lieber den Gurt anlegen. Da sah sie ihn an und meinte frech: »Ich kann selbst entscheiden, ob ich meinen Sicherheitsgurt anlege oder nicht.« Mir gegenüber witzelte er hinterher: »Klar, das war genau die Art Antwort, nach der ich mich zu ihr hinüberlehnen und sie mit Küssen bedecken will.«

Garrett, ein 39-jähriger Unternehmensberater, war einer von fünf Männern, die ich anrief, nachdem sie mit meiner Kundin Claire ausgegangen waren. Wie immer fragte ich zuerst sie, warum die Männer sie ihrer Meinung nach nicht mehr angerufen hatten. Sie glaubte, insbesondere Garrett damit abgeschreckt zu haben, dass sie von ihren Bibelstudien erzählte, denn er hatte erwähnt, nicht sonderlich religiös zu sein. Doch Garrett erzählte mir dann etwas ganz anderes, nämlich »die Calamari-Story«: Er führte Claire in sein liebstes Fischrestaurant und schlug Calamari als Vorspeise vor. Als sie die Stirn runzelte, meinte Garrett: »Oh, magst du keine Calamari?« Sie antwortete: »Doch, schon, aber ich möchte mir lieber selbst etwas aussuchen.« Als ich Claire eine Woche später das Feedback aus allen fünf Gesprächen unterbreitete, teilte ich ihr mit, dass vier Männer sie als zu unabhängig und schroff wahrgenommen hatten. Als ich unter anderem die Calamari-Story als Beispiel anführte (mit Garretts Erlaubnis), behauptete sie, dass diese Geschichte so überhaupt nicht stimme. Sie erinnerte sich genau, dass sie gesagt hatte: »Doch, ich mag Calamari, aber die Shrimps hören sich auch gut an.« Wer weiß, was wirklich gesagt wurde, und es ist auch ganz egal. Wichtig ist, dass Garrett sich ein Bild von ihr machte, auf Basis ihrer unbewussten Signale und scheinbar bedeutungsloser Wortwechsel. Um es mit seinen Worten auszudrücken: »Sie war zu unabhängig und wahrscheinlich die Superfeministin.« Also verlor er das Interesse daran, sich weiter mit ihr zu treffen.

Übrigens hat Garrett während unseres einstündigen Telefonats nur einmal das Thema Religion erwähnt – er meinte, ihre Bibelstudien zeigten, dass sie sich leidenschaftlich für etwas interessiere, und das war eines der Dinge, die ihm an Claire gefallen hatten.

Nicht fürsorglich

Im Allgemeinen wird die Chefin als nicht fürsorglich eingestuft. Wenn ein Mann über eine langfristige Beziehung mit einer Frau nachdenkt, möchte er höchstwahrscheinlich auch beurteilen, was für eine Mutter sie seinen Kindern wäre. Die meisten geben das nicht offen zu, aber nach all meinen Gesprächen ist mir klar geworden, dass diese Einschätzung (ob nun fair oder nicht) öfter ins Spiel kommt, als Sie denken. Das Beispiel von Mitch, dem 31-jährigen Pharmavertreter, ist dafür ganz typisch.

Mitch hatte die ewige Partnersuche satt und wünschte sich eine Beziehung, die irgendwann zu einer Ehe führen würde. Eines Abends hatte er eine tolle Verabredung mit einer Frau namens Audrey, und zum Schluss saßen sie noch bei einer Flasche Wein in ihrer Wohnung. Während sie plauderten, bemerkte er einen Welpen, der durchs Zimmer lief. Audrey sagte nur kurz: »Ach, das ist Rex, mein Hund«, und beachtete das Tier danach nicht weiter. Während der nächsten Stunde beobachtete er sie und sagte sich: »Wenn sie ihr Hautier so behandelt – sie ignoriert das Tier total, seine Wasserschüssel ist leer, sie spielt nicht mit ihm –, wie wird sie dann wohl ihre Kinder behandeln?« Er rief sie nie wieder an. Ich bin sicher, Audrey liebt ihr Hündchen und ist ganz verrückt nach ihm, wie die meisten Hundebesitzer. Wahrscheinlich wollte sie Mitch an jenem Abend einfach ihre ungeteilte Aufmerksamkeit schenken. Für meine Ohren hörte sich das Ganze ziemlich unfair an, aber er hatte sich das eben so zurechtgelegt. Nachdem ich bei meinen Befragungen jede Menge Varianten von Mitchs Eindruck gehört hatte, war die Botschaft nicht mehr zu überhören: Wenn ein Typ es wirklich ernst meint, richtet er das Augenmerk oft auf Kleinigkeiten, anhand derer er einzuschätzen versucht, was für eine Mutter Sie für seine Kinder abgeben würden.

Ein 34-jähriger Arzt, Zachary, beschwerte sich, eine ganz fantastische Frau habe ihm einmal erklärt, dass sie nicht der fürsorgliche Typ sei. Im Zusammenhang mit einem Gespräch über den Dokumentarfilm *Searching for Debra Winger*, den sie beide gesehen hatten, sagte sie: »Ich liebe meinen Beruf und möchte in nächster Zukunft keine Kinder haben.« Hinterher fragte er sich, was »in nächster Zukunft« wohl bedeuten mochte (zwei Jahre? Zehn Jahre?) und ob sie wohl überhaupt jemals Kinder haben wollte. Er gab zu, dass sie vielleicht den Druck aus ihrer Kennenlernphase nehmen wollte und diese Bemerkung nur gemacht hatte, um ihn zu beruhigen. Aber wenn das so war, ging der Schuss nach hinten los. Vielleicht wollte sie wirklich in nächster Zukunft keine Kinder, dann hätten die beiden tatsächlich nicht zusammengepasst. Doch Zachary wollte eine Frau finden, die er irgendwann heiraten konnte, um eine Familie mit ihr zu gründen, also trat er den Rückzug an, als sie ihre Karriere betonte.

Es kommt nicht nur darauf an, ob Ihr Verhalten oder Ihre Worte fürsorglich wirken oder nicht, sondern auch, womit Sie Ihren Lebensunterhalt verdienen. Nach meiner Online-Umfrage stellte sich heraus, dass die Männer in der »Lehrerin« das größte Potenzial für eine langfristige Beziehung sahen, gefolgt von »Krankenschwester« und »Köchin«. Das sind alles Berufe, die mit einem hohen Maß an Fürsorge für andere verbunden sind. Außerdem haben ein paar Männer explizit erklärt: »Ich würde niemals mit einer Anwältin ausgehen!« oder »Eine Frau mit einem MBA wäre nichts für mich, besten Dank!« Andy, ein 36-jähriger Aktienhändler, erzählte mir von einer Frau, mit der er ausgegangen war: »Sie war eine Karrierefrau, aber ich wünsche mir eine Frau, die einfach zufällig Karriere macht.«

Tja, das Ganze nervt mich auch (vor allem die Bemerkung mit dem MBA!). Aber als ich zwischen den Zeilen las, kam ich zu dem Schluss, dass es den Männern gar nicht darum ging, nur Frauen mit bestimmten Berufen auszuführen. Eine Firmenanwältin kann selbstverständlich eine genauso tolle Ehe führen wie eine Lehrerin. Ich glaube nicht, dass diese Männer sich ganz spezielle Berufe vorstellten, sondern dass sie jemand wollten, der ihrem Stereotyp von der fürsorglichen, liebevollen, gebenden, geduldigen Frau entspricht.

Kommt Ihnen das bekannt vor?

Vielleicht haben Sie bis jetzt noch keine Parallelen zwischen der Chefin und sich selbst feststellen können. Es ist nicht immer leicht, sich in den Geschichten anderer Menschen wiederzuerkennen. Nehmen Sie die folgenden Fragen zu Hilfe, um herauszufinden, ob die Männer Sie dem Stereotyp der Chefin zuordnen, bevor sie Ihr wahres Ich kennenlernen können.

Bei der Arbeit   **Ja**   **Nein**

Verlangen Sie Aufmerksamkeit,
wenn Sie ein Zimmer betreten?   ☐   ☐

Würden Sie Ihr Arbeitsumfeld folgendermaßen beschreiben: Je härter Sie vorgehen,
je tougher Sie sich verhalten, umso mehr
Erfolg haben Sie?   ☐   ☐

Haben Sie von Ihren Kollegen jemals
Bemerkungen gehört wie:

»Ich bewundere, wie du für das einstehst,
was du denkst!«   ☐   ☐

»Ich bin froh, dass du in *meinem* Team bist,
deine Gegner haben echt nichts zu lachen!«   ☐   ☐

»Wir lieben deine Hartnäckigkeit!«   ☐   ☐

Bei Freunden und in der Familie

Hat Ihnen schon mal jemand gesagt:
»Du würdest eine tolle Anwältin abgeben.«?   ☐   ☐

Sind Sie diejenige, die stets alle Gruppenunternehmungen organisiert?   ☐   ☐

Sagen Sie oft: »Wollen wir wetten?«   ☐   ☐

Bei einer Verabredung oder in einer früheren Beziehung

Treffen Sie sich manchmal nach der Arbeit mit
einem Mann, ohne sich vorher umzuziehen?   ☐   ☐

	Ja	Nein
Hat ein Mann Sie jemals als »tough« oder »eine echte Herausforderung« beschrieben?	☐	☐
Hat ein Mann schon einmal zu Ihnen gesagt: »Mann, nun geh doch nicht gleich in Abwehrstellung! So hab ich das doch gar nicht gemeint...«	☐	☐

Ihre Lebensphilosophie

	Ja	Nein
Glauben Sie, dass Sie meistens recht haben?	☐	☐
Sind Sie stolz darauf, dass Sie sich von niemandem ausnutzen lassen?	☐	☐
Denken Sie: »Ich bin sehr unabhängig – ich hätte gern einen Freund, aber ich brauche keinen!«	☐	☐

Wenn Sie mehr als fünf dieser Fragen mit Ja beantwortet haben, wirken Sie auf die Männer möglicherweise wie eine Chefin. Zweifellos sind Sie klug, erfolgreich und werden allseits bewundert, und selbstverständlich sollen Sie Ihr wahres Ich nicht ändern. Aber Sie könnten darüber nachdenken, ob Sie beim nächsten Date vielleicht einmal eine andere Facette Ihrer Persönlichkeit betonen möchten. Männer, die noch nicht wissen, wie toll Sie sind, könnten Sie sonst voreilig als Chefin abstempeln und so die Chance verpassen, Sie bei weiteren Verabredungen besser kennenzulernen.

Was tun?

Während meiner Recherchen habe ich mich anfangs so manches Mal gefragt, ob einige Männer nicht wirklich besser dran wären, wenn sie von Anfang an wüssten, ob eine Frau – eine namenlose, gesichtslose Frau (natürlich nicht Sie oder ich!) – tatsächlich streitlustig, kontrollierend oder wettbewerbsorientiert ist, damit sie keine Zeit mit einer Beziehung verschwenden, die sowieso zum Scheitern verurteilt ist. Doch plötzlich wurde mir klar, dass ich ja auch so eine Chefin bin! Ich hoffe doch sehr, dass meine Beziehung nicht zum Scheitern verurteilt ist, obwohl ich kontrollierend und streitlustig bin, um nur ein paar meiner liebenswerten Eigenschaften zu nennen. Schuldig im Sinne der Anklage. Doch mein Mann scheint ganz glücklich mit unserer Ehe zu sein, und ich kann wohl kaum 16 Jahre lang rund um die Uhr mein wahres Ich vor ihm verborgen haben. Also fragte ich ihn eines Abends danach, und dieses Gespräch lief ungefähr so:

Ich: Ich bin schon ziemlich kontrollierend und streitlustig, oder?

Er: *(lacht)* Ist das jetzt ein Test?

Ich: Nein, nein … ganz im Ernst. Ich bin neugierig.

Er: Na ja, bist du schon irgendwie. Warum fragst du?

Ich: Aber du bist doch glücklich in unserer Ehe, oder?

Er: Absolut.

Ich: Aber was stimmt denn dann nicht mit dir? Ich meine – wie kannst du so glücklich mit mir sein, obwohl ich so gar kein süßer Sonnenschein bin?

Er: Weil ich dich so gut kenne. *(Er schwieg einen Moment und
       lächelte mich an.)* Ich nehme deine schlechten Eigen-
       schaften eben in Kauf, weil du auch gute hast... Unterm
       Strich überwiegen wohl die guten.

Niemand ist perfekt. Deswegen glaube ich ja auch so felsenfest
daran, dass das Ziel der ersten Verabredung nur darin besteht,
den Mann zu ermutigen, weiter mit Ihnen auszugehen (es sei
denn, er ist ein Ungeheuer). Erst dann kann er Sie besser kennenlernen, Sie können ihn besser kennenlernen, und Sie beide können sich ein Gesamtbild machen. Dieses Gesamtbild ist
wohl gemeint, wenn die Leute vorm Altar gefragt werden, ob
sie den anderen »in guten wie in schlechten Zeiten« lieben
wollen.

   Wenn Sie Tendenzen an sich entdecken, die Sie wie eine
Chefin aussehen lassen könnten, habe ich sechs Vorschläge
für Sie, wie Sie diesen Eindruck abmildern können – damit Sie
in Zukunft selbst entscheiden, ob es zu einem zweiten Treffen
kommt oder nicht.

1. Ändern Sie Ihren Ton

Wenn der Mann glaubt, eine Chefin vor sich zu haben, reagiert
er auf das, was sie sagt und tut, und nicht unbedingt auf ihre
Persönlichkeit. Das ist enorm wichtig, denn Sie können etwas
gegen diese Fehlinterpretation tun (und wollen es auch, denn
eines Tages gehen Sie mit einem Typen aus, der Sie wirklich
interessiert). Der Unterschied besteht darin, dass Sie Ihre Bemerkungen sanfter vorbringen und keine kämpferischen Behauptungen aufstellen, dass Sie eher auf witziges Geplänkel
als auf einen geschäftsmäßigen Ton setzen. Die »gute« Chefin

wirkt ehrlich, echt und selbstbewusst, die »schlechte« hingegen anspruchsvoll, barsch und selbstgerecht. Es ist gar nicht so einfach, die Mitte zu finden. Einerseits will er keine zu unabhängige Frau, andererseits auch keine bedürftige Klette. Einerseits will er keine streitlustige Frau, aber wenn Sie allem zustimmen, was er sagt, wird er Sie langweilig finden.

Nehmen wir noch einmal das Beispiel von Jake, der beobachtete, wie aggressiv Carla bei diesem Streit über die globale Erwärmung auftrat. Die Männer sagen doch immer, sie wollen eine Frau, mit der man interessante Gespräche führen kann – wie hätte sie also vorgehen sollen? Sie hätte dem anderen Gast freundlich sagen können: »Wer auch immer in dieser Frage recht haben mag, ich finde es gut, dass dieses Problem so viel Aufmerksamkeit erregt...«, um dann zu einem anderen Thema überzuleiten. Nach so einer Aussage gibt es weder Gewinner noch Verlierer, und Carla hätte auch nicht ihre Identität verraten müssen, um einen Mann abzubekommen. Mit diesem Kommentar hätte sie sogar als die Noblere dagestanden.

Bremsen Sie Ihren streitlustigen Gesprächsstil etwas, und zeigen Sie stattdessen Liebenswürdigkeit und Flirtlaune. Versuchen Sie, abschwächende Floskeln in Ihre Sätze einzubauen, z. B. »Ich glaube« oder »vielleicht« oder »manchmal«, damit gestatten Sie Ihrem Gegenüber eine abweichende Meinung. Rick, ein 47-jähriger Marketingmanager, formulierte es so: »Ich möchte, dass meine zukünftige Frau ihre eigene Meinung hat, aber trotzdem zu mir hält. Das heißt nicht, dass sie allem zustimmen muss, was ich sage, aber wenn sie die ganze Zeit die Gegenposition bezieht, käme es mir vor, als wären wir nicht Partner, sondern Gegner.« Ich glaube, ein paar entgegenkommende Zwischentöne hier und da können Wunder wirken.

2. Geben Sie sich spielerisch

Die nächste Herausforderung besteht darin zu vermeiden, dass das Date die Atmosphäre eines Geschäftsessens annimmt. Das kann schnell passieren, wenn eine simple Frage fällt wie: »Was arbeitest du denn so?« Von gegenwärtigen und ehemaligen Jobs zu erzählen ist ganz normal in solchen Kennenlerngesprächen, aber versuchen Sie beim nächsten Mal, die Sache einmal anders aufzuziehen. Statt pflichtgemäß Ihre Berufsbezeichnung und Position zu nennen und Ihren Lebenslauf zusammenzufassen, beantworten Sie die dröge Frage mit einem scherzhaften Ratespiel, oder erzählen Sie eine lustige Geschichte, die Ihnen mal bei der Arbeit passiert ist. Behalten Sie ihn dabei aber gut im Auge, damit Sie merken, ob ihm das Spiel nicht irgendwann auf die Nerven geht. Auf die Frage nach Ihrem Job könnten Sie (im persönlichen Gespräch oder per Mail) so antworten:

Er: Und, was arbeitest du so?

Sie: Weißt du was, ich erzähl dir jetzt mal, wie mein Tag aussieht. Mal sehen, ob du errätst, was ich arbeite. Mein Büro riecht immer gut. Wenn meine Kunden hereinkommen, haben sie meistens Probleme oder Schmerzen. Ich bin keine Ärztin, aber ich benutze sterile Instrumente. Meine Kundschaft besteht aus gestressten Managern und Frauen, die nicht schwanger werden. Wenn sie gehen, sind sie meistens glücklicher und haben wieder etwas Hoffnung.

Er: *(lächelt)* Hmmm... Bist du eine extrem nette Personalchefin mit einer Packung Valium in der Schreibtischschublade?

Sie: Nein. Rate noch mal.

Er: Ich dachte zuerst an Masseurin, aber dabei würdest du ja wohl kaum sterile Instrumente benutzen, oder?

Sie: Nein.

Er: Vielleicht Therapeutin? Psychotherapeutin? Aber da passen die Instrumente auch wieder nicht.

Sie: Okay, du bist schon nah dran. Ich bin eine Art Therapeutin. Ich habe eine Akupunkturpraxis.

Er: Wow, das ist ja interessant.

Sie: Ja, und du glaubst nicht, was mir da neulich passiert ist ...

Dieses Ratespiel sorgt eher für anregendes Geplauder als die typische Womit-verdienst-du-dein-Geld-Konversation, die man bei den meisten ersten Dates hört. Aber denken Sie vorher gut darüber nach, wie Sie Ihr Rätsel verpacken. Außerdem sollten Sie nicht jede persönliche Information als Ratespiel formulieren (das wäre dann nämlich wirklich nervig!). Machen Sie sich einfach klar, dass man sich beim Austausch der üblichen demografischen Daten manchmal fühlen kann, als würde man ein langweiliges Formular ausfüllen. Die Chefin muss die Sache ein wenig auflockern, jede zu geschäftsmäßige Atmosphäre umschiffen und dem Flirt Vorrang vor den Fakten einräumen.

3. Spielen Sie etwas

Der wettbewerbsbetonten Chefin würde ich empfehlen, etwas zu spielen: Bowling, Golf, Scrabble usw. Manche Männer haben zwar eingestanden, dass es ihnen gar nicht gefällt, wenn sie verlieren, aber das heißt nicht, dass Sie bei Ihrer ersten Verabredung gar nichts spielen dürfen. Sie können sich für Sport oder Brettspiele entscheiden und müssen ihn auch nicht ständig gewinnen lassen, aber denken Sie daran, was Ihre Eltern und Trainer Ihnen schon als Kind gesagt haben: »Es geht nicht darum, ob du gewinnst oder verlierst, es geht darum, *wie* du spielst.« Bemühen Sie sich, ein betont unaggressives, spielerisches Benehmen an den Tag zu legen. Statt zu wetten, wer die nächste Golfrunde gewinnt, nach einem tollen Putt die Faust in die Luft zu recken und »Wer ist die Größte?« zu rufen, können Sie ihm zu einem tollen Schlag gratulieren, ihn nach Tipps fragen, wenn Sie etwas nicht so gut können, einen Witz über den Film *Caddyshack – Wahnsinn ohne Handicap* machen oder das Spiel unterbrechen, um die Schönheit der Golfanlage zu bewundern.

Wenn Sie ihn wirklich mögen, laufen Sie Gefahr, Ihre ganze Nervosität dadurch abzubauen, dass Sie sich Hals über Kopf ins Spiel stürzen, statt sich zu entspannen und zu amüsieren. Was auch immer Ihren Ehrgeiz wecken mag, bitte sparen Sie sich Ihre Siegestänze für später auf, wenn er Sie besser kennt. Dann wird er schon wissen, dass Sie beide gewisse Gebiete haben, auf denen Sie glänzen, dass Sie von gesunder Konkurrenz profitieren und Ihre gemeinsamen Interessen als Paar verfolgen können. Aber wenn Sie das erste Mal mit ihm ausgehen und Züge der Chefin an sich tragen, weiß er davon noch nichts, und am Ende will er vielleicht eine Revanche – aber kein zweites Date.

4. Setzen Sie den Hausfrauen-Joker ein

Tun Sie etwas, was dem Chefinnen-Image völlig widerspricht. Wenn Sie die Karrierefrau mit dem Aktenköfferchen sind, könnten Sie ihm bei der zweiten oder dritten Verabredung etwas Selbstgekochtes auftischen. Spielen Sie Ihre Rolle mit Eleganz: Tragen Sie eine hübsche Schürze, servieren Sie einen weiblichen Cocktail (sprich: keinen Whisky on the rocks, sondern eher einen Cosmopolitan), backen Sie vielleicht sogar einen Kuchen. Wenn Sie das alles nicht können (so wie ich), heuern Sie eine Freundin an, damit sie Ihnen hilft (er muss ja nichts von Ihrer Komplizin erfahren). Wenn er Ihnen hinterher anbietet, die Geschirrspülmaschine einzuräumen, kritisieren Sie auf keinen Fall seine Technik. Konstruktive Kritik hat bei den ersten Treffen nichts zu suchen. Sparen Sie sich das für Ihre Mitarbeiterbeurteilungen auf (und für Ihren Ehemann).

Natürlich will ich Ihnen hier nicht vorschlagen, sich das Image der altmodischen Hausfrau zuzulegen. Ich spreche nur von ein paar Gesten zu Beginn Ihrer Beziehung. Diese Taktik könnte Ihnen helfen, wenn er befürchtet, dass Sie zum Chefinnen-Profil tendieren.

Ich weiß noch, dass meine Mutter meinen Vater abends immer mit einem Schälchen Erdnüssen an der Tür empfing, wenn er von der Arbeit kam. Glauben Sie mir, sie war wirklich kein Hausmütterchen-Typ, aber sie behauptete, »Männer lieben Erdnüsse!«, und er freute sich aufs Heimkommen und Entspannen. Keine Ahnung, ob das mit der Erdnussvorliebe der Männer nun der Wahrheit entspricht, vielleicht freute er sich ja auch nur über ihre Aufmerksamkeit. Aber ich habe ihren Tipp einmal – eher scherzhaft – befolgt, bei der vierten Verabredung mit meinem zukünftigen Ehemann. Ich begrüßte ihn an der Tür mit einer Schüssel Erdnüsse und erklärte ihm die Theorie meiner Mutter. Was soll ich Ihnen sagen? Er war begeistert. Ich habe es nie wieder gemacht, aber irgendwie glaube ich, dass er an diesem Abend zum ersten Mal darüber nachgedacht hat, wie es sein könnte, in Zukunft jeden Abend zu mir heimzukommen.

5. Kleiden Sie sich feminin

Eine rein karriereorientierte Frau kann man auf jeder Cocktail-party mühelos identifizieren: Sie trägt dasselbe Businessoutfit, das sie im Büro anhatte, auch nach Feierabend. Einen perfekt sitzenden Hosenanzug. Wahrscheinlich teuer und garantiert schwarz. Darunter eine gestärkte Bluse. Bei der Arbeit hilft Ihnen konservative Kleidung, ernst genommen zu werden, aber bei Kerzenlicht ist sie nicht mehr sonderlich attraktiv (außer in irgendwelchen Chef-Sekretärin-Sexfantasien, aber das sparen Sie sich bitte für einen späteren Zeitpunkt auf).

Wenn ich die Zusammenarbeit mit einer neuen Kundin beginne, sehen wir uns als Erstes die Kleidung an, die sie zu ihren Dates trägt. Die meisten Frauen haben eine beeindruckende Garderobe. »Ach, damit brauchen wir doch keine Zeit zu verschwenden«, winken sie ab, »denn eines weiß ich mit Sicherheit: Meine Klamotten sind super!« Sie versichern mir, dass sie Sachen von Armani und Donna Karan oder wem auch immer tragen, und dass ihre Freundinnen ihnen ständig Komplimente zu ihrem Outfit machen. Aber da gehen bei mir schon die Warnlichter an: Gerade wenn die Komplimente von FreundINNEN kommen, bestehe ich darauf, einen Blick in ihren Kleiderschrank zu werfen. Denn was Frauen beeindruckt, wirkt nicht unbedingt anziehend auf einen heterosexuellen Mann. Frauen sind fasziniert von Mode, und das ist ja auch ganz prima, aber achten Sie trotzdem darauf, dass Sie etwas Feminines tragen, das Ihnen schmeichelt. Bei näherem Hinsehen ziehen sich die meisten meiner Kundinnen nämlich überhaupt nicht feminin an, egal, welche tollen Marken sie tragen.

Natürlich würde ich nicht so weit gehen, Ihnen weibliche Kleidung à la Laura-Ashley-Spitzenkleidchen aufzudrücken. Aber Sie könnten z. B. einen Rock tragen (nicht zu eng und nicht zu kurz) und ein farbiges Oberteil, das Ihre Kurven zeigt und einen kleinen – aber nicht zu tiefen – Blick in Ihren Ausschnitt gestattet. Vermeiden Sie bei Ihrer ersten Verabredung enge Jeans und tief ausgeschnittene Blusen, obwohl Sie vielleicht denken (oder Ihre Freunde Ihnen gesagt haben), dass Sie darin sexy aussehen. Wer sexy aussieht, suggeriert ein bestimmtes Ziel bei seinem ersten Date – so eine Frau möchte keinen Partner finden, sondern mit jemandem ins Bett gehen.

Außerdem haben mir die Männer wiederholt versichert, dass sie langes Haar attraktiver finden (schulterlang oder länger).

6. Schieben Sie Ihre Vorurteile beiseite

Wie die Rolling Stones so schön singen: »You can't always get what you want... but you might just find you get what you need.« Ich glaube, das ist eines der größten Geheimnisse einer glücklichen Ehe. Wenn ich Jahr um Jahr, Abend für Abend diese ganzen Frauen beobachte, die mit einer vorgefertigten Checkliste im Kopf zu ihren Verabredungen gehen, habe ich das Gefühl, dass sie selten berücksichtigen, was sie eigentlich *brauchen*, um glücklich zu werden. Eine glücklich verheiratete Freundin von mir hat mir einmal anvertraut, dass sie ihren Mann deswegen genommen hat, weil sie in seiner Gegenwart »keinen Knoten im Bauch hatte«. Zuerst fand ich dieses Geständnis ziemlich unromantisch, aber dann wurde mir klar, dass sie von Natur aus nervös und verkrampft ist, und da war dieser Mann genau das, was sie brauchte. Ich glaube, dass sein beruhigender Einfluss sie über die Jahre glücklicher gemacht hat als das, was sie dafür von der Checkliste streichen musste, als sie ihn traf: Größe und Haare.

Versuchen Sie, die Ursache zu behandeln und nicht bloß die Symptome. Sie sollten nicht nur generell sanfter auftreten, sondern auch noch einmal genau darüber nachdenken, was für eine Art Mann Sie eigentlich wollen. Für die Chefin kann ein fürsorglicher Mann genau der Richtige sein (z. B. Lehrer, Krankenpfleger, Köche). Doch das ist das Gegenteil von dem, wonach die meisten erfolgreichen Karrierefrauen suchen. Üblicherweise wünschen sie sich Machtmänner, die im Beruf genauso viel oder mehr leisten. Aber diese Typen kennen wir doch alle – zum überwiegenden Teil sind sie dominante, egozentrische Workaholics. Am besten würde wahrscheinlich ein Mann zu Ihnen passen, der Ihnen einen emotionalen Ausgleich bietet. Statt jemanden zu suchen, der Ihnen ähnlich ist, sollten Sie auch mal Männer in Betracht ziehen, die traditionell eher »weibliche« Eigenschaften aufweisen, d. h. die fürsorglich, gutmütig, nachgiebig und geduldig sind. Stellen Sie sich einmal ganz ehrlich die Frage: Könnten Sie in einer Ehe glücklich werden, in der Sie die Aggressive sind und er der Sanfte? In der Sie die Ernährerin sind und er der Hausmann? Zu Anfang sträuben sich fast alle Frauen gegen dieses Ehemodell, aber die Hardcore-Chefinnen unter Ihnen möchte ich noch einmal bitten, sich das Szenario in aller Ruhe durch den Kopf gehen zu lassen. Wenn Sie das nächste Mal mit einem netten Kerl ausgehen, der Ihrer Meinung nach nicht »Ihr Typ« ist, denken Sie daran: Vielleicht ist er genau das, was Sie brauchen.

Wenn Sie eine Chefin sind

TOP

1. Feminine Röcke	**1.** Businessmäßige Hosenanzüge
2. Flirten und Scherzen	**2.** Über die Arbeit reden
3. »Danke für deine Hilfe!«	**3.** »Das musst du so machen!«
4. »Wie denkst du darüber?«	**4.** »Wenn ich deine Meinung hören will, sage ich dir Bescheid.«
5. Rhett Butler und Scarlett O'Hara	**5.** Bill und Hillary Clinton

FLOP

Die Langweilerin

Es war gar nicht so, dass wir uns nicht amüsiert hätten. Es war nur so ... ereignislos.

Noah, 44, Ridgewood

Sie war nett. Echt. Patrick, 28, San Diego

Ich hätte genauso gut dem Gras beim Wachsen zuschauen können. Randall, 36, New York

Es ist nicht schlecht, es ist nicht gut ... es ist einfach nichts Besonderes. Belanglosigkeit schleicht sich überall in Verabredungen ein, und das ist im Grunde auch kein Wunder. In unserer Kultur der überorganisierten Partnersuche – Internet-Singlebörsen, Speed-Dating, Partnervermittlungen, hilfsbereite Freunde, die Dates mit Bekannten vermitteln usw. – kann man ständig jemand Neues kennenlernen. Männliche wie weibliche Singles verabreden sich wie auf Autopilot, Fremde tauschen die wichtigsten persönlichen Daten in zehn Minuten über einen Tisch hinweg aus, statt sich wirklich kennenzulernen. Jeder sucht nach dem Wow-Effekt, und »nett« ist keinem gut genug. Wenn die Männer mir eine Frau als »total nett« oder »sehr freundlich« beschrieben, war der so schwer fassbare Funke am Ende doch nie übergesprungen. Sie hatten keinen Grund, sie um ein Wiedersehen zu bitten.

Während meiner Recherche sind mir mehrere Männer begegnet, die ich »die Könige der ersten Dates« nannte. Ihre Terminkalender strotzten nur so von Verabredungen mit Frauen, die sie als »sehr nett« beschrieben, die aber nie über die Hürde der ersten Verabredung hinauskamen. Wahrscheinlich kennen

Sie selbst ein paar solche Dating-Könige. Solche Männer gehen auf Millionen von Verabredungen – aber immer nur zur ersten. Man kann sich auf ihre Bereitschaft verlassen, ständig jemand Neues kennenzulernen. Jeder will sie verkuppeln. Sie sind gute Kumpels oder einfach nur die letzten Junggesellen in Ihrem Bekanntenkreis. Doch leider gibt es da ein klitzekleines Problem: Irgendwie macht es bei ihnen niemals »Klick«. Ich dachte mir, wenn mir irgendjemand erklären kann, warum »nett« nicht reicht, um es bis zur zweiten Verabredung zu schaffen, dann sind es diese Dating-Könige. Ich konnte es kaum erwarten, sie unter mein Mikroskop zu legen!

Jonas, ein 28-jähriger Banker, war so ein »König«, mit dem ich über eine Stunde am Telefon verbrachte. »Ich treffe jede Woche ganz tolle Frauen«, erzählte er, »ich habe wirklich Glück. Nur ganz selten verlaufen die Verabredungen unangenehm, denn normalerweise werden die Frauen mir ja durch gemeinsame Freunde vorgestellt. Die meisten sind hübsch, sexy, klug und kultiviert... toll, wirklich. Aber wahrscheinlich warte ich auf die eine, die das alles noch toppen kann.« Schön, wenn man so ein König ist.

Ein 47-jähriger Firmenanwalt, Kevin, verglich die Partnersuche in den letzten Jahren mit Kabelfernsehen: »Es gibt fünfhundert Kanäle, durch die man sich zappen kann – nicht wie damals, als man sich noch zwischen vier großen Sendern entscheiden musste. Da fällt es wesentlich schwerer, sich eine Show auszusuchen und die Fernbedienung wieder aus der Hand zu legen.«

Wie es aussieht, waren diese Könige einfach betäubt von der Unmenge ihrer Verabredungen und warteten darauf, dass sie endlich jemand aufweckte. »Nett« würde da nicht reichen... wie wäre es also mit »perfekt«? Auch mit dem 45-jährigen Cole, stellvertretender Geschäftsführer, habe ich mehrmals gesprochen. Er hat regelmäßig Verabredungen mit »perfekten« Frauen, die alles bieten: Köpfchen, Schönheit, Charisma. Die meisten von ihnen lernt er durch sein Netzwerk auf Facebook kennen, und im Laufe unserer 16-monatigen Korrespondenz hielt er mich auf dem Laufenden und schickte regelmäßig Fotos, die ihn mit seiner neuesten »Flamme« zeigten. In einer Mail beschrieb er mir eine Frau, die er gerade auf einer Party kennengelernt hatte – sie war großartig, eine ehemalige Kunstturnerin, gehörte derselben Religion an wie er, kam aus guter Familie und hatte ihren Abschluss an einer Eliteuniversität gemacht. Vor ihrem ersten Date am folgenden Wochenende war er furchtbar aufgeregt. Ich schrieb: »Ach, komm schon, da muss es doch einen Haken geben – niemand kann so perfekt sein.« »Doch«, kam es von ihm zurück, »sie ist so perfekt. Ich bin total aufgeregt. Jetzt kann sie sich nur noch selbst die Tour vermasseln, Baby!«

Während ich es normalerweise nicht ausstehen kann, wenn irgendwelche Männer mich »Baby« nennen, und mich auch ein bisschen über seine arrogante Art ärgerte, mochte ich Cole trotzdem. Ich kann es nicht erklären, aber irgendwie hatte seine Selbstsicherheit etwas Gewinnendes. Trotzdem machte ich mir eine Notiz in meinen Terminkalender, damit ich nachhaken konnte, wie es mit seiner perfekten Verabredung gelaufen war. Zwei Wochen später schickte ich ihm eine Mail. »Na, Cole, wie geht's dem Mädchen, das sich nur noch selbst die Tour vermasseln konnte? Hat sie deine hochgesteckten Erwartungen erfüllt?« Er antwortete: »Welche meinst du?« Ich grub seine alte Mail aus meinem Posteingang aus und leitete sie ihm noch einmal weiter. »*Dieses* Mädchen!« »Ach so, die«, schrieb er zurück, »die war sicher ganz in Ordnung. Aber irgendwie hatte sie nicht genug Schwung. Ich dachte, du meinst eine von den anderen, mit denen ich letzte Woche ausgegangen bin ...«

Manche von diesen Typen haben tatsächlich so viele Dates, dass sie die Frauen gar nicht mehr auseinanderhalten können. Nicht mal, wenn sie vor der Verabredung »total aufgeregt« waren! Ich schloss daraus nicht, dass Cole nur Spielchen spielen wollte – obwohl das auch sein mag –, er ist eher wie das Kind im Süßigkeitenladen. Wenn Sie nur eins von tausend Erdbeerbonbons sind, reicht es eben nicht mehr, einfach nur süß zu sein. »Nett« und »perfekt« sind mittlerweile nur noch beschönigende Ausdrücke für »im Grunde ist sie ganz okay, aber ich *muss* sie nicht wiedersehen«. Offenbar muss man sich deutlicher von der Menge absetzen. Natürlich haben die Männer, die ich befragt habe, nicht behauptet, dass sie kein nettes oder perfektes Mädchen haben wollen, aber diese Eigenschaften sind doch sehr allgemein. Diese schwer fassbare Chemie zwischen zwei Menschen beginnt für die Männer mit der Energie, Lebhaftigkeit und Sinnlichkeit einer Frau.

Sind Sie eine Langweilerin?

Wie ich bei meinen Recherchen herausgefunden habe, sind fünf Verhaltensmuster typisch für die Langweilerin (die von Männern über fünfzig wesentlich seltener als Abtörner angegeben wurde). Kommt Ihnen vielleicht eines davon bekannt vor?

Mangelnder Enthusiasmus

Wenn Sie schon eine Weile Single sind, kann es manchmal schwerfallen, für die x-te Verabredung mit einem Schulfreund Ihrer Cousine zweiten Grades noch die nötige Energie aufzubringen. Auch kurz nach einer Trennung oder einfach nur nach einem langen Arbeitstag kann man sich manchmal nicht recht aufraffen. Vor allem, wenn Sie die Tür aufmachen, und der Mann auf der Schwelle überhaupt nicht doll aussieht… aber dann sagen Sie sich, dass Sie es eben trotzdem versuchen müssen. Seufzend greifen Sie nach Ihrer Handtasche und versuchen sich zu erinnern, ob Sie Ihren Videorekorder auch richtig programmiert haben, damit Sie sich wenigstens auf *Let's Dance* freuen können, wenn Sie in anderthalb Stunden wieder nach Hause kommen.

Aber versuchen Sie es auch wirklich? Wenn Sie mit einem Mangel an Enthusiasmus ins Rennen gehen, ist die Sache oft schon im Voraus entschieden, denn Ihr Gegenüber wird Ihre Stimmung spüren.

Und wenn Ihr erster Eindruck von ihm nun ein falscher war? Wenn Sie ihn am Ende doch richtig gut finden – und es in der ersten Viertelstunde nur noch nicht abzusehen war? Wenn Ihr heimlicher Stoßseufzer dem Abend erst einmal den falschen Dreh gegeben hat, finden Sie am Ende den Absprung nicht mehr, und die Sache ist gelaufen.

Natürlich kann es auch passieren, dass Sie gar nicht merken, wie unenthusiastisch Sie sind. Männer berichteten von vielen kleinen Indizien, die harmlos aussehen, aber doch auf Desinteresse und wenig Energie schließen lassen. Der Personalreferent Ron, 30, versuchte zu beschreiben, warum sein Date an Langeweile scheiterte – er konnte es nur nicht richtig benennen. »Ich schätze, zum einen war es ihr Kleidungsstil – einfach Jeans und Pulli.« Dieses Outfit signalisierte ihm: »Für mich ist diese Verabredung nicht sonderlich wichtig.« Als ich nachbohrte, was er lieber an ihr gesehen hätte, meinte er: »Ich weiß auch nicht, vielleicht etwas Peppigeres – ein bisschen provokativ oder sexy. Damit meine ich nicht, dass sie einen kurzen Rock hätte anziehen sollen, aber ... Sie wissen schon, irgendwas mit mehr Pep!«

Der 38-jährige Joel, stellvertretender Dekan eines Colleges, bemerkte, dass sein Gegenüber sich lässig zurückgelehnt hatte und zusammengesunken dasaß. Für Joel verriet ihre Körpersprache alles – indem die Frau sich zurücklehnte, vergrößerte sie die Distanz zwischen ihnen. Nicht einmal, wenn er sprach, lehnte sie sich vor. »Ich hatte den Eindruck, sie wäre nicht sonderlich enttäuscht, wenn ich sie nicht mehr anrufe«, erzählte Joel. Also ließ er es natürlich. Beck, ein 31-jähriger Landschaftsgärtner, erklärte, eine Frau gebe ihm das Gefühl, dass die Chemie stimmt, »wenn sie über meine Witze lacht, sich vorbeugt, wenn ich ihr etwas erzähle, und mich auf eine nette Art ein bisschen durch den Kakao zieht.«

Der Ladenbesitzer Walter, 51, erinnert sich an ein Date in einem Restaurant. »Sie starrte fünf Minuten auf die Speisekarte, seufzte tief und sagte: ›Na ja, ich glaube, ich nehme das Brathähnchen.‹ Ich dachte mir nur: ›Oh Gott, überschlag dich bloß nicht!‹« Es gefällt ihm besser, wenn eine Frau in die Karte blickt und begeistert ruft: »Oh, ich weiß, was ich nehme!« oder »Das Huhn mit Kirschsoße klingt ja lecker!« Seiner Meinung nach sind solche Kleinigkeiten entscheidend für das Energieniveau des weiteren Abends.

Eine weitere Meinung zum Thema Enthusiasmus äußerte Tom, ein 45-jähriger Investor. Er sucht eine Frau, die zeigt, dass sie irgendetwas mit größter Leidenschaft betreibt – egal was. Aber nicht nur, weil sie dadurch lebhafter wirkt. Wie er offen zugab, ist er ein Workaholic, der seine Arbeit liebt, also möchte er auch eine Partnerin, die versteht, wie man vollkommen in seinen Leidenschaften aufgehen kann. Er will einfach nicht, dass sie sich eines Tages bei ihm beklagt: »Du verbringst zu viel Zeit mit deiner Arbeit ... ist dir dein Job denn wichtiger als ich?« Sie soll aus erster Hand wissen, wie es ist, wenn einen eine Tätigkeit restlos absorbiert, sodass sie ihm seine ewigen Überstunden nicht ankreidet.

Einfach nur langweilig

Ein 34-jähriger Rechtsanwalt, Marcus, beklagte sich über eine durch und durch farblose Frau. »Sie war höflich und nett, aber ... *langweilig*. Die hat nicht ein Thema zu unserer Unterhaltung besteuern können.« Alex, ein 26-jähriger MBA-Student, fasste es so zusammen: »Unser Date war ein einziger nicht enden wollender Small Talk, mit einem aufgekleisterten Grinsen im Gesicht.« Der Geschäftsmann Kyle, 39, erzählte: »Sie sah viel fern ... zumindest hat sie ständig Bezug auf ihre Lieblingsserien genommen, z. B. ›Der Typ da drüben sieht aus wie Jack aus *Lost*‹ oder ›Ich kann dir gerne mal meine DVD-Box mit der ersten Staffel von *Das Büro* leihen, wenn du das gar nicht kennst.‹« Für ihn sind Menschen, die zu viel fernsehen, einfach unoriginell.

Als ich Jerry, einen 24-jährigen Vertreter, fragte, warum ihn seine Verabredung gelangweilt hatte, zählte er mehrere Gesprächsthemen auf: »Arbeit, Geschwister, aktuelle Ereignisse, blablabla ...« Dann fügte er hinzu: »Sie sagte, sie hat ihren MP3-Player ständig auf Repeat und hört sich denselben Song dann x-mal hintereinander an ... Gott, wie öde! So ähnlich wie meine Eltern. Die haben ihre gemütlichen Gewohnheiten und mögen nur, was sie kennen. Ich möchte einfach mehr Abwechslung und Abenteuer in meinem Leben.«

Keine Meinung

Zwar wissen es die Männer durchaus zu schätzen, wenn eine Frau sich anpassen kann, aber sie möchten bestimmt kein perfektes, unterwürfiges Hausfrauchen. Mehrere Männer haben mir von Verabredungen mit Frauen erzählt, die immer nur »fade Antworten« und »Pillepalle-Ansichten« von sich gaben. Gleichzeitig versicherten sie mir, dass diese Frauen ansonsten echt nett waren und es weiter nichts an ihnen auszusetzen gab. Aber wenn sie erklärten, warum das »nette erste Date« nicht zu einem zweiten geführt hatte, räumten sie irgendwann ein: »Sie hat mich den ganzen Abend kein einziges Mal irgendwie herausgefordert« oder »Sie sagte ständig, ›Ach, ist mir eigentlich gleich.‹« Die Langweilerin ist das Gegenteil der Chefin, die zu viele Meinungen vertritt und nicht davor zurückschreckt, jeden in Grund und Boden zu stampfen, der andere Ansichten hegt. Es ist absolut nicht einfach, hier das rechte Maß zu finden.

Der 36-jährige Robert, Konferenzplaner, erzählte von einer Frau, die völlig »oprah-isiert« war: »Die tat wirklich alles, was Oprah Winfrey in ihrer Talkshow sagte. Den ganzen Abend ging es ›Oprah sagt immer…‹ oder ›Oprah weiß eines mit Sicherheit…‹ Die Frau hatte überhaupt keine eigene Meinung!«

Ich erfuhr, dass der Umgang mit der Speisekarte so aufschlussreich sein kann wie ein Rorschachtest. Asher, ein 31-jähriger Versicherungsprüfer, erklärte, dass er nur selten mit einer Frau ein zweites Mal ausgeht, weil er eine »Speisekarten-Macke« hat: Wenn eine Frau dasselbe bestellt wie er, ist die Sache für ihn sofort gelaufen, denn damit beweise sie einen Mangel an Fantasie, findet er. Erst vor Kurzem hatte eine Frau bei einem Brunch den fatalen Fehler begangen, dasselbe zu bestellen wie er: Arme Ritter. Wie er mir erklärte, treibt er nach so einer »Spiegelbestellung« nur noch höfliche Konversation, trifft sich jedoch kein zweites Mal mit ihr. Ich wage zu behaupten, »Spiegelbestellungen« sind nicht der einzige Grund, warum Asher so selten eine zweite Verabredung hat...

Durchgefallen beim Kusstest

Viele meiner Kundinnen sind verblüfft, wenn ein Mann, der sie am Ende des ersten Treffens leidenschaftlich geküsst hat, mir hinterher erzählt, dass der Abend entsetzlich öde für ihn gewesen sei. Aber wenn ein Typ eine Verabredung nur so lala gefunden hat, heißt das dann nicht automatisch, dass er einen Kuss gar nicht mehr ernst meinen kann? Der 61-jährige Samuel, Verwaltungsleiter eines Krankenhauses, erklärte diesen Widerspruch: »Helen war eine nette Frau, aber ich spürte den ganzen Abend keinen einzigen Funken. Da wollte ich einen letzten Versuch unternehmen, sie irgendwie für mich attraktiv zu machen, denn eigentlich war sie genau die Person, mit der ich gern zusammen wäre. Ich nahm sie also in die Arme und versuchte, ihr ein wenig Leidenschaft zu entlocken... aber unterm Strich war da eben nichts.«

Tatsächlich habe ich mehrfach von solchen »Testküssen« gehört, auch außerhalb der Langweilerin-Kategorie. Die Männer bestätigten Samuels Aussage: Auch wenn es während eines Dates mehrere Abtörner gegeben hatte, würden diese Mängel nach einem spektakulären Gutenachtkuss durch körperliche Anziehung wieder wettgemacht. Aber manchmal ist die Chemie einfach nicht da, dann muss man eben weiterziehen. Ich glaube, dass es hilfreicher wäre, wenn man die Abtörner während des Dates eliminieren könnte – dann ist der Mensch am Ende des Abends auch empfänglicher für heiße Küsse.

Die Sportliche

Eine Untergruppe der Langweilerin bildet die Sportliche. Diese Art Mädchen hat viele männliche Freunde, aber nur wenige Männer begehren sie. Nicht, dass sie langweilig wäre – eher im Gegenteil. Sie läuft Marathon, geht zum Heliskiing oder besteigt den Kilimandscharo. Doch ihr fehlt es an Sinnlichkeit. Die Männer betrachten sie weniger als Frau, sondern eher als Kumpel.

Kommt Ihnen das bekannt vor?

Vielleicht haben Sie in den Anekdoten über die Langweilerin bis jetzt noch keine Parallelen zu Ihrem eigenen Verhalten erkennen können. Nehmen Sie einfach die folgenden Fragen zu Hilfe, um herauszufinden, ob die Männer Sie unter dem Stereotyp Langweilerin ablegen, bevor sie Ihr wahres Ich kennenlernen können.

Bei der Arbeit	*Ja*	*Nein*
Ist es in Ihrem Arbeitsumfeld besser, wenn man schön still bleibt, sich neutral gibt und keine unangenehmen Fragen stellt?	☐	☐
Hat Ihr Chef jemals zu Ihnen gesagt: »Trinken Sie doch mal ein paar Tassen Kaffee vor Ihrer Präsentation.«	☐	☐

	Ja	Nein
Haben Kollegen oder Vorgesetzte in der Vergangenheit schon einmal zu Ihnen gesagt: »Versuchen Sie doch auch mal, die Initiative zu ergreifen…«	☐	☐
»Wenn Sie nicht meiner Meinung sind, können Sie mir das jederzeit sagen…«	☐	☐
»Versuchen Sie doch mal ein bisschen querzudenken!«	☐	☐

Bei Freunden und in der Familie

Hat Ihnen schon mal jemand gesagt: »Du bist so *nett*! Irgendwann kommt schon noch mal einer, der das zu schätzen weiß.«	☐	☐
Hat jemand Ihr Outfit für ein Date schon mal mit den Worten kritisiert: »Zeig doch ruhig ein bisschen mehr Haut!«	☐	☐
Hat Ihnen schon mal jemand ans Herz gelegt, das Buch *Warum die nettesten Männer die schrecklichsten Frauen haben … und die netten Frauen leer ausgehen* zu lesen?	☐	☐

Bei einer Verabredung oder in einer früheren Beziehung

Bringt der Mann, mit dem Sie ausgehen, über 75 Prozent der Gesprächsthemen auf?	☐	☐

Ja   Nein

Haben Sie jemals zu hören bekommen:
»Du hörst dich aber nicht besonders
begeistert an – willst du lieber was anderes
unternehmen?«   ☐   ☐

Hat ein Mann jemals zu Ihnen gesagt: »Ich
wette du bist eine Pastorentochter, oder?«   ☐   ☐

Ihre Lebensphilosophie

Halten Sie es für klug, Ihre Meinung für sich
zu behalten, wenn Sie mit Leuten zusammen
sind, die Sie nicht besonders gut kennen?   ☐   ☐

Gehen Sie im Allgemeinen auf Nummer sicher?   ☐   ☐

Bestellen Sie sich in der Eisdiele Vanilleeis
oder eher exotischere Sorten?   ☐   ☐

Haben Sie mehr als fünf dieser Fragen mit Ja beantwortet? Dann werden Sie von den Männern möglicherweise als Langweilerin wahrgenommen. Sie sind zweifellos ein netter, höflicher Mensch mit vielen Vorzügen, und natürlich sollen Sie Ihre Persönlichkeit nicht ändern. Aber Sie könnten darüber nachdenken, ob Sie beim ersten (oder zweiten) Date nicht etwas mehr von Ihrer lebhafteren Seite zeigen möchten. Männer, die noch nicht wissen, wie super Sie sind, könnten sonst vielleicht Langeweile wittern und abwinken – und dann würden sie die Chance verpassen, Sie bei weiteren Verabredungen besser kennenzulernen.

Was tun?

Langeweile tarnt sich oft hinter einem »die Chemie hat nicht gestimmt«, aber vielleicht müssen Sie bei dieser chemischen Formel einfach nur ein paar Änderungen vornehmen, und die Dinge passen plötzlich doch. Im richtigen Licht und unter bestimmten Umständen hat eine Frau, die nur an der Langeweile gescheitert ist, mehr Chancen als andere, wirklich einen passenden Partner kennenzulernen. Natürlich möchte ich Ihnen nicht nahelegen, mit jemand zusammen zu sein, mit dem so gar keine romantische Stimmung aufkommen will. Aber meine Theorie lautet, dass zwischen zwei tollen Menschen unter den richtigen Bedingungen durchaus der Funke überspringen kann. Statt sich der märchenartigen Auffassung anzuschließen, dass die Magie entweder da ist oder nicht, sollten Sie sich manchmal ein bisschen Mühe geben, um das Feuer zu entzünden – das kann sich wirklich lohnen!

Wenn Sie den Verdacht hegen, dass die Männer Sie für eine Langweilerin halten könnten, habe ich sechs Vorschläge für Sie, wie Sie Ihrem nächsten Date ein bisschen mehr Pep verleihen können.

1. Machen Sie Ihre Hausaufgaben

Statt witzige Unterhaltungen dem Zufall zu überlassen, sollten Sie in der Stunde vor Ihrer Verabredung im Geiste ein paar interessante Gesprächsthemen vorbereiten. Vor einem Bewerbungsgespräch machen Sie das doch auch nicht anders. Denken Sie sich originelle Fragen aus, die sich von den Standard-Kennenlernfragen abheben. *Aber achten Sie darauf, dass Sie diese Fragen dann nicht völlig zusammenhangslos vorbringen, sonst*

20 originelle Fragen fürs erste Date
(die Ihr Gegenüber nicht zum Gähnen bringen)

- Hast du irgendwelche geheimen Talente?

- Was war dein Lieblingsspielzeug?

- Was war das schönste Geschenk, das du jemals einem Menschen gemacht hast?

- Was ist das Peinlichste, was dir in der Grundschule passiert ist?

- Wonach würdest du beim Hinauslaufen noch schnell greifen, wenn dein Haus in Flammen aufgeht?

- An welchem Ort der Welt bist du noch nie gewesen, obwohl du immer schon unbedingt mal hin wolltest?

- Was wolltest du werden, als du klein warst?

- Was ist dein absolutes Lieblingsbuch (Lieblingsfilm)?

- Was war der schlimmste Job, den du jemals gemacht hast?

- Erzähl mir einen lustigen Streich, den du mal jemandem gespielt hast!

- Was war der beste Rat, den du jemals bekommen hast?

- Welches Brettspiel magst du am liebsten?

- Wohin würdest du auswandern, wenn du die Chance dazu hättest?

- Wie sah der schönste Geburtstag aus, den du jemals hattest?

- Wenn du irgendein beliebiges Tier als Haustier haben könntest, welches wäre das dann?

- Gibt es kleine Macken, die du mit deinen Eltern oder Geschwistern teilst?

- Wie sah dein bestes Faschingskostüm aus?

- Was ist das Mutigste, was du jemals gemacht hast?

- Bei welchem Familienurlaub hattest du am meisten Spaß?

- Wann hast du mal so richtig Glück gehabt?

wirken Sie ungeschickt. Konzentrieren Sie sich darauf, wie Sie Ihre Frage formulieren, damit er sich nicht bedrängt fühlt. Warten Sie, bis sich eine logische Überleitung von einem Gesprächsthema zu Ihrer originellen Frage ergibt. Wenn Sie gut vorbereitet sind, können Sie richtig witzige Unterhaltungen in Gang bringen.

Lesen Sie außerdem ein paar Bücher von der aktuellen Bestsellerliste, damit Sie bei Verabredungen und auf Cocktailpartys immer munter darüber plaudern können – vor allem unterhaltsame Sachbücher sind gut geeignet, z. B. *Wer bin ich und wenn ja wie viele* von Richard David Precht oder eines der vielen Bücher mit den populärsten Irrtümern zum Thema XY. Von diesen Büchern lässt sich leicht erzählen, und sie liefern oft Anstöße zu nachdenklichen oder skurrilen Gesprächen. Finger weg von Büchern, die sich mit Frauenfragen, Religion oder Politik beschäftigen – die sind fürs erste Date meist ein bisschen zu kontrovers.

Passen Sie auf, dass Sie nicht »intelligent, aber langweilig« rüberkommen. Ich hatte mal eine Kundin, die mit einem Chirurgen verabredet war und sich vorher im Internet über medizinische Themen informiert hatte. Ihrer Meinung nach hatte sie damit nur ihre Hausaufgaben gemacht. Doch er erzählte mir später, dass er von ihren intelligenten Fragen zwar beeindruckt war, der Abend ihn insgesamt jedoch langweilte, weil sie zu viel von seiner Arbeit redeten.

2. Zeigen Sie Begeisterung

Wie Sie den vorangegangenen Anekdoten entnehmen konnten, werden die Männer Sie als öde wahrnehmen, wenn Sie bei Ihrer Verabredung nicht genügend Enthusiasmus an den Tag legen. Schießen Sie jetzt bitte nicht übers Ziel hinaus, indem Sie sich in ein kleines Schachtelteufelchen verwandeln. Aber suchen Sie sich nach Möglichkeit während der ersten halben Stunde zwei Vorwände, um Ihre positive Einstellung zu präsentieren. Das kann ein persönliches Kompliment sein (»Hey, die Jacke sieht ja super aus!«), eine Bemerkung zu irgendetwas, was er für diesen Abend geplant hat (»Die ganze Zeit wollte ich schon in dieses neue Restaurant – ich freu mich total, dass du das ausgesucht hast!«) oder etwas, was Sie selbst demnächst vorhaben (»Ich kann's kaum erwarten, endlich…«). Wenn er Ihnen eine ganz banale Frage stellt, à la »Wie war dein Tag heute?«, können Sie schwungvoll entgegnen: »Toll! Und ich konnte mich auch noch die ganze Zeit auf unsere Verabredung freuen!« Wenn er Sie bittet, von Ihrer Arbeit zu erzählen, können Sie entweder das Ratespiel spielen (siehe: Die Chefin, Seite 72) oder etwas in dieser Art probieren: »Letztes Jahr, als ich mich für meinen Job beworben habe, ist mir was Witziges passiert…« oder »Bei meiner Arbeit lerne ich echt die interessantesten Leute kennen. Zum Beispiel…«

3. Geben Sie ihm auch mal Kontra

Wenn Sie der Langeweile ein Schnippchen schlagen wollen, dürfen Sie nicht einfach nur Fakten austauschen, sondern sollten auch für ein bisschen Geplänkel sorgen. Die Männer haben mir erzählt, dass sie freche Frauen durchaus anziehend finden. Sie mögen es, wenn man sie auf gutmütige Art ein bisschen neckt, z. B. mit Sätzen wie: »Solche wie dich kenn ich, mein Lieber. Diese glatten Sprüche ziehen bei mir nicht ... versuch's doch noch mal anders.« Wissen Sie noch, welchen Ärger Sie sich eingehandelt haben, wenn Sie als Kind Ihren Eltern widersprochen haben? Bei Ihrem Date können Sie mit Ihren frechen Neckereien dafür sorgen, dass die Chemie zwischen Ihnen stimmig wird.

Julian etwa, ein 55-jähriger Zahnarzt, erwähnte, dass er einmal eine richtig langweilige Verabredung erlebt hatte. Sofort fragte ich ihn nach Beispielen: Was hat sie getan? Was hat sie gesagt? Was hat sie nicht gesagt? Schließlich erinnerte er sich an ein Detail, in dem sich ihr gesamtes Verhalten spiegelte:

Nachdem er ihr ein Kompliment zu ihrer Brille gemacht hatte, fragte er: »Trägst du die immer oder nimmst du ab und zu auch Kontaktlinsen?« Ihr Antwort lautete: »Normalerweise trage ich Kontaktlinsen, aber heute waren meine Augen so müde, da hab ich stattdessen die Brille aufgesetzt.« Diese Antwort fand er langweilig, woraufhin ich ihm vorhielt, dass seine Frage genauso langweilig gewesen sei. Doch dann meinte ich: »Okay, lassen wir diese wenig elektrisierende Frage mal kurz beiseite. Was hätte sie Ihnen für eine Antwort geben sollen?«

Er meinte: »Sie hätte doch so was sagen können wie: ›Keine Sorge, zum Küssen nehme ich die Brille ab‹ oder ›Ein Kollege hat behauptet, damit sehe ich aus wie die sexy Bibliothekarin –

was denkst du?‹ Wenn sie mich so angeflirtet hätte, hätte sie sofort meine ganze Aufmerksamkeit gehabt!«

Angenommen, ein Typ fragt Sie, ob Sie Geschwister haben. Bitte diktieren Sie ihm dann keine Familienchronik – wie viele, wo sie wohnen, wie viele Nichten und Neffen Sie schon haben usw. Versuchen Sie stattdessen so zu antworten, wie es die meisten Leute nicht tun würden. Erzählen Sie ihm z. B. eine lustige Geschichte über einen Familienausflug, der völlig in die Hose ging, oder einen peinlichen Streich, den Ihr Bruder Ihnen in der dritten Klasse mal gespielt hat. Oder erzählen Sie, wie Sie im Vergleich zu Ihren Geschwistern dastanden: Waren Sie die Kluge, der Witzbold oder die, die ständig in Schwierigkeiten geriet? Wenn Sie Standardfragen auf diese Art beantworten, können Sie damit eine Kettenreaktion in Gang setzen, die in eine faszinierende und weniger oberflächliche Unterhaltung mündet.

4. Unternehmen Sie etwas, wobei Sie Angst kriegen

Der Ort Ihrer ersten Verabredung muss nicht auf Cafés oder Restaurants beschränkt bleiben. Aktivitäten, bei denen Adrenalin ausgeschüttet wird (wie Achterbahn fahren, Horrorfilme ansehen oder Bungee-Jumping), sind hervorragend geeignet für die Langweilerin. Wenn Sie gemeinsam etwas Aufregendes erleben, schnellt Ihr Adrenalinspiegel in die Höhe, und Ihr Puls geht schneller – genauso wie im sexuellen Erregungszustand. David Givens, Anthropologe am Center for Nonverbal Studies, erklärt: »Unser Hirn verwechselt jede Art von Erregung mit sexueller Anziehung – und schreibt sie automatisch der Person zu, mit der Sie zusammen sind.«

5. Erzählen Sie einen guten Witz

Jeder hört gerne einen guten Witz. Wenn Sie einen richtig lustigen kennen, prima. Wenn nicht, fragen Sie Ihre Freundinnen oder Freunde. Natürlich sollten Sie einen Witz aussuchen, der Ihren persönlichen Sinn für Humor widerspiegelt und nicht geschmacklos ist. Auf diese Art können Sie das Eis brechen und den Abend im Handumdrehen in Schwung bringen.

6. Lesen Sie zwischen den Zeilen

Stellen Sie sich vor, Sie glauben, dass Ihre Verabredung eigentlich ganz gut läuft, und dann stellt er aus heiterem Himmel eine Frage, die Ihnen ein bisschen seltsam vorkommt. Vielleicht sagt er plötzlich: »Wofür hegst du wirklich eine Leidenschaft, erzähl doch mal.« Natürlich kann es sich dabei um eine ganz unschuldige Frage handeln, die er jeder Frau stellt, mit der er ausgeht, aber höchstwahrscheinlich ist es eher ein Alarmsignal. Vielleicht sah sein Gedankengang so aus: »Irgendwie ist sie ja ziemlich öde. Ich frage mich, ob es überhaupt etwas gibt, wofür sie sich so richtig begeistern kann. Hmm, wie finde ich das wohl raus? Hey, ich weiß – ich frag sie einfach …« Diese Frage verrät Ihnen, dass Sie es an Energie vermissen lassen. Also straffen Sie den Rücken, beantworten Sie seine Fragen mit Begeisterung, denken Sie an Ihre Hausaufgaben und bestellen Sie sich in Gottes Namen noch einen doppelten Espresso!

Wenn Sie eine Langweilerin sind

TOP

1. »Ich habe gerade ein witziges Buch darüber gelesen, was die Menschen glücklich macht. Ich war echt überrascht…«	**1.** »Ich habe gehört, diese Woche soll's noch richtig warm werden.«
2. »Wollen wir vielleicht zum Bungee-Jumping gehen statt ins Restaurant?«	**2.** »Essen gehen und danach ins Kino? Klar, super.«
3. Alltäglichen Fragen einen frechen Dreh verpassen.	**3.** Fakten herunterleiern
4. Modische High Heels oder Stiefel	**4.** Bequeme flache Schuhe oder Sneakers
5. Ein leidenschaftlicher Gutenachtkuss	**5.** Ein Küsschen mit gespitzten Lippen

FLOP

Der Lockvogel

Ich hätte zu gern mal ein Date mit einer Frau,
die meine Erwartungen übertrifft.

Josh, 42, Dallas

Ich schätze, dass sich höchstens 20 Prozent der
Frauen online realistisch präsentieren.

Dillon, 26, New York

Es hat schon so mancher vergebens gehofft.

Unbekannt

Manche Werbung führt den Kunden mit einer Lockvogeltaktik
bewusst in die Irre. Der potenzielle Käufer wird von einem
Schnäppchenangebot angezogen (dem »Lockvogel«) und so
ins Geschäft gelockt. Aber wenn er kaufen will, erklärt ihm der
Verkäufer, dass noch eine Gebühr draufkommt, dass der Artikel momentan nicht auf Lager ist und er doch einen anderen
kaufen soll – in der Regel einen teureren, sodass aus dem er-
hofften Schnäppchen am Ende doch nichts wird. Bei der Partnersuche wird diese Taktik von Frauen angewandt, die falsche
Erwartungen wecken (was ihr Aussehen anbelangt, aber auch
in anderen Bereichen), damit die Männer sie um eine Verabredung bitten. Dabei hoffen sie, dass er über ihre weniger begeh-
renswerten Eigenschaften hinwegsehen wird, wenn er sie erst
einmal persönlich trifft oder sie ihm manches besser erklären
können. Das war der dritthäufigste Grund, den die Männer
nannten, wenn ich sie fragte, warum sie eine Frau nicht mehr
angerufen hatten (und bei den Männern, die sich nur zum Online-Dating äußerten, war es Grund Nummer eins). Sie fühlten
sich betrogen und waren enttäuscht. Kein Wunder, oder? Auf-

grund fehlerhafter oder unzureichender Informationen hatte er mit einer ganz anderen Person gerechnet.

Aber ganz so einfach wollen wir uns die Sache auch wieder nicht machen. Natürlich gibt es abgedroschene Horrorstorys zum Thema Online-Dating, in denen Menschen in puncto Alter, Figur oder mit einem falschen Foto schlichtweg gelogen haben. Aber es geht hier nicht nur um Menschen, die sich vor ihrer ersten Verabredung noch nie persönlich gesehen haben (ich sammle seit 1998 Daten, und damals war Online-Dating noch nicht so verbreitet). Sehen Sie sich folgende Statistiken mal an:

▶ 35 Prozent der Männer, die den Lockvogel als Abtörner angegeben haben, fielen nicht bei einem Blind Date auf die Lockvogeltaktik herein (d.h. sie hatten die Frau vor der ersten Verabredung zumindest schon einmal persönlich gesehen – bei einer Veranstaltung oder bei Freunden). Hereingelegt wurden sie nicht durch eine »geschönte« Beschreibung ihrer äußeren Erscheinung, sondern durch irreführende Aussagen, die sie vorher gemacht hatte.

▶ 42 Prozent der Männer, die eine Frau übers Internet kennengelernt hatten und Opfer der Lockvogeltaktik wurden, stimmten der Aussage »Sie hat sich online wahrheitsgemäß beschrieben« durchaus zu. Mit anderen Worten, sie hat weder gelogen noch ein retuschiertes Foto ins Netz gestellt – vielmehr hat er aus gewissen, bewusst vage gehaltenen Aussagen falsche Schlüsse gezogen oder einfach zu hohe Erwartungen an sie gestellt.

Was ist hier passiert? In erster Linie dies: Der Mensch hört, was er hören *will*. Er sieht, was er sehen *will*. Bei der Partnersuche steigen die Hoffnungen und Träume an wie die Flut, um dann bei Ebbe die enttäuschende Realität zu hinterlassen. So sind wir eben veranlagt. Aber Sie können etwas tun, um Ihre Verabredungsquote zu verbessern: Verkaufen Sie sich gut, aber übertreiben Sie es nicht. Ganz unabhängig von Ihrem Aussehen und Ihrer Persönlichkeit haben Sie einfach größere Chancen auf ein zweites Date, wenn Sie ein bisschen besser sind, als er erwartet hatte.

Sind Sie ein Lockvogel?

Vier Verhaltensmuster sind typisch für den Lockvogel. Kommt Ihnen eine der folgenden Beschreibungen bekannt vor?

Lügen und mangelnde Selbsterkenntnis

Manchmal war es ganz einfach: Sie hatte ihn angelogen. Natürlich lügen Männer auch ständig, das ist nichts Geschlechtsspezifisches. Aber bei der Beschreibung ihres Äußeren waren manche Frauen so großzügig, dass es schon an Unverschämtheit grenzte. Am häufigsten ging es dabei – wie Sie sicher erraten können – um die Figur. Kevin, ein 34-jähriger Immobilienmakler, lernte über eine Online-Singlebörse eine Frau aus Miami kennen, mit der er sich per Mail und am Telefon blendend verstand. Er war so erpicht darauf, sie endlich zu treffen, dass er für ihre erste Verabredung nach Miami flog. Aber als er sie sah, »wog sie locker über neunzig Kilo«. »Auch ohne ihren riesigen Gürtel«, fügte er trocken hinzu. Auf den Bildern, die sie ihm geschickt hatte, sah sie hingegen schlank aus. »Vielleicht war die Person auf den Fotos ihre Schwester, oder vielleicht hatte man ihr Gesicht mit einem Bildbearbeitungsprogramm auf einen anderen Körper gesetzt«, tippte er. Jedenfalls nahm er den nächsten Flug nach Hause (und kündigte sofort sein Abo bei der Singlebörse).

Ich habe Anekdoten von Frauen zu hören bekommen, die Fotos von sich ins Netz stellten, die entweder uralt waren oder bei extrem schmeichelhafter Beleuchtung aufgenommen waren. Ob Akne oder kürzere Haare – die Männer mochten es einfach nicht, wenn sie live etwas völlig anderes zu sehen bekamen als auf den Bildern. Daneben ist mir noch eine Untergruppe in dieser Kategorie aufgefallen: die unerwartete Größe oder Form eines Körperteils. Ein 44-jähriger Anwalt, Craig, erzählte: »Sie saß schon, als ich an den Tisch kam, aber als ich später die Größe ihres Hinterns sah, hätte ich mich beinahe an der eigenen Spucke verschluckt.« Wirklich ein netter Kerl, dieser Craig, finden Sie nicht?

Manche Frauen logen auch in anderen Fragen, sowohl online wie auch offline. Dazu gehörte, dass sie fälschlicherweise behaupteten, Model zu sein, ein bestimmtes College absolviert zu haben oder jünger zu sein, als sie wirklich waren. Wie ich feststellen konnte, rechnen die Männer damit, dass beim Alter ein wenig geschummelt wird, und sie fanden es nicht mal schlimm, wenn das Alter der Frau ein, zwei Jahre von der ursprünglichen Angabe abwich. Wenn sie jedoch herausfanden, dass sie in Wirklichkeit wesentlich älter war, als behauptet, war das der absolute Abtörner. Außerdem habe ich erfahren, wie einfach man enttarnt werden kann – Seiten wie MySpace, Google und diverse Personensuchmaschinen machen es leichter denn je, Details zum Leben einer bestimmten Person zu recherchieren.

Manchmal sind auch die Vermittler (wohlmeinende Freunde, die die Frauen verkuppeln wollen) schuld an den Übertreibungen. Der 36-jährige Ed, Fotograf, ließ sich von einer Arbeitskollegin ein Date mit ihrer Freundin vermitteln, die angeblich »schlichtweg umwerfend« war. Als er sie schließlich persönlich traf, war er enttäuscht, weil sie »schlichtweg durchschnittlich« war.

Ehrlich gesagt haben die oberflächlichen Antworten gewisser Männer *mich* ganz schön gelangweilt. Also wollte ich tiefer in die Frage der Lockvogeltaktik einsteigen.

Enttäuschte Erwartungen

Zuerst kam es mir vor wie ein riesiger Widerspruch: Ein Drittel der Männer, die sich als Opfer eines Lockvogels bezeichneten, gaben später zu, dass die Frau sich vor dem Date »technisch gesehen« korrekt präsentiert hatte. Das hörte sich ja interessant an.

Travis, ein 25-jähriger Fitnesstrainer aus New York, erklärte, dass er in erster Linie eine körperlich fitte Partnerin haben will, die ebenfalls ausdauernd trainiert (wie es für seinen Beruf erforderlich ist). Er erinnerte sich an eine Frau namens Shelley, die er in einer Online-Singlebörse kennengelernt hatte. In ihrem Profil schrieb sie, sie sorge »regelmäßig für Bewegung«. Auf dem Foto sah sie fantastisch aus, und sie schien auch noch viele andere Kriterien zu erfüllen, die er sich wünschte. Er konnte das erste Treffen kaum erwarten. Als er sie schließlich persönlich kennenlernte, fragte er sie, was denn ihr Lieblingssport sei. Sie antwortete: »Ich gehe gern zu Fuß zur Arbeit! Wenn man den Tag mit einer Viertelstunde flottem Fußmarsch beginnt, fühlt man sich einfach toll.« Travis meinte, er könne sich niemals in jemand verlieben, der den Fußweg zum Arbeitsplatz in Manhattan für Training hält. Er stellte noch ein paar Fragen, um ihr Interesse an sportlichen Aktivitäten einzuschätzen, aber ihre Antworten enttäuschten ihn auf ganzer

Linie. Mittlerweile beschränkt er sich auf die Frauen, die er in seinen Cardio-Kickboxing-Kursen kennenlernt. Vielleicht wenden Sie jetzt ein, dass er seine Auswahl damit unnötig einschränkt, aber er findet eben, dass er so besser einschätzen kann, wie fit die Frau ist.

Travis gibt zu, dass Shelly »technisch gesehen« ehrlich gewesen war: Sie hatte weder gelogen noch übertrieben. Shelly verschafft sich regelmäßig Bewegung – eben nur nicht so, wie Travis das erwartet hatte. Seine Hoffnungen verzerrten sein Bild von ihr, und sowie er entdecken musste, dass diese Hoffnungen auf falschen Voraussetzungen aufbauten, hakte er sie als potenzielle Partnerin ab, bevor er sie richtig kennenlernen konnte, und – was noch schlimmer ist – verschwendete ihre kostbare Zeit.

Shawn, ein 41-jähriger Immobilienmakler, machte mich mit einer weiteren Lockvogel-Spielart bekannt. Ich hatte ihn persönlich meiner Kundin Ruth vorgestellt. Zwar war er katholisch und sie Jüdin, aber beide hatten mir versichert, sie seien zwar »spirituell, aber nicht religiös«, und für ein Treffen aufgeschlossen. Am Ende ihres Dates gewann Shawn doch den Eindruck, dass Ruth religiöser war als erwartet. »Den ganzen Abend hat sie immer wieder auf ihr Judentum angespielt«, beschwerte er sich. »Sie hat eine lustige Geschichte von einem Passahfest erzählt, hat immer wieder hebräische Wörter eingeflochten, die ich nicht richtig verstanden habe, und hat mir erzählt, wie wichtig es ihr sei, ihre Kinder im jüdischen Glauben zu erziehen«, fuhr er fort. »Obwohl der Katholizismus ein großer Einfluss in meinem Leben war, könnte ich durchaus damit leben, meine Kinder in einem anderen Glauben großzuziehen, wenn ihnen dabei echte Werte und Gottesglaube vermittelt werden. Aber es sah ganz so aus, als wäre unser unterschiedlicher Hintergrund eher ein Problem für *sie*, also hab ich sie nicht mehr um eine zweite Verabredung gebeten.« Als ich Ruth eine Woche später die Ergebnisse meines Gesprächs mit Shawn zusammenfasste (mit seiner Erlaubnis), rief sie: »Aber das ist doch lächerlich! Wow, dabei fand ich ihn echt sympathisch. Er war so süß und hatte so viele Eigenschaften, die ich mir an einem Mann wünsche! Ich war durchaus bereit, einen Mann anderen Glaubens kennenzulernen ... aber vielleicht wollte ich ihn unbewusst auf die Probe stellen, bevor ich entschied, ob er in meinen Augen Potenzial für eine langfristige Beziehung hat.«

Doch Ruths Test kam ein bisschen verfrüht, und ehrlich gesagt hat sie die Offenheit in Religionsfragen, die sie für sich in Anspruch nahm, mit ihrem Verhalten Lügen gestraft. Indem sie ein großes Thema wie Religion gleich beim ersten Treffen ziemlich unsubtil auf den Tisch brachte, zwang sie ihn zu einer schnellen Entscheidung, bevor sie wusste, ob eine Beziehung mit ihm nicht doch sehr attraktiv sein könnte. Stattdessen hatte Shawn hinterher das Gefühl, irregeführt worden zu sein, und so vertaten die beiden jede Chance, mehr übereinander zu erfahren.

Ich will die Wirkung religiöser (oder anderer gewichtiger) Differenzen innerhalb einer Ehe nicht herunterspielen. Aber wir haben hier das Beispiel von zwei wunderbaren Menschen, die sich selbst als offen beschrieben, bei ihrer ersten Begegnung aber aufs falsche Gleis geraten sind und es sich damit unmöglich gemacht haben, dass zwischen ihnen überhaupt erst mal ein Funke überspringen konnte. Die paar unvermeidlichen Kompromisse hätte man später immer noch aushandeln können.

Cyrano de Bergerac

Heutzutage spielt das Internet eine so große Rolle bei der Partnersuche, dass es für eine weitere Untergruppe in der Kategorie Lockvogel sorgt: Der Kontrast zwischen der faszinierenden Internet-Persönlichkeit (die Frau kann gut schreiben und hat wenig Hemmungen) und der dagegen langweilig wirkenden Person, die er beim ersten Date zu sehen bekommt (schüchtern oder eher ruhig). Dieses Thema überschneidet sich zwar mit »mangelnder Selbsterkenntnis« und »enttäuschten Erwartungen«, war aber so weit verbreitet, dass es auf jeden Fall näher erläutert werden sollte.

Früher hat man sich erst gesehen und danach geprüft, ob die Chemie stimmt – beim Online-Dating verläuft dieser Prozess umgekehrt. Vor ein paar Jahrzehnten sind sich zwei Menschen persönlich im Klassenzimmer oder auf einer Party begegnet, und wenn es gefunkt hat, haben sie sich verabredet, um herauszufinden, was sie gemeinsam haben. Im Internet sondieren die Leute erst, ob sie Gemeinsamkeiten haben, und treffen sich *anschließend*, um die Frage der Chemie zu klären. Dieses System garantiert eine hohe Quote an misslungenen ersten Dates.

Der 29-jährige Chemiker Caleb gab zu, dass er eher der schüchterne Typ ist. Er sucht nach einer Partnerin, die das genaue Gegenteil ist, und verliebte sich in eine faszinierende, kluge Frau – per Internet. Als sie sich später persönlich trafen, stellte sich heraus, dass sie linkisch und introvertiert war. Sie war unfähig, ihm in die Augen zu blicken, und gab nur einsilbige Antworten. Außerdem stellte er fest, dass sie von Kopf bis Fuß in Schwarz gekleidet war, »wie eine Witwe in Trauer«. Das konnte er einfach nicht mit der schillernden Persönlichkeit in Einklang bringen, die er auf dem PC-Bildschirm kennengelernt hatte.

Charlie, ein 32-jähriger Trickfilmzeichner, fühlte sich bei seiner Verabredung ebenfalls hinters Licht geführt: »Auf der Tastatur war sie ganz selbstbewusst, aber als wir uns trafen, sagte sie so Sachen wie: ›Du siehst so gut aus, dass ich mich kaum traue, mit dir zu reden.‹ Oder ›Typen wie du bitten mich normalerweise nicht um ein Date.‹« Außerdem fummelte sie den ganzen Abend nervös herum und machte einen völlig verunsicherten Eindruck. Zwischen seinen Erwartungen und dem, was er dann erlebte, klaffte ein himmelweiter Unterschied.

Schöngetrunken

Eines gleich vorweg: Gegen die Situationen, die in diesem Abschnitt beschrieben werden, können Sie kaum Abhilfe schaffen. Trotzdem wollte ich sie nicht unter den Tisch fallen lassen, denn sie erhellen einige der Lockvogelstorys, die ich von verschiedenen Männern gehört habe. Während die meisten Männer bei meiner Umfrage nützliche Geschichten beisteuern konnten, war manch ein vorgebrachter Grund auch wertlos, da er für Frauen keinen hilfreichen Ansatz bietet. Das Phänomen des Schöntrinkens ist so ein Grund. Obwohl Sie nichts dagegen unternehmen können, ist es doch wichtig, dass Sie verstehen, was in diesem Fall bei Ihrem Gegenüber passiert ist.

Manchmal erwähnten die Männer, dass die Frau ihnen immer schöner vorkam, je mehr sie getrunken hatten. Wie der 24-jährige Karl es ausdrückte: »Um zwei Uhr morgens in einer dunklen Bar sah sie viel hübscher aus.«

Aber dieses Phänomen beschränkt sich nicht nur auf Alkoholkonsum. Für manche Männer ist es auch die rosarote Nostalgiebrille, die ihnen den realistischen Blick nimmt. Bob, ein 23-jähriger Psychologiestudent, lernte Marla auf einer Party kennen. Er hatte sie schon auf der Schule gekannt, sie aber seit fünf Jahren nicht mehr gesehen. Da sie toll aussah, bat er sie um ein Date. Bald wurde ihm jedoch klar, dass sie nichts mehr gemeinsam hatten. Sein anfängliches Interesse basierte auf dem Bild, das er in der Schule von ihr gehabt hatte (spontan und kreativ), doch dann wurde ihm klar, dass dieses Mädchen sich in den letzten Jahren in eine andere Person verwandelt hatte (verspannt und konservativ). Zumindest war das der Eindruck, den er bei ihrer ersten Verabredung gewann. Ich fragte mich, ob Marla sich wirklich so geändert hatte oder einfach nur nervös war, weil sie mit einem alten Schulfreund ausging. Wir werden es nie erfahren.

Manchmal verändern Sie sich, oder auch er, oder das Licht ist besonders unschmeichelhaft, oder vielleicht will es zu einer anderen Zeit und in einer anderen Umgebung einfach nicht mehr zwischen Ihnen funken. Die Gründe, warum die Männer uns nicht mehr anrufen, können sehr aufschlussreich sein, auch wenn man die Ursache nicht immer beheben kann.

Kommt Ihnen das bekannt vor?

Vielleicht haben Sie bis jetzt noch keine Parallelen zwischen dem Verhalten des Lockvogels und Ihrem eigenen Verhalten feststellen können. Es ist nicht immer leicht, sich in den Geschichten anderer Leute wiederzuerkennen. Die folgenden Fragen werden Ihnen helfen herauszufinden, ob die Männer Sie für einen Lockvogel halten, bevor sie Ihr wahres Ich kennenlernen können.

Bei der Arbeit   **Ja   Nein**

Gehört es zu Ihrem Beruf, den Leuten
etwas zu verkaufen? Wenn ja, gehörten
zu Ihrer Ausbildung gewisse »Tricks«,
mit denen Sie das Interesse des Kunden
wecken können?   ▪   ▪

Haben Sie bei der Arbeit jemals
Bemerkungen gehört wie: »Du wärst
in der PR-Abteilung super aufgeho-
ben, du weißt wirklich, wie man den
Leuten die Dinge vorteilhaft verkaufen
kann.«   ▪   ▪

Hat ein Kollege schon einmal zu Ihnen
gesagt: »Ich hab dein Foto auf Facebook
(o. Ä.) gesehen – wow, ich hab dich
überhaupt nicht wiedererkannt!«   ▪   ▪

Bei Freunden und in der Familie

Hat man Ihnen schon einmal gesagt,
dass Sie zu Übertreibungen neigen?   ▪   ▪

Hat Ihnen schon einmal jemand gesagt:
»Du solltest in die Politik gehen« oder
»Du wärst eine tolle Pokerspielerin«?   ▪   ▪

Verteidigen Sie sich manchmal damit,
dass eine Notlüge keine richtige Lüge
ist?   ▪   ▪

Bei einer Verabredung oder in einer früheren Beziehung	*Ja*	*Nein*

Hat ein Mann, den Sie online kennengelernt haben, schon mal zu Ihnen gesagt: »Du bist ganz anders, als ich erwartet hatte…« oder »Ach, *das* hattest du in deinem Profil damit gemeint«?

Wurde Ihnen bei einem Blind Date schon mal gesagt: »Deine Freundin hat so begeistert von dir gesprochen – ich konnte kaum glauben, dass es so einen perfekten Menschen überhaupt gibt.«

Neigen Sie dazu, die Wahrheit ein bisschen flexibel zu handhaben, wenn Ihnen ein Typ richtig gut gefällt – vielleicht, weil Sie befürchten, er könnte das Interesse verlieren, wenn er Ihr wahres Ich zu sehen bekommt?

Ihre Lebensphilosophie

Glauben Sie, dass Sie fast alles schaffen können, wenn Sie erst mal einen Fuß in der Tür haben?

Handeln Sie nach dem Motto: »Was er nicht weiß, macht ihn nicht heiß.«

Bewundern Sie Bill Clinton insgeheim für seine Formulierung: »Ich hatte *keinen Sex* mit dieser Frau!«

Wenn Sie mehr als fünf dieser Fragen mit Ja beantwortet haben, werden manche Männer Sie vielleicht für einen Lockvogel halten. Zweifellos sind Sie klug, erfolgreich und positiv, und selbstverständlich sollten Sie Ihr wahres Ich nicht ändern. Aber Sie könnten darüber nachdenken, ob Sie Ihr Verhalten im Umgang mit neuen Bekanntschaften an der einen oder anderen Stelle anpassen möchten. Männer, die noch nicht wissen, wie toll Sie sind, könnten Sie sonst als Lockvogel aussortieren und so die Chance verpassen, Sie bei weiteren Verabredungen besser kennenzulernen.

Was tun?

Wenn Sie Tendenzen an sich entdecken, die sich dem Lockvogel zuordnen lassen, überlegen Sie sich einmal, ob Sie es sich leisten können, so viel Zeit zu verschwenden. Ihre Methode führt bei der Partnersuche und bei Verabredungen nämlich zu einer hohen Versagerquote, und das kann einem Menschen langfristig emotional schaden. Natürlich sollen Sie sich von Ihrer besten Seite zeigen, aber nicht, indem Sie falsche Erwartungen wecken, und am Ende doch nur Zeit und Energie verschwenden. Hier sind sechs Vorschläge, die Ihnen zu erfreulicheren Verabredungen verhelfen können.

1. Verkaufen Sie sich gut – aber übertreiben Sie es nicht

Wenn Sie in die Lockvogeltaktik verfallen sind, müssen Sie innehalten und überlegen, wie Sie die schwierige Balance finden zwischen der Präsentation Ihrer Vorzüge einerseits und falschen Versprechungen andererseits. Versuchen Sie aufrichtig zu sein, ohne sein Interesse vorzeitig zu dämpfen. Ich weiß, das ist leichter gesagt als getan, aber Ihr schlimmster Feind bei der ersten Verabredung sind Erwartungen, die Sie nicht erfüllen können. Selbstbewusstsein ist schön und gut, aber er sollte nicht davon ausgehen, dass eine Mischung aus Claudia Schiffers Aussehen, Whoopie Goldbergs Witz und Madeleine Albrights Klugheit durch die Tür tritt. Konzentrieren Sie sich auf ein paar Ihrer besten Eigenschaften, picken Sie sich noch ein paar (kleinere) Schwächen heraus, und lassen Sie bei Ihren Gesprächen oder in Ihren Mails vor dem ersten Date von beidem etwas einfließen.

Als Richtlinie für Mails, Telefonate oder Beschreibungen in Ihrem Online-Profil können Sie sich die Drei-zu-eins-Regel merken: Auf jeweils drei Erwähnungen Ihrer Vorzüge sollte jeweils eine Anspielung auf eine Ihrer Schwächen kommen (eher so was wie »Ich kann nicht so besonders gut kochen« als »Ich leide oft an PMS«). Sie sollten dabei selbstkritisch klingen, aber nicht unsicher. In Ihrem Online-Profil bedeutet diese Regel, dass Sie neben drei Superfotos ein durchschnittliches stellen. Unterm Strich sollte er mit gewissen bescheidenen Erwartungen zu Ihrer Verabredung erscheinen. Denn wenn er mit zu hohen Erwartungen antritt, ist eben nur noch nach unten Luft.

2. Seien Sie präziser

Online sollten Sie präzise Angaben machen und möglichst konkrete Beispiele geben, statt Ihr Profil mit vagen Allgemeinheiten zu füllen – damit können Sie eine Menge Zeit sparen. Mit generellen Aussagen vergrößern Sie Ihr Publikum nicht, sondern lassen zu, dass die Männer sich im Kopf Fantasiebilder aufbauen, die sich hinterher doch in Luft auflösen müssen.

Das soll jetzt nicht heißen, dass Sie alles bis ins letzte Detail enthüllen sollten – im Gegenteil, ein wenig Geheimnis schadet nie –, aber vergessen Sie nicht: Wenn Sie für jeden alles sein wollen, sind Sie am Ende für alle nichts.

Suchen Sie sich bestimmte Bereiche aus, in denen Sie präzisere Angaben machen wollen. Wenn Sie z. B. sagen »ich lese gerne«, meinen Sie damit dann die Regenbogenpresse, historische Romane oder Computerzeitschriften? Nennen Sie Titel Ihrer Lieblingsbücher bzw. -zeitschriften. Wenn Sie sagen »Ich fühle mich in Jeans genauso wohl wie im Abendkleid«, sollten Sie klarstellen, ob Sie die Redakteurin eines Modemagazins sind, die einmal im Jahr zelten geht, oder eine Waldläuferin, die ein Ballkleid im Schrank hat, für den unwahrscheinlichen Fall, dass sie mal zu einer Hochzeitsfeier eingeladen wird. Wenn Sie auf einer Party mit jemandem plaudern, bemühen Sie sich ebenfalls um Beispiele. Seien Sie dabei nicht nur präzise, sondern auch wirklich ehrlich, denn wenn eine Beziehung aus Ihrer Begegnung wird, wird jede Lüge auffliegen. Schlichte Details helfen ungemein, den Rahmen der Erwartungen realistisch zu halten, damit Sie Ihre Zeit nicht mit den falschen Typen verschwenden.

3. Stellen Sie sich positiv dar

Manchmal müssen Sie gewisse Eigenschaften zu Beginn einfach so positiv präsentieren, dass Sie damit in kein negatives Stereotyp fallen können. Ich glaube wirklich, dass zwischen Lügen und einer bewusst positiven Darstellung ein Unterschied besteht. (Hey, vielleicht hätte ich auch eine politische Karriere machen können?) Viele Frauen haben z. B. Jobs, die wenig wünschenswerte Assoziationen bei den Männern hervorrufen. Vielleicht sind Sie ja Geschäftsführerin einer Immobilienfirma? Das kann sich für Ihr Gegenüber einschüchternd anhören, und wenn Sie »Steuerbuchhalterin« sagen, hält man Sie eventuell für öde. Lassen Sie Ihre genaue Stellenbezeichnung einfach weg. Sie können doch sagen, dass Sie im Immobilienbereich tätig sind, und das Ganze mit der Bemerkung aufpeppen: »Ich kann mit Zahlen zaubern.«

Ich hatte mal eine Kundin, die als Psychoanalytikerin arbeitete. Sobald sie den Männern von ihrem Beruf erzählte, traten viele den Rückzug an. Vielleicht war ihnen nicht ganz wohl bei dem Gedanken, dass diese Frau jedes ihrer Worte analysieren könnte. Also riet ich ihr, die Bezeichnung wegzulassen und sich (vage, aber wahrheitsgetreu) als »Beraterin« zu bezeichnen, die ihren Klienten hilft, ihre privaten Ziele zu erreichen. Wenn ihr Gegenüber dann Details wissen wollte, sollte sie einfach Beispiele leichterer Fälle geben, z. B. Menschen, die ihre Flugangst überwinden oder bei Bewerbungsgesprächen erfolgreicher auftreten wollen. Wenn die Männer sie besser kennenlernten und nicht mehr befürchteten, von ihr analysiert zu werden, kamen sie auch mit ihrer offiziellen Berufsbezeichnung klar.

Wenn Sie einen körperlichen Mangel haben, versuchen Sie, ihn auf Ihren Online-Fotos moderat erscheinen zu lassen, aber keinesfalls zu verstecken. Ich kenne eine Frau, die wirklich einen sehr großen Hintern hat, aber dafür auch eine echte Sanduhrfigur – schmale Taille, Körbchengröße C, tolle Beine. Statt ihren Po in ihrem Profil zu verstecken, hat sie Ganzkörperfotos ins Netz gestellt, auf denen sie von der Seite aufgenommen war. Mit ihren tollen Proportionen hat sie bestimmte Männer angezogen – und andere eben nicht. Indem sie sich »von ihrer besten Kehrseite« zeigte, konnte sie die Erwartungen der Männer realistisch halten und Bewerber ausfiltern, die ihr nur Zeit stehlen und/oder ihr Selbstbewusstsein schädigen würden.

Manchmal wird es mit der positiven Darstellung schon etwas heikler, z. B. bei der Altersfrage. Ich arbeite viel mit Frauen über 40, die ihr Alter lieber nicht gleich verraten wollen, weil sie befürchten, dass Männer sie mit dem Gedanken an ihre nachlassende Fruchtbarkeit gleich aussortieren. Meiner Meinung nach sollten Sie nicht lügen, aber wenn Sie bei einem geselligen Anlass oder der ersten Verabredung nach Ihrem Alter gefragt werden, könnten Sie es doch so formulieren: »Sagen wir mal so: Ich bin alt genug, um zu wissen, dass ich diese Frage nicht beantworten sollte ... aber noch jung genug, um dir ein Lächeln aufs Gesicht zu zaubern.« Dieser Vorschlag ist Ihnen ein bisschen zu kokett? Egal, Sie haben sicher verstanden, was ich damit meine. In Ihrem Online-Profil sollten Sie aber Ihr wahres Alter angeben, denn dieses zweistellige Feld kann man nur mit der Wahrheit oder einer Lüge ausfüllen. Im Grunde baut eine gesunde Partnerschaft sowieso in erster Linie auf Ehrlichkeit auf, und wenn ein Mann herausfindet, dass Sie ihn belogen haben (und das wird er irgendwann), denkt er: »Wenn sie mich da schon angelogen hat, was hat sie mir dann sonst noch für Lügen erzählt?« So arbeitet *Ihr* Hirn ja schließlich auch, wenn Sie ihn bei einer Lüge erwischen. Kurz und gut: Seien Sie einfach ehrlich mit Ihrem Alter. Na ja, okay, weil ich heute meinen netten Tag habe: Runden Sie ein Jahr ab, wenn Ihr Geburtstag erst ganz kurz zurückliegt!

4. Mildern Sie den Schock

In manchen Fällen ist eine spezielle körperliche Besonderheit vielleicht so ausgeprägt, dass eine positive Darstellung nicht zur Debatte steht. Wenn Sie den Mann zuvor noch nie getroffen haben, sagen Sie es ihm besser vorher. Dazu könnten ungewöhnliche, sichtbare Narben gehören, extrem unregelmäßige Zähne und ein ausgeprägter Silberblick. Ich bin sicher, dass Sie selbstkritisch genug sind, Ihre körperlichen Schwächen einzuschätzen, aber wenn Sie unsicher sind, bitten Sie doch ein paar Freundinnen oder Freunde um eine aufrichtige Auskunft. Es ist wichtig, vorher herauszufinden, ob Sie wirklich ein augenfälliges Problem haben oder bloß übermäßig streng mit Ihrem Äußeren sind. Sollte eher Letzteres der Fall sein: Vergessen Sie diesen Abschnitt. Sie sollten den Mann nicht auf etwas aufmerksam machen, was ihm sonst gar nicht ins Auge gefallen wäre. Aber in ersterem Fall versuchen Sie die Erwartungen der Männer realistisch zu halten – er soll sich immer noch mit Ihnen verabreden wollen, aber kein Model erwarten. Dann hat er beim Date nämlich noch Luft nach oben.

Ich möchte Ihnen das Prinzip mit einem weiteren Beispiel illustrieren: Vor zwei Jahren war ich als Gastrednerin zu einer Konferenz in Washington eingeladen. Ich vertraute meinem bewährten Reiseführer und buchte ein Zimmer in einem kleinen Hotel, das ich einfach mal Adams Court Hotel nenne. Eine Woche später erzählte eine Freundin mir von TripAdvisor, einer Webseite, auf der Kunden ehrliche Kritiken über Hotels schreiben können. Ich suchte mein Hotel auf der Seite und las sowohl gute als auch schlechte Bewertungen. Ein paar waren richtig übel, inklusive Bemerkungen über »schimmelige Duschvorhänge« und »schmuddelige Teppiche«. Leider hatte ich schon eine »nicht erstattungsfähige Anzahlung« geleistet. Also checkte ich zwei Tage später schweren Herzens in diesem Hotel ein – und soll ich Ihnen was verraten? Es war überhaupt nicht so schlecht, wie ich gedacht hatte. Im Gegenteil, ich fand es prima! Ich habe den Aufenthalt genossen und würde jederzeit wieder ein Zimmer dort buchen.

Was Ihre Verabredungen betrifft, sollten Sie ebenfalls für eine »nicht erstattungsfähige Anzahlung« sorgen. Wenn Sie sich online oder durch Vermittlung von Freunden verabreden, sollten Sie per Mail oder Telefon eine gewisse Beziehung aufgebaut haben, bevor Sie Ihren körperlichen Mangel aufs Tapet bringen. Er soll erst wissen, wie lustig, nett und klug Sie sind, bevor Sie sich live begegnen. Lassen Sie die Phase, in der Sie sich mailen oder telefonieren, ein wenig länger ausfallen als gewöhnlich (in diesem Fall zwei bis drei Wochen), bevor Sie sich ausführen lassen. Legen Sie Zeit und Ort fest, rufen Sie ihn aber vor Ihrem Treffen (bis vier Stunden vorher) noch einmal an, um sich den Treffpunkt bestätigen zu lassen. Aber nur als Vorwand, in Wirklichkeit sollen Sie ihn auf die Realität vorbereiten, ohne ihm die Zeit zu lassen, sich höflich zurückzuziehen. Wenn er nicht gerade der letzte Flegel ist (und mit so einem wollen Sie ja sowieso nicht ausgehen), wird er trotzdem kommen.

Sagen wir mal, Sie haben eine üble Narbe am Hals und fühlen sich unwohl deswegen. Vielleicht haben Ihre Mitmenschen moderate, aber doch deutliche Überraschung gezeigt, wenn sie sie zum ersten Mal gesehen haben, und dann gab es Verlegenheit auf beiden Seiten. Wenn Sie also bei einem Date ansonsten einen tollen ersten Eindruck machen, wäre es doch schade, wenn Ihnen solche peinlichen Momente dazwischenkämen. Also erwähnen Sie in einem Anruf oder einer Mail ganz kurz vor der Verabredung, dass Sie eine Narbe haben und wie sie entstanden ist. Details sind nicht erforderlich, aber je nachdem, was wirklich passiert ist, könnten Sie sagen: »Ach, übrigens, ich hab da eine ziemlich große Narbe am Hals – die wirst du dann sehen, wenn wir uns treffen – kein großes Ding, aber ich möchte nicht, dass dich das überrascht. Als Kind hatte ich da einen Unfall – aber die Story spar ich mir für später auf. Also, bis dann!« Wenn Sie ihn auf diese Art informieren und ihm ein wenig Zeit geben, diese Nachricht zu verdauen, wird er nicht denken: »Oh Gott, was hat die denn da?«, sondern: »Hey, die Narbe ist ja gar nicht so schlimm, wie ich dachte ... außerdem ist das Mädchen echt nett, die würde ich gern näher kennenlernen.«

Aber was ist, wenn der kleine Schreck eher ein mittleres Erdbeben ist? Wenn Sie z. B. deutlich übergewichtig sind? Falls ja – sind Sie damit weiß Gott nicht allein. Vielleicht finden Sie auf einer Singlebörse für Mollige eher Ihre Zielgruppe, z. B. auf xxl-community.com. Es gibt nämlich Männer, die Übergewicht nicht nur akzeptieren, sondern sich ausdrücklich eine Partnerin mit Rubensfigur wünschen! Jenseits des Internets können Sie Männer auf Veranstaltungen kennenlernen, auf denen sich Gleichgesinnte treffen, die sich mit wichtigeren Fragen beschäftigen als mit ihrem Körpergewicht (z. B. auf Treffen für Frankreichliebhaber, Mopsfreunde oder Kinofans, aber auch in Ihrer Kirchengemeinde). Stöbern Sie doch mal im Internet, Sie finden sicher eine Interessengruppe, der Sie sich probeweise anschließen können.

Aber verschwenden Sie bitte keine Zeit, indem Sie in Online-Singlebörsen Ihr deutliches Übergewicht (oder ähnlich augenscheinliche Mängel) verbergen. Irgendwann findet er es ja doch heraus, und nein, Ihre strahlende Persönlichkeit wird seinen Schock *nicht* abmildern, wenn er feststellen muss, wie anders Sie in Wirklichkeit aussehen! Stattdessen sollten Sie die Wahrheit dazu benutzen, sich von vornherein solche Männer herauszufiltern, die Sie tatsächlich attraktiv finden werden. Sie können gerne Ihr hübsches Gesicht herausstreichen, aber stellen Sie kein Foto ein, das zu falschen Schlüssen über Ihren Figurtyp verleitet (und kreuzen Sie nicht »schlank« an, wenn Sie es nicht sind).

5. Bremsen Sie den Enthusiasmus eventueller Vermittler

Laut Umfragen hat sich über die Hälfte aller verheirateten oder zusammenlebenden Paare über gute Freunde oder Familienmitglieder kennengelernt. Wer Single ist, sollte sich also unbedingt seines Freundeskreises bedienen. Aber bremsen Sie den Enthusiasmus Ihrer Vermittler, damit Sie gegenüber potenziellen Kandidaten nicht zu dick auftragen. Denken Sie immer daran: Unerfüllte Erwartungen sind Ihr größter Feind.

Wenn Sie das Glück haben, von Freundinnen oder Freunden verkuppelt zu werden (und ich verwende bewusst das Wort »Glück«, weil ich finde, dass Singles oft ganz schön undankbar sein können, wenn jemand sich diese Mühe macht), schärfen Sie ihnen ein: »Bitte übertreibe nicht, wenn du von mir erzählst.« Berufen Sie sich von mir aus auf meine Ratschläge. Geben Sie ein paar Beispiele, wie man Positives über Sie erzählen, aber dabei im Rahmen bleiben kann. Meiner Erfahrung nach reagieren Freunde auf diese Bitte nicht negativ, denn sie wollen Ihnen ja wirklich helfen und Sie bestmöglich »vermarkten«.

6. Machen Sie das Beste draus

Eines ist immer garantiert: Ein paar Verabredungen werden auf jeden Fall komplett danebengehen. Manchmal wird Sie einer für einen Lockvogel halten, egal wie gut Sie alles vorbereitet hatten. Vielleicht werden Sie einem kompletten Vollidioten oder Langweiler gegenübersitzen. Oder er ist völlig desinteressiert an Ihnen. Trotzdem müssen Sie mindestens eine Stunde miteinander durchstehen, bis einer von Ihnen höflich gähnt und staunt, wie spät es doch geworden ist (oder einen Notfall vortäuscht und davonrennt). Statt diesen Abend als Rohrkrepierer abzuschreiben und entmutigt die Flügel hängen zu lassen, machen Sie sich klar, dass so eine Enttäuschung die reinste Goldmine für Sie sein kann.

Eine meiner Kundinnen aus Chicago musste einmal ein qualvolles Blind Date durchstehen, das ihre Schwester für sie eingefädelt hatte. Statt sich schon beim Essen auszuklinken und sich jeder Unterhaltung zu verschließen, beschloss sie, das Beste daraus zu machen. Sie fragte den Mann ganz beiläufig: »Und, wie lernst du in Chicago normalerweise Singlefrauen kennen?« Er erwähnte, dass er mit Speed-Dating über eine bestimmte Agentur gute Erfahrungen gemacht hatte. Diese Option hatte sie für sich bis jetzt noch nie in Erwägung gezogen, aber er empfahl es so nachdrücklich, dass sie sich für den nächsten Monat anmeldete. Dort traf sie dann prompt den Mann, den sie später heiratete. Wenn jemand sie heute fragt, wie sie ihren Ehemann kennengelernt hat, sagt sie lächelnd: »Durch ein Blind Date.« Damit meint sie, dass sie sich ein unerträgliches Blind Date zunutze gemacht und so den Weg gefunden hat, den Richtigen kennenzulernen.

Versuchen Sie, Ihre Verabredungen als das zu genießen, was sie sind – eine Chance, jemand Neues kennenzulernen –, statt sich darauf einzuschießen, dass Sie dabei den Mann Ihres Lebens finden müssen. Es sind doch nur ein oder zwei Stunden! Jeder hat irgendwas Interessantes zu erzählen, wenn Sie genug Geduld aufbringen, um gute Fragen zu stellen und wirklich zuzuhören. Auch wenn sich null Chemie einstellt, können Sie etwas erfahren, was er weiß und wovon Sie keine Ahnung haben. Wenn er ein Sportfan ist und Sie nicht, fragen Sie ihn: »Was war das spannendste Fußballspiel, das du je gesehen hast?« Vielleicht wird Ihnen die Geschichte ja tatsächlich gefallen, und ich verspreche Ihnen, solche Storys sind

Gold wert, wenn Sie eines Tages mit einem Typen am Tisch sitzen, den Sie tatsächlich beeindrucken wollen.

Außerdem kann es ja immer noch passieren, dass Sie mit jemandem verabredet sind, der überhaupt nicht zu Ihnen passt – aber umso besser zu einer Freundin, die ebenfalls Single ist. In diesem Fall warten Sie nach dem Date ein paar Wochen und schlagen ihm dann per Mail vor, ihn einer Freundin vorzustellen. Das könnten Sie so formulieren:

Hallo Tom,
es hat mich wirklich gefreut, Dich kennenzulernen. Dass wir zwei nicht besonders viel gemeinsam hatten, war offensichtlich, aber ich fand Dich trotzdem super und hab mir überlegt, ob Du vielleicht Interesse hättest, dass ich Dir eine Freundin vorstelle. Irgendwie hab ich das Gefühl, Ihr zwei könntet richtig gut zusammenpassen. Wenn Du nichts dagegen hast, gib mir Bescheid, und ich schreib Dir ein, zwei Zeilen über sie.
Mach's gut,
Christina

Damit tun Sie nicht nur was für Ihr Karma, vielleicht wird sich Ihre Freundin oder auch der Mann für diesen Gefallen revanchieren und Ihnen wiederum jemanden vorstellen. Vergessen Sie nicht: Manchmal lassen sich die schlimmsten Pannen-Dates immer noch in etwas Gutes ummünzen.

Wenn Sie ein Lockvogel sind

TOP

1. Ein paar Ihrer Vorzüge ins Spiel bringen	1. Hoffnungslos übertreiben
2. Einen kleinen Mangel positiv darstellen	2. Dreiste Lügen
3. Den Schreck im Vorhinein abmildern	3. Hoffen, dass sich der Schreck von selbst legt, wenn Sie ihn erst mit Ihrer strahlenden Persönlichkeit geblendet haben
4. Mit einem Mann verkuppelt werden, weil Sie »eine tolle Frau« sind	4. Mit einem Mann verkuppelt werden, weil Sie »eine tolle Frau« sind, »hübscher als jedes Model und klüger als Einstein«
5. Erwartungen wecken	5. Erwartungen wecken, die Sie nicht erfüllen können

FLOP

Das Prinzesschen

*Sie wollte den Zehn-Punkte-Mann: fünf Punkte
auf der Skala fürs Aussehen, fünf Millionen auf
der Bank.*　　　　　David, 37, Long Island

*Die ganze Zeit ging es immer nur: »Gib mir,
kauf mir, fahr mich.«*　　　Mark, 52, Los Angeles

*Ihre Definition von Tragödie? Wenn ihre Putz-
frau nicht zur Arbeit erschien.*　Jared, 28, Atlanta

Das Prinzesschen wird aus mehreren Gründen nicht zurückgerufen. Es stellt oft sehr hohe materielle Ansprüche und ist
heikel in allen Geschmacksfragen vom Sushi bis zur Handtasche. Manchmal scheinen diese Frauen sich zu sehr für Geld
zu interessieren. Manchmal wirken sie künstlich oder oberflächlich. Sie erwarten, dass ein Mann sich um sie kümmert, finanziell wie emotional. Ob das Prinzesschen nun Papis Au-
genstern, eine erfolgreiche Karrierefrau oder einfach nur ein
ehrgeiziges Mädchen ist – es möchte nicht nur einen Mann,
sondern auch einen gewissen Lebensstil heiraten.

　　Da überrascht es kaum, wenn die Männer vor dem Prinzesschen auf der Hut sind. Es beschwört in seinem Kopf Albträu-
me à la Paris Hilton oder Zsa Zsa Gabor herauf. Männer – ob
reich oder arm – wissen sehr wohl, dass Geld bei der Partnersuche nicht unwichtig ist. Aber wie in einer schlechten Schnul-
ze wollen sie für ihre inneren Werte geliebt werden. Sie haben
keine Lust, sich finanziell ausnutzen zu lassen und dabei ständig zu überlegen, ob die Gefühle der Frau echt sind. Vor allem
wollen Männer wertgeschätzt werden.

Sind Sie ein Prinzesschen?

Beim Prinzesschen gibt es fünf typische Verhaltensmuster. Erkennen Sie sich vielleicht in einer der folgenden Beschreibungen wieder?

Goldgräberstimmung

So wie Männer die Frauen manchmal nach ihrer Schönheit einstufen, so gibt es auch Frauen, die die Männer nach Geld (oder entsprechendem Potenzial) abchecken. Diese Dynamik ist nicht neu, wird aber heutzutage durchs Internet unterstützt – es gibt tatsächlich Seiten, auf denen Millionäre nach einer Partnerin suchen. Außerhalb dieser Seiten haben Frauen es jedoch nicht leicht mit dem Finanz-Check, denn heute ist es schwerer zu erkennen denn je, ob jemand wirklich Vermögen hat. Vorbei die gute alte Zeit, in der man vom gesellschaftlichen Rang und blauem Blut auf den Wohlstand schließen konnte. Heute sieht man es niemandem mehr an, ob er finanziell abgesichert ist.

Wenn ein Mann sagt, dass er keine Anstellung hat, meint er dann damit, dass er sich als Internet-Millionär zur Ruhe gesetzt hat, dass er von seinem Treuhandvermögen lebt oder dass er es einfach nie lange an einem Arbeitsplatz aushält? Was ist, wenn er Partner einer Anwaltskanzlei ist? Dann nehmen Sie erst mal an, dass er gut verdient, aber vielleicht geht sein Einkommen ja für Alimente drauf, vielleicht zahlt er den Kredit für sein Eigenheim ab oder ist einfach ein Riesengeizhals. Und wenn er seine Skihütte in der Schweiz erwähnt? Ist er dann superreich oder einfach nur Durchschnittsbürger? Sie können schließlich nicht wissen, ob er ein Chalet in St. Moritz besitzt oder sich irgendwo im Nirgendwo eine Bruchbude mit ein paar anderen Eigentümern teilt. Daher hat das Prinzesschen keine andere Wahl, als Detektivin zu spielen, wenn es herausfinden will, ob ihr Gegenüber reich genug für es ist.

Die Männer, mit denen ich gesprochen habe, amüsierten sich darüber, wie durchschaubar die Frauen bei ihren Detektivspielchen waren, obwohl sie sich für so schrecklich subtil hielten. Gordon, ein 36-jähriger Unternehmer, behauptet, jede »unauffällige« Frage in dieser Richtung schon einmal gehört zu haben. »Wenn die Frauen hören, dass ich Unternehmer bin, wissen sie nicht, wie sie meine finanzielle Situation einschätzen sollen. Also stellen sie mir im Laufe des Abends Fragen wie: ›Hast du eine Ein- oder Zweizimmerwohnung? Was für ein Auto fährst du? Hältst du Aktien von deiner Firma?‹ Dabei kommen sie sich noch furchtbar subtil vor.« Andere Testfragen, bei denen die Männer zusammenzucken, lauten: »In welchem Stadtviertel wohnst du denn? Was ist dein Vater von Beruf? Wie viele Schlafplätze hat dein Segelboot?« Und bei verheirateten Männern: »Zahlst du Alimente?« oder – meine Lieblingsfrage – »Fliegst du Economy Class?«

Ein 37-jähriger Investmentbanker, Dale, erzählte: »Ich habe eine Weile in Manhattan gewohnt und gemerkt, dass die Frauen dort ganz konkrete Fragen zu meinem Beruf stellten, während man zu Hause in Colorado eher gefragt wird, was man für einen Lieblingssport hat. Aber im Grunde läuft es meines Erachtens aufs Gleiche hinaus – ob es nun um meine Jobbeschreibung oder meine Sportausrüstung geht, ich glaube, dass sie nur mein Einkommen taxieren wollen. Eigentlich dachte ich, das hört auf, wenn ich hierher ziehe, aber dass ich mich Geschäftsführer nennen darf und ein teures Mountainbike fahre, hat denselben Effekt auf die Frauen. Nur meine Postleitzahl hat sich geändert.«

Nach Auskunft von George, einem 48-jährigen Softwareentwickler, ist es sehr schwer, aufrichtige Frauen zu finden. »Ich besitze zwei Autos – einen Toyota und eine Corvette –, aber bei der ersten Verabredung fahre ich immer im Toyota vor, damit die Goldgräberinnen gleich abgeschreckt werden.« Der 64-jährige Versicherungsmakler Gerry erklärt: »Ich weiß, was die Frauen wirklich hören wollen, aber ich mach mir gerne einen Spaß mit ihnen. Manchmal lasse ich einfließen, dass ich mit der Miete fünf Monate im Rückstand bin oder meine Kreditkarten bis zum Letzten ausgereizt sind (was natürlich nicht der Wahrheit entspricht) –, nur um zu sehen, wie schnell sie dann auf ihre Uhr schauen und überschlagen, wann sie sich höflich verabschieden können.«

SekouWrites, der Schriftsteller aus New York, konnte sich an eine Unterhaltung erinnern, bei der herauskam, dass er für sein Gegenüber, Elizabeth, nicht reich genug war. Genau wie er, war auch sie gerade in eine neue Wohnung gezogen. Sie verglichen, wie sie ihre Wohnung jeweils einrichteten, und amüsierten sich dabei bestens. Doch plötzlich stürzte die Stimmung ab – sie erzählte von ihren Ralph-Lauren-Wandfarben und ihren italienischen Ledersofas, während er dachte: Ich kann mir nur IKEA-Möbel leisten und wusste nicht mal, dass es Designer-Wandfarbe gibt. »Als sie ihre neue Bettwäsche aus ägyptischer Baumwolle erwähnte, wusste ich, dass ich die Nacht allein unter meiner Baumwolljersey-Bettwäsche verbringen würde«, witzelte er.

Hohe Ansprüche

Die Männer beklagten sich auch über Frauen, die hohe Ansprüche zu haben schienen oder einfach verwöhnt waren. Nick, ein 22-jähriger Feuerwehrmann, konnte sich erinnern, wie er eine Frau fragte: »Wie war dein Tag heute so?« Und sie antwortete: »Puh, echt heftig! Ich konnte mir die Nägel nicht machen, weil ich eine Seminararbeit schreiben musste. Außerdem ist mein Mittagsschlaf total knapp ausgefallen...« Da dachte sich Nick, wenn für sie *so* ein harter Tag aussah, dann war sie zu verwöhnt für seinen Geschmack. Der Verleger Malcolm, 66, erzählte von einer Frau, die bei ihrer Verabredung sagte: »Ich mag es am liebsten, wenn ich heimkomme und das Hausmädchen ist mit der ganzen Hausarbeit fertig. Dann ist alles so schön sauber und aufgeräumt.« Malcolm fand schon das Wort »Hausmädchen« schrecklich versnobt, und die ganze Bemerkung stieß ihn ab. Später machte sie noch ein paar Anspielungen auf ihren exklusiven Geschmack, woraus er folgerte, dass er ihren Lebensstil mit seinem Gehalt sicher nicht würde finanzieren können. Also ging er davon aus, dass sie nicht zusammenpassten (ohne zu wissen, ob sein Einkommen für sie überhaupt relevant gewesen wäre), und rief sie nie wieder an.

Doch hohe materielle Ansprüche verraten sich nicht nur durch Geplauder über Dienstmädchen oder Maniküre. Auch Damen, die sich wählerisch, pingelig oder heikel gaben, fielen in diese Kategorie. Wayne, ein 37-jähriger IT-Berater, erzählte mir von einer Frau, die ihm verriet, dass sie immer mit ihrem eigenen hypoallergenen Kissen reist, sich grundsätzlich nur von Ärzten der Mayo-Klinik behandeln lässt und sehr geräuschempfindlich ist: »Ich kann nur mit meinem Rauschgenerator einschlafen.« Wayne fand, sie sah aus, als könnte sie mit keinem Problem im Leben allein fertigwerden – doch gerade diese Fähigkeit wünscht er sich von einer Lebensgefährtin. Der 26-jährige Zeitschriftenredakteur Barry berichtete mir von einer Frau, die schon bei der Bestellung ihres Getränks kapriziös wurde: »Als der Kellner sie fragte, ob sie Leitungswasser oder Mineralwasser aus der Flasche wolle, erwiderte sie: ›Aus der Flasche, aber nur wenn Sie Evian haben.‹ Nicht genug, dass sie Leitungswasser ablehnte, sie wollte auch noch eine ganz bestimmte Marke aus der Flasche.« Das ist die Sorte Frau, die sich mit nichts zufriedengeben kann, dachte er.

Egozentrik

Manchmal erzählten die Männer von Frauen mit Prinzesschen-Attitüde, die meinten, es müsse sich »alles nur um sie drehen«. Interessanterweise waren das genau die Typen, die meinen, es müsste sich immer alles um *sie* drehen! Austin, ein 27-jähriger Arzt im Praktikum in einer Klinik in Staten Island, hatte einen Tag vor seiner ersten Verabredung mit Sasha Bereitschaftsdienst. Um zehn Uhr morgens rief er sie an, um zu verabreden, wohin sie essen gehen wollten, und er erwähnte, dass er erschöpft sei, sich aber auf den Abend mit ihr freue. Sie schlug vor, sich in einem Café an der Upper East Side zu treffen, das in der Nähe ihrer Wohnung lag. Austin war geschlagene anderthalb Stunden unterwegs, bis er bei ihr war. Noch bevor sie sich trafen, merkte er, wie es ihn ärgerte, dass sie ein Lokal ausgesucht hatte, das für sie bequem erreichbar war, ohne jede Rücksicht auf ihn. Er glaube wirklich an die Ritterlichkeit, meinte er, aber: »Wirklich, hätte sie einem Bewohner von Staten Island mit chronischem Schlafmangel einen Ort vorgeschlagen, der für ihn etwas besser zu erreichen ist, hätte sie bei mir echt was gut gehabt.«

Beim Essen unterhielten Austin und Sasha sich prächtig und stellten fest, dass sie eine Menge gemeinsam hatten. Er fand sie süß – aber definitiv nicht die Richtige für ihn, »denn sie war der Typ Mädchen, der auf der Suche nach dem Alpha-

Männchen ist.« Als ich nach Beispielen für ihr Verhalten fragte, die ihn zu dieser Annahme bewegten, erinnerte er sich an zwei ihrer Kommentare. Zum einen hatte sie erzählt, dass ein Freund sie um Hilfe beim Umzug gebeten hatte, doch sie hatte Rückenprobleme vorgeschützt. Außerdem blies die Klimaanlage beim Essen kühle Luft auf sie, und sie fragte ihn, ob es ihm etwas ausmachen würde, die Plätze zu tauschen (ohne zu überlegen, ob ihn die Kälte vielleicht auch stören könnte). Waren das nun ein paar zufällige, unschuldige Bemerkungen oder Aussagen über Sashas Charakter? Wir werden es nie erfahren, denn Austin rief sie nicht mehr an.

Jonathan, ein 68-jähriger Biologieprofessor, erinnerte sich, wie er einmal eine Frau fragte, wohin sie gern zum Essen gehen würde. Sie schlug ein Restaurant namens China Garden vor, aber er wandte ein, dort habe er erst vor ein paar Tagen gegessen. Ihre Antwort lautete: »Ach, dann kennst du das also? Gut, dann gehen wir doch dahin.« Er hatte ihr eigentlich zu verstehen geben wollen, dass sie ein anderes Lokal aussuchen sollte, aber das schien ihr gar nicht in den Sinn zu kommen. »Sie war sehr egoistisch«, erzählte er. »Sie wollte ins China Garden, und es kümmerte sie überhaupt nicht, dass ich gerade erst dort gewesen war und vielleicht lieber woanders hingegangen wäre. Gerade solche Kleinigkeiten lassen tief blicken, was den Charakter eines Menschen betrifft.«

Ich stellte fest, dass Jonathan mir nach unserem Gespräch nicht mehr besonders sympathisch war. Ich wünschte, ich hätte ihm gesagt, dass er nächstes Mal doch einfach offen sagen soll, wenn er ein bestimmtes Restaurant bevorzugt. Schließlich hatte er sie gefragt, wo *sie* gern essen wollte. Also überlegte ich, ob Jonathans Klage nicht direkt auf eine Schlüsselfrage meiner ganzen Untersuchung verwies: Wie kann man vorhersagen, wie ein Mann die Aussagen einer Frau interpretiert? Die

Antwort lautet natürlich: Kein Mensch kann voraussagen (oder kontrollieren), wie jemand jedes Ihrer Worte interpretiert. Aber wenn Sie ein Muster in den Interpretationen verschiedener Männer feststellen (auch von solchen, die Sie selbst nicht so toll fanden), können Sie vielleicht herausfinden, warum Sie von manchen nach der ersten Verabredung nicht mehr angerufen werden. (Siehe dazu: Ihre persönlichen Abschlussgespräche, Seite 331ff.)

Die kann ich mir nicht leisten

Wenn ein Mann ein Prinzesschen in Ihnen zu erkennen glaubt, nimmt er an, dass er nie genug für Sie sein und haben kann – während Sie ihn vielleicht aufrichtig gern haben und Ihnen sein Kontostand ganz egal ist. Oft haben die Frauen fälschlicherweise getippt, dass ein Mann sie nicht mehr angerufen hat, weil er von ihrer Persönlichkeit eingeschüchtert war – dabei waren die Männer laut eigener Aussage eher »eingeschüchtert« (oder abgeschreckt) von ihren *Besitztümern*.

Anne, eine meiner Kundinnen, hatte ebenfalls mit diesem Problem zu kämpfen. Nachdem ich sechs Abschlussgespräche für sie geführt hatte, hatte ich herausgefunden, dass drei der Männer sich Sorgen gemacht hatten, ihr den Lebensstil nicht finanzieren zu können, den sie offensichtlich gewohnt war. Infolgedessen beschlossen sie, die Bekanntschaft nicht weiter zu verfolgen.

Der 26-jährige Gagschreiber Paul war einer von ihnen. Obwohl er Anne sehr attraktiv gefunden hatte, meinte er, er habe Angst gehabt, sich mit ihr zu übernehmen, denn seine Einkünfte waren eher bescheiden. Als ich ihn um Beispiele für ihr Verhalten bat, berichtete Paul, dass Anne beim ersten Date von ihrer Skileidenschaft erzählt hatte. Sie hatte vorgeschlagen, er könnte doch einmal mit ihr Skifahren gehen, und zwar in Vail, wo ihre Familie eine Ferienwohnung hatte. Er wusste, dass er sich in nächster Zeit keinen Ausflug nach Vail leisten konnte. Außerdem bemerkte er ihre Diamantohrringe und den Mercedes, der vorm Restaurant parkte. Ihr war Paul wirklich sympathisch gewesen, und sie suchte (oder brauchte) überhaupt keinen reichen Mann. »Ich kann finanziell selbst für mich sorgen«, erklärte sie. »Und wer sagt denn überhaupt, dass ein Gagschreiber eines Tages nicht auch groß rauskommen könnte?« Aber unbewusst hinterließ sie bei den Männern immer den Eindruck, sie müssten sich eine Frau wie sie »leisten« können oder zumindest mit ihr mithalten.

Ein andermal habe ich für meine Freundin Monique Befragungen durchgeführt. Sie ist eine dynamische, schöne Frau mit einem tollen Job. Reich ist sie nicht, aber sie verdient ganz gut und genießt es, sich gewisse Dinge leisten zu können. Ich rief einen Mann an, der ihr sehr sympathisch gewesen war, sich aber nicht mehr bei ihr gemeldet hatte – Richard, ein 33-jähriger IT-Sicherheitsberater. Monique hatte getippt, dass er jemand anders kennengelernt und sie deswegen nicht mehr angerufen hatte, aber ich erfuhr, dass es anders gelaufen war.

Zuerst zählte Richard ein paar vage Gründe auf, warum sie angeblich nicht zusammengepasst hätten, aber nachdem ich ein wenig nachgebohrt hatte, rückte er damit heraus, dass ein Vorfall im Restaurant für ihn den Wendepunkt des Abends bedeutet hatte – schon in der ersten Viertelstunde: Als der Kellner fragte, was sie trinken wollten, bestellte Monique sich ein Glas Champagner. »Hm. Die ist Gutes gewöhnt«, dachte Richard sofort. »Einerseits finde ich, dass Champagner wirklich Klasse hat«, erzählte er mir, »deswegen war das durchaus ein positiver Punkt... aber auf der anderen Seite ist er eben auch teuer. Ich wurde ein bisschen nervös, weil ich eigentlich vorgehabt hatte, die Rechnung zu übernehmen.«

Richard erklärte, er habe sie nicht wegen ihrer Champagner-Bestellung nicht mehr angerufen, und auch nicht, weil er das Getränk nicht hätte bezahlen wollen. Vielmehr hatte ihre Bestellung ihm einfach deutlich gemacht, dass sie zu verschieden waren. Nachdem sie den Champagner geordert hatte, begann er nach Indizien zu suchen, dass sie finanziell wesentlich besser gestellt war als er. Als sie eine anstehende Reise nach Paris erwähnte und er obendrein ihre diamantbesetzte Uhr bemerkte, glaubte er, genug zu wissen. War Richard in Bezug auf seinen finanziellen Status verunsichert? Wahrscheinlich. War sein finanzieller Status für Monique relevant? Nein – solange er nur einen Job hatte und einen intelligenten Eindruck auf sie machte, sah sie in ihm Potenzial. Leider bekamen die beiden keine Gelegenheit, ihre Einstellung zu diesem Thema zu vergleichen, denn er bat sie um keine zweite Verabredung mehr.

Ich fand es sehr interessant, dass Richard sich ein ganzes Jahr nach diesem Date noch so gut an ein Glas Champagner erinnern konnte – offensichtlich hatte dieser Vorfall tiefen Eindruck auf ihn gemacht –, und fragte ihn, ob er mir noch andere Details aus seiner Unterhaltung mit Monique mitteilen könnte. Er meinte, es würde ihn freuen, wenn ich ihr helfen würde, denn er fand sie damals wirklich nett, obwohl sie »zu verschieden« waren und er sie »sich nicht leisten konnte«. Als ich Monique von der Champagner-Anekdote berichtete, sagte sie: »Warum sollte ich bei einer Verabredung ein anderes Getränk bestellen als das, das ich auch beim Ausgehen mit Freunden nehmen würde?« Sie machte sich nicht bewusst, dass Champagner eben mehr kostet als ein durchschnittlicher Cocktail, und begriff daher nicht, dass ihre Bestellung ein Signal für teuren Geschmack war. Über seine Bemerkung zu ihrer Parisreise und der Diamantuhr lachte sie nur: »Meine Güte, der hat aber wirklich ein Problem.« Sie hatte durchaus recht mit dem, was sie sagte. Doch wenn sie gewollt hätte, dass er sie zurückruft, wäre seine Wahrnehmung eben wichtig gewesen. Richard fühlte sich unwohl, als er Zeichen ihres Wohlstands bemerkte, und als er genug Mosaiksteinchen für das Bild des Prinzesschens beisammenhatte, beschloss er, die Sache nicht weiterzuverfolgen.

Obwohl Monique ihn anfangs durchaus sympathisch gefunden hatte, fand sie es im Grunde nicht dramatisch, dass sie sich nicht mehr getroffen hatten. Aber es wäre schade, wenn solche falschen Interpretationen ihres Verhaltens eines Tages einen anderen Mann, der ihr richtig gut gefällt, davon abhalten würden, sie noch einmal anzurufen.

Eine weitere Facette des Prinzesschen-Themas war der ach-so-romantische Gedanke der Männer, dass sie sich eine Scheidung von so einer Frau niemals leisten könnten. Viele geschiedene Männer erzählten mir, sie würden nach ihren Scheidungen derartig geschröpft, dass sie sich vor solchen Prinzesschen ganz besonders in Acht nähmen. Der 49-jährige Martin, Verwaltungsleiter eines Krankenhauses, meinte: »Ich hatte noch Glück. Sie hat alles mitgenommen, aber mein Selbstwertgefühl, das hat sie mir noch gelassen … Heute frage ich mich nach einem Date manchmal: ›Ist diese Frau jemand, von dem ich mich scheiden lassen könnte?‹ Ich weiß, das hört sich zynisch an, aber angesichts der Zahl der scheiternden Ehen ist die Frage völlig berechtigt. Man sollte jemand heiraten, von dem man glaubt, dass er einen unter entsprechenden Umständen eben nicht restlos ausplündern würde. Äh, höre ich mich irgendwie verbittert an?« (Aber nein, Martin ist doch nicht verbittert!) Daran zeigt sich mal wieder, dass Männer besonders empfindlich auf die Geldfrage reagieren, wenn sie in der Vergangenheit schon einmal ein Vermögen zwischen einer (Ex-)Ehefrau und sich aufteilen mussten. Das Kriterium Nummer eins für die nächste Gattin? Sie wünschen sich jemanden, der keine teuren Angewohnheiten hat bzw. selbst genug Geld verdient.

Mangelnde Wertschätzung

Manchmal geht es nicht um den schnöden Mammon an sich, sondern um Ihre Einstellung zum Geld, die Sie wie ein Prinzesschen wirken lässt. Wenn die Restaurantrechnung kommt, wird er Ihre Reaktion genau beobachten und Schlüsse auf Ihre Einstellung ziehen.

Bei der ersten Verabredung macht die Frage mit der Rechnung den Frauen oft Sorgen. Was soll man tun? Sie ignorieren? Danach greifen? Anbieten, die Hälfte zu übernehmen? Was bedeutet es, wenn Sie dies oder jenes tun? Da die Frauen mich so häufig danach gefragt haben, habe ich die Meinung der Männer eingeholt, sowohl bei der telefonischen als auch bei der Online-Befragung. 84 Prozent der Männer gaben die Auskunft: »Ich gehe davon aus, dass ich beim ersten Date zahle.« Allerdings präzisierten sie weiter, dass sie sich schon ein wenig Wertschätzung wünschten. Sprich: Sie haben es lieber, wenn die Frau andeutungsweise nach ihrer Handtasche greift, als wenn sie einfach so tut, als würde sie die Rechnung nicht sehen. So signalisiert sie, dass sie seine Geste zu schätzen weiß. Wenn sie von vornherein erwartet, dass er alles zahlt, hat sie am Ende leicht den Prinzesschen-Stempel weg. Ein aufrichtiges Dankeschön hinterher soll auch schon Wunder gewirkt haben. (Übrigens: Elf Prozent der befragten Männer sprachen sich für eine geteilte Rechnung aus, drei Prozent waren der

Meinung, wer um die Verabredung gebeten hat, soll auch zahlen, und zwei Prozent fanden, die Person mit dem höheren Einkommen sollte die komplette Rechnung übernehmen.)

Kommt Ihnen das bekannt vor?

Vielleicht haben Sie bis jetzt noch keine Ähnlichkeiten zwischen dem Prinzesschen und sich selbst feststellen können. Nehmen Sie die folgenden Fragen zu Hilfe, um herauszufinden, ob die Männer Sie dem Stereotyp des Prinzesschens zuordnen, bevor sie Ihr wahres Ich kennenlernen können.

Bei der Arbeit	*Ja*	*Nein*
Spiegelt sich Ihr beruflicher Ehrgeiz auch in Ihrer Kleidung?	▪	▪
Wird in Ihrem Arbeitsumfeld der Umsatz, den Sie erzielen, höher bewertet als Ihre tollen Ideen und Ihre harte Arbeit?	▪	▪
Haben Sie von Ihren Kollegen jemals zu hören bekommen: »Versuch doch mal ein bisschen freundlicher zu den Sekretärinnen zu sein!«	▪	▪
Bei Freunden und in der Familie		
Besteht Ihr engster Freundeskreis vor allem aus wohlhabenden Menschen (sodass Sie vielleicht gar nicht mehr wissen, wie Leute denken, die nicht so gut situiert sind)?	▪	▪

	Ja	**Nein**

Hat man Ihnen jemals freundlich gesagt:
»Ich hoffe, du wirst befördert, gewinnst im
Lotto oder findest irgendwann mal einen Mann,
der sich deinen Geschmack leisten kann.« ☐ ☐

Wenn man Ihnen ein Blind Date vermitteln
will, fragen Sie dann sofort: »Was hat er
denn für einen Job?« ☐ ☐

Bei einer Verabredung oder in einer früheren Beziehung

Suchen Sie sich in der Speisekarte aus, was
Sie wollen, ohne auf den Preis zu achten? ☐ ☐

Hat ein Mann jemals auf Ihren Schmuck
gedeutet und gefragt: »Ist der echt?« ☐ ☐

Haben Sie schon mal einen Mann nach dem
ersten Date fallen lassen, weil Sie dachten,
er könnte sich den Lebensstil nicht leisten,
den Sie sich vorstellen? ☐ ☐

Ihre Lebensphilosophie

Finden Sie, dass ein »echter Gentleman«
bei einem Date alles zahlen sollte? ☐ ☐

Erwarten Sie auf Reisen, dass Sie verwöhnt
werden? ☐ ☐

Sind Sie stolz auf das Geld, das Sie verdienen,
und finden Sie, dass es keinen Grund gibt,
das zu verbergen? ☐ ☐

Sie haben mehr als fünf dieser Fragen mit Ja beantwortet? Die Männer werden Sie dann vielleicht für ein Prinzesschen halten. Zweifellos sind Sie klug, raffiniert und haben hohe Ansprüche, und selbstverständlich sollen Sie Ihr wahres Ich nicht ändern. Aber Sie könnten darüber nachdenken, ob Sie beim nächsten Date nicht vielleicht die bodenständigere Seite Ihrer Persönlichkeit betonen möchten. Männer, die noch nicht wissen, wie toll Sie sind, könnten Sie sonst einfach als Prinzesschen abstempeln und so die Chance verpassen, Sie bei weiteren Verabredungen besser kennenzulernen.

Was tun?

Wenn Sie den Verdacht hegen, dass die Männer Sie für ein Prinzesschen halten könnten, habe ich vier Vorschläge für Sie, was Sie tun können, um bodenständiger zu wirken, damit Sie ihn bei einem zweiten Date näher kennenlernen können.

1. Schluss mit den Fragen

Soll ich Ihnen mal was verraten? Es ist so gut wie unmöglich, die finanzielle Situation eines Mannes bei der ersten Verabredung abzuschätzen. Also sparen Sie sich Ihre Versuche, es herauszufinden. Wenn Ihr Gegenüber tatsächlich Geld wie Heu hat, ist er wahrscheinlich schon genug Goldgräberinnen begegnet, um sie an der Nasenspitze zu erkennen und einen weiten Bogen um sie zu machen. Oder er hat einen Trick entwickelt, wie er seinen Reichtum verbergen kann (wie George mit seinem Toyota). Ein Mann mit Vermögen wird immer aufpassen, ob Sie ihn auch wirklich um seiner selbst willen lieben. Wenn er kein Geld hat, verbirgt er das vielleicht, indem er sich das schöne Auto seines Freundes ausleiht, eine Rolex aus dem Schlussverkauf trägt oder das Essen im teuren Restaurant mit seiner goldenen Kreditkarte zahlt, die schon bis zum Äußersten belastet ist. Sie werden einfach nicht gleich sehen, was echt ist und was nicht. Nur eines wird Ihnen mit Sicherheit gelingen: ihn mit Ihren unsubtilen Fragen abzutörnen. Irgendwann werden Sie sich schon ein Bild von seiner finanziellen Situation machen können, wenn Sie beide sich nähergekommen sind.

2. Kehren Sie Ihre bodenständige Seite heraus

Was tun, wenn man Sie fälschlicherweise für ein Prinzesschen hält? Im Grunde sind Sie für jeden Mann offen, egal, wie viel oder wenig er hat, aber man beurteilt Sie negativ, weil Sie Ihr eigenes Geld haben und es gern ausgeben. In diesem Fall sollten Sie Ihre bodenständige Seite herauskehren. Achten Sie bei Ihrer ersten Verabredung darauf, keine Anspielungen auf Ihr Prada-Täschchen oder Ihre Düsenjet-Teilhaberschaft zu machen. Schlagen Sie nicht gleich die teuersten Restaurants vor und bestellen Sie keine sündteuren Marken-Spirituosen. In Ihrem Online-Profil sollten Sie Ihre anspruchslose Persönlichkeit herauskehren. Eine meiner Freundinnen hatte einen tollen Satz in ihrem Online-Profil. Sie schrieb: »Ich bin die Sorte Mädchen, die den Sitz in der Mitte nimmt und die Haare an der Luft trocknen lässt.« Indem sie behauptete, dass sie gern auf dem Platz sitzt, den im Auto und im Flugzeug nie jemand haben will, und nicht mal einen Föhn braucht, zeichnete sie ein bodenständiges Bild von sich. Sie machte jede Menge tolle Typen neugierig, die sie unbedingt kennenlernen wollten – und viele von ihnen nahmen Bezug auf genau diese Zeile.

Der 26-jährige Nate, Besitzer eines Geschäfts für Haustierbedarf, erzählte mir von einem Mädchen namens Samantha, mit dem er einmal ausgegangen war. Als er sagte, er würde sie um acht Uhr abholen, meinte sie: »Super, um halb acht komm ich vom Sport zurück, dann hab ich noch genug Zeit zum Duschen und bin um acht fertig.« Er konnte es kaum fassen – ein Mädchen, das in nur dreißig Minuten duschen und ausgehfertig sein kann? Diese kleine Bemerkung machte einen Rieseneindruck auf ihn.

3. Konzentrieren Sie sich auf ihn

Vergessen Sie nicht, dass ein Mann, der an einer Beziehung mit Ihnen interessiert ist, erfahren will, ob Sie eine gute Partnerin sind – jemand, der nicht immer zuerst an sein eigenes Wohl denkt. Ich weiß, es ist nicht ganz einfach, aber wenn er Sie das nächste Mal fragt, was Ihnen lieber ist (sich näher an seinem Wohnviertel oder an Ihrem zu treffen; ob Sie zum Fußballspiel oder zum Celine-Dion-Konzert gehen wollen), dann behalten Sie im Auge, dass es bei dieser Frage nicht nur darum geht, was am besten, leichtesten und attraktivsten für *Sie* ist. Das soll nicht heißen, dass sich jetzt nur noch alles um ihn drehen soll und Sie sich in eine Frau ohne eigene Meinung verwandeln müssen – aber wenn Sie von vornherein die richtige Mischung treffen (mal seine, mal Ihre Bedürfnisse), haben Sie schon die halbe Miete.

4. Zeigen Sie Ihre aufrichtige Wertschätzung

Suchen Sie sich beim ersten Treffen ein paar Gelegenheiten, um ihm explizit zu zeigen, dass Sie seine Einladung zu schätzen wissen. Was die Begleichung der Restaurantrechnung betrifft, können Sie anbieten, die Kosten zu teilen (sich aber liebenswürdig bei ihm bedanken, wenn er sie komplett übernimmt), oder hinterher das Parkhaus oder das Eis bezahlen oder ihm ein kleines Geschenk mitbringen (vielleicht eine witzige Kleinigkeit, die sich auf etwas bezieht, worüber Sie in den Telefonaten vor dieser Verabredung geredet haben). Wenn er Sie noch ein paar Mal ausführt, können Sie ja mal Konzertkarten kaufen oder ihm anbieten, ein Abendessen für ihn zu kochen. Bedanken Sie sich immer sofort, wenn er bezahlt, statt ihm Ihre Dankbarkeit am Ende des Abends auszudrücken – dann ist es zu spät, da hat er sich seine Meinung über Sie schon gebildet. Sie können sich ganz zurückhaltend bedanken und müssen ihn nicht jedes Mal überschütten, wenn er die Kreditkarte zieht oder den Taxifahrer bezahlt. Übertriebene Dankbarkeit klingt falsch und rückt die Geldfrage auf eine unpassende Art ins Rampenlicht.

Denken Sie auch daran, dass Sie ihm für seine Gesten danken, nicht nur für das, was er bezahlt. Wenn er Sie in ein Restaurant führt, das in der Nähe Ihrer Wohnung liegt (aber aus seiner Perspektive am anderen Ende der Stadt), bedanken Sie sich frühzeitig bei ihm, dass er daran gedacht hat, etwas in Ihrer Nähe auszusuchen. Diese Art von Wertschätzung wiegt noch mehr als das Dankeschön, wenn er die Restaurantrechnung begleicht.

Sie können ihm Ihre Wertschätzung auch demonstrieren, indem Sie auf ihn als Person abheben. Versuchen Sie ihm zu erklären, was an ihm Ihnen so gut gefallen hat, dass Sie überhaupt mit ihm ausgehen wollten (wir gehen davon aus, dass der wahre Grund nicht seine Jacht war). Auf diese Art machen Sie ihm ein aufrichtiges Kompliment, denn Sie haben sich ja etwas Besonderes an seinem Verhalten oder eine witzige oder intelligente Bemerkung gemerkt – irgendetwas, was sich nicht auf die Signale seines finanziellen Status bezieht. Damit zeigen Sie ihm, dass Sie ihn für etwas schätzen, was man mit Geld nicht kaufen kann.

Wenn Sie ein Prinzesschen sind

TOP

1. »Was machst du am Wochenende am liebsten?«	1. »Welches Hotel in Saint-Tropez magst du am liebsten?«
2. Ihn fragen, wie sein Tag war	2. Ihn nach seinem Jahresbonus fragen
3. Ihn von seiner Familie erzählen lassen	3. Ihn von seinem Familienbesitz erzählen lassen
4. Das Haar an der Luft trocknen lassen	4. Ihn wissen lassen, dass Sie zum selben Friseur gehen wie Paris Hilton
5. »Wow, danke, dass du heute auf dem Golfplatz so viel Geduld mit mir hattest. Du bist wirklich ein super Lehrer.«	5. »Wow, das sind ja tolle Golfschläger! Sind das Callaway Titanium?«

FLOP

Die Fixierte

*Es hörte sich an, als würde sie mit mir ein Vor-
gespräch für eine Samenspende führen.*

Wade, 40, St. Louis

*Ich verstehe, dass eine Frau herausfinden will,
ob ich auf der Suche nach etwas Ernstem bin,
aber meine aufrichtige Antwort lautet jedes
Mal: »Ja, wenn die Richtige vorbeikommt,
dann schon.« Aber wie soll ihr das helfen abzuschätzen, ob wir eine gemeinsame Zukunft haben könnten?*

Matthew, 43, Wilmington

*Da unsere Mails ziemlich schnell ziemlich in-
tensiv wurden, hat sie wohl angenommen, dass
wir Seelenverwandte sind, noch bevor wir uns
persönlich begegnet sind.*

José, 27, Phoenix

Die Fixierte ist eine Frau, die sich aufgemacht hat, um einen
Freund, einen Ehemann, ein Baby oder alles auf einmal zu
kriegen. Sie ist entschlossen, ihre Zeit effizient zu nutzen, um
ihre Ziele zu erreichen. An oberflächlichem Geplänkel ist sie
nicht interessiert. Egal, ob sie sich um Subtilität bemüht oder
ihre Karten offen auf den Tisch legt, sie versucht in jedem Fall,
die Männer auf Herz und Nieren zu prüfen. Doch durch diese
Konzentration auf ihr Ziel erreicht sie dummerweise genau
das Gegenteil.

Wenn die Männer so eine Fixierte treffen, fühlen sie sich,
als würden sie auf ihre Qualitäten als Ehemänner und Väter
geprüft. (91 Prozent der Männer, die die Fixierte als Abtörner
angaben, waren im Alter von 36 bis 49.) Nicht, dass dieser Job

sie nicht interessieren würde – sie wissen bloß noch nicht, ob sie ihn jetzt schon wollen. Es ist zu früh. Sie sehen jede Spontaneität den Bach hinuntergehen und bekommen Schuldgefühle, weil sie einem netten Mädchen wie Ihnen kostbare Zeit stehlen. Manchmal kommen sie sich vor wie in einer besonders schlechten Folge von *Der Bachelor*, wenn sie mit übereifrigen Bemerkungen und Gesten bedacht werden, die viiiel zu früh kommen.

Niemand verschwendet gerne seine Zeit. Effizienz ist etwas Tolles. Vielleicht treten Sie bei Ihrer Suche aufs Gaspedal, weil der letzte Idiot, mit dem Sie zusammen waren, die Dinge drei Jahre lang verschleppt hat, bis Ihnen dämmerte, dass er sich niemals zu irgendwelchen Verbindlichkeiten aufraffen wird. *Den* Fehler werden Sie nicht noch einmal machen. Vielleicht sind Sie gerade vierzig geworden und bekommen die große Babypanik. Vielleicht sind Sie aber auch einfach nur einsam, ob Sie nun 26 sind und frisch von der Uni kommen, oder 56 und frisch geschieden sind. Es ist prima, wenn Sie wissen, was Sie wollen, und Ihr Ziel anstreben, Sie müssen eben nur aufpassen, dass Sie sich auf Ihrem Weg nicht selbst sabotieren.

Sind Sie eine Fixierte?

Bei der Fixierten lassen sich vier typische Verhaltensmuster unterscheiden. Kommt Ihnen eines davon bekannt vor?

Auf den Zahn fühlen

Die Fixierte ist oft der Meinung, sehr subtil vorzugehen, während sie im Gespräch prüft, ob ihr Gegenüber beziehungsbereit ist. Sie hat ein paar Dating-Ratgeber gelesen, daher weiß sie, dass es die Männer abtörnt, wenn man zu direkt aufs Thema losgeht. Bei der ersten Verabredung kann sie ihre drängendste Frage keinesfalls stellen: »Worauf wird unsere Beziehung hinauslaufen?« So versucht sie es durch die Hintertür. Gary, ein 30-jähriger Franchisenehmer, erzählte mir von einer Frau, die beim ersten Date nach zwei Stunden sagte: »Ich stecke in einem Dilemma – vielleicht kannst du mir ja helfen? Ich genieße diesen Abend mit dir total, aber meine Freundin wollte mir für dieses Wochenende noch ein Blind Date vermitteln. Jetzt weiß ich gar nicht, was ich ihr sagen soll ...« Gary ging innerlich sofort auf Distanz. Er fand die Frau toll, aber ihre Frage irritierte ihn enorm. Also antwortete er, was ihm als Erstes in den Sinn kam: »Tja, ich finde es ist noch zu früh, um irgendwelche Exklusiv-Zusagen zu machen.« Wie Sie sich vorstellen können, nahm sie diese Bemerkung nicht wohlwollend auf. Schnippisch gab sie zurück: »Ich habe auch nicht von Exklusiv-Zusagen gesprochen – wir haben uns schließlich gerade erst kennengelernt! Ich wollte nur ... ich wollte nur wissen ... na ja ... ach, vergiss es! Ich werde meiner Freundin einfach sagen, dass das Blind Date von mir aus stattfinden kann.« Danach war die Laune beiderseits im Keller, und sie sahen sich nie wieder.

Der Fußballtrainer Joshua, 29, erinnerte sich an eine Frau, die ihm bei der ersten Verabredung ein paar argwöhnische Fragen zu seiner Beziehungsbereitschaft stellte, indem sie sich z. B. erkundigte, wie lange seine letzte Beziehung gedauert hatte. Ihm kam es so vor, als wolle sie herausfinden, ob er nur »herumspielte«. Seiner Meinung nach gehen die Frauen davon aus, er könne nicht auf der Suche nach einer ernsthaften Beziehung sein, da er gut aussehe und in der Sportbranche arbeite. Auf diese immer wiederkehrenden Fragen reagiert er gereizt. Seiner Aussage zufolge bemüht er sich wirklich, eine tiefere Beziehung zu jemandem aufzubauen, aber wenn eine

Frau ihn von vornherein anzweifelt, vergeht ihm jede Lust. »Ich hab es satt«, klagte er. »Ich hab das jetzt wirklich schon ein paar Mal zu oft gehört.«

Ein 30-jähriger Investmentbanker, Harris, erzählte mir die Geschichte einer Frau, mit der er über Facebook in Kontakt kam. Er wollte mit ihr ausgehen, aber sein ganzer Elan war gleich wieder dahin, als sie ihm folgende Nachricht sandte: »Ich habe mir die Webseite deiner Firma angesehen und gelesen, wie erfolgreich du bist. Aber ich bin wirklich nicht materialistisch veranlagt, ich bin eher der bodenständige Typ. Glaubst du, zwischen uns könnte sich eine Beziehung entwickeln?« Harris meinte, er hätte ihr die praktische Herangehensweise gar nicht mal verübelt, aber an ihrer Frage stieß er sich dann doch – als würde sie die letzte Seite eines Krimis aufblättern, um zu sehen, wer denn nun der Täter war. Wie sollte er in diesem Stadium denn schon Spekulationen über ihre Zukunft anstellen?

Männer haben mir oft erzählt, dass sie sich hochnotpeinlich befragt fühlten, wenn die Frauen die Ernsthaftigkeit ihrer Absichten sondieren wollten. Damit waren nicht nur ein paar beiläufige Fragen gemeint, die ihnen ein interessiertes Gegenüber stellte. Die Fragen waren zu zahlreich, zu einstudiert und manchmal zu persönlich. Die ganze Nacht ging es: »Hast du Geschwister, und wenn ja, haben sie Kinder? Hast du ein gutes Verhältnis zu deiner Familie?« oder »Ich hab dieses ganze Verabredungsspielchen satt, du nicht auch? Sind eigentlich die meisten von deinen Freunden verheiratet?« bis hin zu: »Wo siehst du dich selbst in fünf Jahren? Wohnst du zur Miete oder hast du eine Eigentumswohnung? Hast du schon mal mit jemandem zusammengewohnt oder warst du schon mal verlobt?« und sogar: »Du hast dich aber nicht sterilisieren lassen, oder?«

Das Dumme an dieser Verhörtechnik ist, dass Sie vielleicht sogar die Antworten bekommen, die Sie wollten, aber damit haben Sie nicht unbedingt ein vollständiges Bild Ihres Gegenübers. Manchmal können hinter scheinbar positiven Auskünften auch negative Überraschungen lauern. Aaron, ein 42-jähriger Ingenieur, erzählte mir von einer Frau, die ihm am Ende des Abends wirklich sympathisch geworden war. Sie fragte ihn ohne Umschweife, ob er auf der Suche nach etwas Festem sei. Da er sie wiedersehen wollte, erwiderte er: »Ich kenne dich noch nicht gut genug, um sagen zu können, worauf diese Sache hinauslaufen wird, aber theoretisch: Ja, ich suche eine langfristige Partnerin. Ich bin der Typ, der in Beziehungen Ausdauer hat.« Als Beispiel nannte er eine Freundin, mit der er sieben Jahre zusammengewohnt hatte, und eine weitere Beziehung, die drei Jahre gehalten hatte.

Da fragte ich mich insgeheim, ob die Frau bei dieser Antwort gedacht hatte, was ich dachte: Beweisen gescheiterte langfristige Beziehungen nun die Neigung zum monogamen Leben, oder doch eher, dass hier jemand niemals den letzten, verbindlichen Schritt schafft? Wie man es auch betrachtet, aus vorangegangenen Beziehungen lassen sich nicht unbedingt brauchbare Erkenntnisse ableiten. Es ist wie auf dem Aktienmarkt: Der Aktienkurs in der Vergangenheit sagt nichts über zukünftige Entwicklungen aus – die können genauso gut nach oben wie nach unten gehen.

Mike, ein 45-jähriger Risikokapitalgeber, offenbarte mir eine andere Perspektive. Er bewundert Frauen, die ihre Karten auf den Tisch legen. »Letzte Woche habe ich eine Frau getroffen«, erzählte er, »die einfach ehrlich sagte: ›Ich will nichts Oberflächliches. Ich will den richtigen Mann finden und eine Familie mit ihm gründen. Geht es dir da genauso?‹« Seine Reaktion war überhaupt nicht negativ – im Gegenteil, er sagte, dass ihm ihre Ehrlichkeit gefiel. Er mochte sie sehr. Sie wusste, was sie wollte, und scheute sich nicht, auf ihr Ziel loszugehen. Aber dann hat er sie doch nie wieder angerufen, denn er hatte gerade erst eine vierjährige Beziehung hinter sich und war sich noch nicht ganz sicher, wie seine Zukunftspläne aussahen. Wie er mir erklärte, waren Schuldgefühle sein Hauptproblem: »Ich wollte keine Schuldgefühle haben, wenn es mit uns am Ende doch nicht klappt. Also zog ich mich lieber gleich zurück, statt ihre Zeit zu verschwenden.«

Klammern

Manchmal zeigte sich der Wunsch, sofort verbindliche Zusagen zu bekommen, nicht in Form von Fragen, sondern in Aussagen und Verhaltensweisen, die bedürftig oder klammernd wirkten. Wenn sich eine Frau zu früh vergewissern will, ob ihr Gegenüber ebenfalls ein wachsendes Gefühl von Intimität verspürt, wirkt sie schnell wie eine Fixierte. Der 28-jährige Kent, Steuerbuchhalter, gab einer Frau am Ende der ersten Verabredung einen Gutenachtkuss, und sie flüsterte: »Kann ich bei dir übernachten? Einfach nur in deinen Armen einschlafen?« Er glaubte ihr zwar, dass sie nicht auf Sex mit ihm aus war, aber ihre Frage klang so bedürftig. Für ihn hatte der Kuss im gleichen Moment seinen Zauber verloren, er wich einer Antwort aus und versprach, sie am nächsten Tag anzurufen. Was er natürlich nie getan hat. Wie er mir gestand, hat er heute ein schlechtes Gewissen deswegen.

Hayden, ein 24-jähriger Grafikdesigner, erzählte mir von einem Mädchen, das ihm eine SMS schrieb, als er während ihrer ersten Verabredung auf die Toilette ging. Tatsächlich gefiel ihm das – so etwas hatte noch keine gemacht, und er fand es lustig:

Da entschuldigte er sich für einen Moment, und drei Minuten später schickte sie ihm eine SMS mit dem Wortlaut: »Ich kann nur an dich denken.« Er grinste und schrieb zurück: »Kannst du dich irgendwie von deinem Date loseisen und mich draußen treffen? Der Typ sieht sowieso total langweilig aus!« So gingen die flirtenden SMS hin und her, bis er an den Tisch zurückkam. »Dieses Mädchen gefiel mir *total*«, berichtete er. Aber dann wurde sie unsicher und begann Fragen zu stellen, die für ihn so klangen, als müsste er ihr jetzt versichern, dass er diesen Abend ebenso großartig fand wie sie. Zuerst fragte sie ihn, ob er sich amüsierte, und dann, ob er sich momentan eigentlich noch mit anderen Frauen treffe. Beim Nachtisch fragte sie ihn nach seinen Plänen fürs nächste Wochenende, was er als Wink auffasste, dass er für diesen Termin ihr nächstes Treffen vorschlagen sollte. Als er ihr mitteilte, dass ein Skiausflug mit Freunden auf dem Programm stand, reagierte sie enttäuscht. Da zog er sich innerlich schon etwas zurück. Als er sie eine Stunde später nach Hause begleitete, war es ziemlich kalt, und er bot ihr seine Handschuhe an. Ihre Antwort war: »Ach, das ist ja lieb von dir, danke! Ich geb sie dir dann zurück, wenn wir uns das nächste Mal sehen.« Er fand ihr Spielchen lächerlich durchschaubar und behauptete, dass er diese Handschuhe unbedingt für seinen Skiausflug brauche. Am Ende des Abends ging er mit seinen Handschuhen in der Tasche nach Hause und dachte ganz sicher nicht mehr daran, sich noch einmal mit ihr zu verabreden. Ich frage mich, was *ihrer* Meinung nach zwischen »Treffen wir uns draußen!« und »Machs gut.« passiert ist.

Der Physiotherapeut Andrew, 31, antwortete auf meine Anzeige, in der ich Singlemänner suchte, die mit mir über ihre Dating-Erfahrungen reden wollten. Er weihte mich in seine »Saisontaktik« ein. Das ganze Jahr über lernt er online Frauen kennen und verabredet sich mit ihnen – außer in seiner datingfreien Phase von Thanksgiving bis zum Valentinstag. Wie er mir erklärte, ähnelt seine Strategie der eines Sportlers, der sich außerhalb der Saison ausruht, regeneriert und sich auf andere Dinge konzentriert. Denn wie er mir erläuterte, werden die meisten Frauen während der Feiertage bedürftig – zum einen erwarten sie von ihm Geschenke (an Weihnachten oder am Valentinstag), zum anderen Zeit (dass er sie zu diesem und jenem Fest begleitet, ihre Familie kennenlernt, mit auf die Silvesterparty kommt). Logischerweise steigt er also zwischen November und Februar aus.

Obwohl ich Andrews Taktik lächerlich fand, habe ich seine Gesichtspunkte durchaus berücksichtigt, denn ich finde sie soziologisch sehr interessant. Sie bestätigen nicht nur das abschreckende Phänomen der Fixierten, sie beweisen auch, dass Männer jede Menge Dates haben, und wer sich einer solchen Zahl von Verabredungen gegenübersieht, braucht ab und zu einfach mal eine Ruhepause! Eine Bestätigung der neuen Welt der Partnersuche aus Kapitel eins: Online-Dating verschafft den Männern die Illusion unbegrenzter Möglichkeiten.

Aus dem Fenster gelehnt

Manche Frauen sehen im ersten Date einfach viel mehr, als es ist. Manchmal fühlen sie auch viel zu früh Intimität, wo noch keine sein kann – und das manifestiert sich dann in den kleinsten Dingen.

Hugh, ein 31-jähriger Grußkartenhersteller, erwähnte eine Frau, die ihm beim Abendessen mitteilte, dass er Fingerabdrücke auf seinen Brillengläsern habe. Sie griff über den Tisch, nahm ihm die Brille ab und polierte sie mit ihrer Serviette. Er erinnerte sich an diese kleine Geste, weil es sich anfühlte, »als wären wir ein altes Ehepaar. Es war befremdlich, dass mir jemand die Brille putzte, den ich noch nicht mal eine Stunde kannte.«

Andere Männer erzählten, dass sie sich innerlich krümmten, wenn sie mit Kosenamen belegt wurden. »Süßer« oder »Schatz« ist für die erste Verabredung einfach zu intim.

Der 42-jährige Schriftsteller Steven hatte im Internet eine Frau kennengelernt, mit der er demnächst ausgehen wollte. Ihr Profil war interessant, und er begann eine Mailkorrespondenz mit ihr. Über zwei Wochen hinweg tauschten sie lange und persönliche Mails aus. Bis einen Tag vor ihrer ersten Verabredung freute er sich wahnsinnig auf das Treffen mit ihr. »Aber dann ging sie einfach zu weit«, erzählte er. »Ich meine, wir hatten uns ein paar super Mails geschrieben, aber wir waren uns noch nie persönlich begegnet, und da gingen mir ein paar Bemerkungen von ihr einfach gegen den Strich.« Als ich ihn um Einzelheiten bat, leitete er mir eine ihrer alten Mails weiter, um mir zu zeigen, was er meinte. Sie schrieb: »Habe ich dir schon mal gesagt, dass mir der Name Steven total gut gefällt? Er klingt schön, wenn ich ihn leise vor mich hin sage ... und in letzter Zeit habe ich ihn regelmäßig leise vor mich hin gesagt.« Er traf sich mit ihr, war aber enttäuscht. Wie er mir erklärte, hatte ihr Übereifer etwas Unheimliches, und er ging schon mit einer ziemlich zynischen Grundhaltung zu ihrem Treffen.

Seine Anekdote sollte Ihnen nicht nur eine Lehre sein, Ihre Mails in Zukunft ein wenig zahmer zu halten, es geht auch um das Thema Privatsphäre. Seien Sie vorsichtig mit dem, was Sie einem Mann schreiben, den Sie kaum kennen. Eines Tages könnte er Ihre intime Mail an eine Autorin weiterleiten, die einen Dating-Ratgeber schreibt!

Manchmal überschritten die Frauen auch eine Grenze, indem sie Anspielungen auf die Zukunft machten, bevor der Mann sich auch nur zu einem zweiten Date geäußert hatte. Die Männer haben mir von Frauen erzählt, die ihnen bei der ersten Verabredung Tickets für ein Fußballspiel anboten, das drei Wochen später stattfinden sollte, oder für ein Theaterstück, das im nächsten Monat lief, sie boten an, ihnen nach dem nächsten Lesezirkeltreffen *Den Drachenläufer* zu leihen oder sich im folgenden Sommer am Ferienhäuschen am Meer zu beteiligen. Die Männer erklärten, dass ihnen sofort klar war, was sich hinter diesen Angeboten verbarg: nämlich die versteckte Frage »Werden wir uns wiedersehen?«. Wenn die Männer noch im Laufe der ersten Verabredung plötzlich Aussagen darüber machen sollten, ob sie sich eine zweite vorstellen können, zogen sie sich lieber zurück.

Peter, ein 32-jähriger Kellner, erinnerte sich an eine Frau, die ihm anbot, sich am Nachmittag mit ihr im Park zu treffen, weil sie an diesem Tag Babysitter für ihren Neffen spielen musste. Das Treffen wurde tatsächlich richtig lustig, denn Peter mag Kinder sehr gern. Aber sie sahen sich dann nur noch einmal wieder, denn beim zweiten Date brachte sie ihm sechs Briefmarken mit. »Und?«, fragte ich. Tja, offensichtlich hatte er nebenbei erwähnt, dass er ein paar Dinge zu erledigen hatte, unter anderem Briefmarken kaufen. Als sie zu ihrer zweiten Verabredung kam, drückte sie ihm sechs in die Hand und sagte: »Heute kannst du länger mit mir zusammen sein, statt deine Erledigungsliste abzuarbeiten.« Der erste Gedanke, der ihm durch den Kopf schoss, war: »Puh! Besser du kündigst dein Brautzeitschriften-Abo, Schätzchen!«

»Du liebe Zeit«, dachte ich mir nach dem Telefonat mit Peter. Babysitten + Briefmarken = hochzeitsfixiert? Männer können aber auch wirklich überempfindlich sein!

Manchmal kann ihn eine ganz harmlose Situation oder eine

kleine, liebevoll gemeinte Geste von Ihrer Seite an all die übereifrigen Frauen erinnern, mit denen er in der Vergangenheit
ausgegangen ist. Ihr Date findet nicht in einem Vakuum statt –
Sie tragen auch die Last des überzogenen Verhaltens all Ihrer
Vorgängerinnen auf Ihren Schultern!

Oh Baby!

Vielleicht haben Sie schon mal gehört, wie man einen Single-
mann wieder loswird? Sagen Sie ihm einfach, dass Sie ihn lieben und die Mutter seiner Kinder werden wollen. Natürlich ist
das ein Scherz, und Sie wissen ja auch ganz genau, dass Sie
ihm nach dem Dessert nicht tief in die Augen sehen und mit
der Auswahl der Babynamen beginnen sollten. Aber selbst für
alte Dating-Hasen ist das Thema Kinder heikel. Der 34-jährige
Arzt Anil, alleinstehender Vater, erzählte, dass sich das »Kin-
dergespräch« bei seiner ersten Verabredung mit Jane bestens
anließ. Er hat zwei Söhne, was er den Frauen, mit denen er
ausgeht, grundsätzlich gleich zu Anfang erzählt. Also bekam
auch Jane ein paar Informationen über Alter und Charakter
der Jungs, und sie reagierte zunächst sehr positiv. Statt ihn
nach der Sorgerechtsregelung zu fragen, wie es die meisten
anderen Frauen in der Vergangenheit getan hatten, sagte sie:
»Ich beneide dich darum, dass du zwei so tolle Kinder hast!«
In ihm wallten schon warme Gefühle auf, da machte sie ein
paar Anspielungen auf ihren eigenen Kinderwunsch. Anil
meinte, vielleicht möchte er eines Tages wirklich noch weitere
Kinder, vor allem mit einer Frau, die er liebt. Doch ihr ausdrücklich formulierter Wunsch machte ihn nervös, denn er
wusste noch nicht ganz genau, was er sich für die Zukunft vor-
stellte. Er wollte die Bekanntschaft mit ihr lieber nicht fortset-

zen, weil es *hätte sein können*, dass er sich gegen weitere Kinder entschied. Also rief er sie nie wieder an.

Wade, ein 40-jähriger Architekt, lernte einmal eine Frau kennen, die ziemlich schnell von harmlosen Fragen zu seiner Familie (wo er aufgewachsen ist, wo seine Geschwister leben usw.) zu einem neugierigen Verhör bezüglich seines Genpools überging. »Sie hat mich im Laufe des Abends auch noch nach dem Notenschnitt meines Schulabschlusszeugnisses gefragt und ob es in meiner Familie Fälle von Alkoholismus gegeben hat. Ich kam mir vor, als würde sie mit mir ein Vorgespräch für eine Samenspende führen.«

Die Männer reagieren heutzutage so empfindlich auf die Kinderfrage, vor allem wenn sie mit Frauen zwischen dreißig und vierzig ausgehen – da müssen Sie das Wort »Baby« nicht mal in den Mund nehmen, um sie in Panik zu versetzen. Ein Unternehmer, Rick, 37, erzählte: »Ich habe beobachtet, wie sie auf dem Gehweg einen Hund streichelte… das hätten Sie sehen müssen! Ein pausenloses ›Ja, du bist ja ein schönes Hundchen! Ja, so ein braver Hund!‹. Diese Frau wünschte sich so sehnlichst ein Baby, das roch man quasi zehn Meilen gegen den Wind. Als könnte ich zusehen, wie ihr in diesem Moment auf dem Gehweg die Eierstöcke eintrocknen!«

Kaum zu glauben, meine Damen, aber Rick ist immer noch auf dem Markt. Wenn eine von Ihnen seine Telefonnummer haben will, schicken Sie mir einfach eine kurze Mail…

Ein kurzes Resümee

Vielleicht fragen Sie sich mittlerweile, ob die Vorlieben und Abneigungen eines Mannes nicht doch von Fall zu Fall variieren. Rick etwa sah, wie eine Frau einen Hund streichelt, und zog den Schluss, dass sie sich verzweifelt ein Kind wünschte, während Mitch (der aus dem Chefinnen-Abschnitt) beobachtete, wie die Frau ihren Hund ignorierte, und daraus folgerte, dass sie nicht fürsorglich genug war. Ich möchte an dieser Stelle kurz innehalten und etwas Wichtiges zu meinen Untersuchungen anmerken. Die scheinbar trivialen Kleinigkeiten, die die Frauen sagten oder taten – z. B. einen Hund streicheln –, schienen sich zu einem Stereotyp zusammenzusetzen. Natürlich können verschiedene Männer auch verschieden auf dieselbe Verhaltensweise reagieren. Aber abgesehen von wenigen Ausnahmen hing das Scheitern der Verabredung niemals an einer einzigen Sache. Vielmehr führte eine Häufung von kleinen Indizien zu einem wenig schmeichelhaften Stereotyp. Mit anderen Worten, wenn Sie ihm beim Abendessen Fragen zu seinem Genpool stellen, danach jammern, dass all Ihre Freundinnen schon verheiratet sind, anschließend Kosenamen wie »Schatz« oder »Süßer« flöten und dann noch überschwänglich ein Hündchen herzen – dann kommt er wahrscheinlich zu dem Schluss, dass Sie eine Fixierte sind. Es ging nicht *nur* ums Hundestreicheln.

Der Schlüssel zur Bewältigung dieser Situation liegt in der Erkenntnis, welchem Stereotyp Sie am meisten zuneigen. Bleiben wir bei dem Hundebeispiel: Wenn Sie befürchten, dass ein Mann Sie bei der ersten Verabredung leicht als Chefin abstempeln könnte, dann würde ich den Köter mit Zärtlichkeiten überschütten. Wenn Sie sich jedoch bewusst sind, wirklich darauf fixiert zu sein, einen Mann zu finden und Kinder in die Welt zu setzen (sein Angstbild: die Fixierte), sollten Sie lieber einen Bogen um das Vieh machen.

Kommt Ihnen das bekannt vor?

Vielleicht haben Sie sich bis jetzt noch nicht in den Anekdoten über die Fixierte wiedererkannt. Es ist nicht leicht, das eigene Verhalten in den Geschichten anderer Menschen wiederzuentdecken. Die folgenden Fragen helfen Ihnen dabei herauszufinden, ob die Männer Sie dem Stereotyp der Fixierten zuordnen, bevor sie Ihr wahres Ich kennenlernen können.

	Ja	Nein
Bei der Arbeit		
Wird es in Ihrem Arbeitsumfeld honoriert, wenn Sie neue Geschäfte an Land ziehen?	☐	☐
Sind Sie von Ihren Kollegen jemals für Ihren »Killerinstinkt« gerühmt worden?	☐	☐
Sind Sie am Arbeitsplatz diejenige, auf die sich der Chef verlässt, wenn er sichergehen will, dass eine Arbeit »wirklich erledigt wird«?	☐	☐
Bei Freunden und in der Familie		
Fühlen Sie sich unter Druck gesetzt, auch endlich zu heiraten – von neugierigen Verwandten oder einfach von der Tatsache, dass all Ihre Freundinnen in festen Händen sind?	☐	☐
Sagen Sie oft: »Ich glaube, das könnte der Richtige sein« oder »Beim Nachtisch hab ich insgeheim schon die Namen für unsere Kinder ausgesucht ...«?	☐	☐

	Ja	Nein

Bekommen Sie (egal in welchem Zusammenhang) des Öfteren zu hören:
»Hab doch ein bisschen Geduld!«

Bei einer Verabredung oder in einer früheren Beziehung

Haben Sie bei der ersten oder zweiten
Verabredung schon einmal gestanden:
»Ich hab mich in dich verknallt« oder
»Es ist schon lange her, dass ich mich
so gefühlt habe«?

Hat ein Mann jemals zu Ihnen gesagt:
»Also, diese Frage kommt mir ein bisschen verfrüht« oder »Wir wollen doch
nichts überstürzen«?

Benutzen Sie während eines Dates gern
die Zukunftsform, vielleicht auch nur aus
Reflex oder Gewohnheit?

Ihre Lebensphilosophie

Macht es Sie wahnsinnig, wenn Sie den Satz
hören: »Warten wir mal ab, was passiert.«

Hätten Sie gerne viele Kinder, und fühlen
Sie den Druck, »langsam mal damit
anfangen zu müssen«?

Wenn Sie etwas nervös macht, haben Sie
dann das dringende Bedürfnis, das Problem
aus der Welt zu schaffen – egal wie?

Wenn Sie mehr als fünf dieser Fragen mit Ja beantwortet haben, werden Sie möglicherweise als Fixierte wahrgenommen. Zweifellos sind Sie lebenstüchtig, effizient und familienorientiert, und selbstverständlich sollen Sie Ihre Persönlichkeit nicht ändern. Aber Sie könnten darüber nachdenken, ob Sie beim nächsten Date nicht die eine oder andere Bemerkung etwas anders formulieren wollen. Männer, die noch nicht wissen, wie toll Sie sind, könnten Sie sonst einfach unter dem Stereotyp Fixierte ablegen und so die Chance verpassen, Sie bei weiteren Verabredungen besser kennenzulernen.

Was tun?

Wenn Sie sich mit der Fixierten identifizieren können, habe ich hier fünf Vorschläge, die Ihnen helfen sollen, sich zurückzulehnen und erst mal tief durchzuatmen.

1. Schlagen Sie den richtigen Ton an

Wie bei fast allen Dingen im Leben kommt es auch hier aufs rechte Maß an. Streicheln Sie den Hund, aber machen Sie nicht so ein Riesen-Tamtam daraus. Erklären Sie, dass Sie an einer festen Beziehung interessiert sind, aber geben Sie sich weder übereifrig noch übertrieben lässig. Aber wenn die Unterhaltung auf das Thema Kinder kommt? Während die meisten Frauen klug genug sind, ihren Fortpflanzungswunsch nicht sofort herauszuposaunen, müssen Sie darauf achten, bei diesem Gespräch das Gleichgewicht zu wahren. Sie sollten weder übereifrig wirken, noch dürfen Sie genau den entgegengesetzten Fehler begehen, indem Sie durchscheinen lassen, dass

Sie keinen Mutterinstinkt haben oder nicht der fürsorgliche Typ sind (besonders wichtig bei der Chefin). Vor allem, wenn Sie noch in Ihren fruchtbaren Jahren sind, bewältigen Sie diese Situation am besten, indem Sie beiläufig von einem anderen Kind sprechen – z. B. von Ihrer kleinen Nichte oder dem Baby am Nebentisch. Etwa so: »Das erinnert mich an *Die kleine Raupe Nimmersatt*, das hab ich meiner Nichte letztes Wochenende vorgelesen. Kennst du das? Das war mein Lieblingsbuch, als ich klein war.« Oder »Witzig, das Baby da drüben sieht aus, als würde es seiner Mutter gleich den Schokoladenkuchen vom Teller klauen!« Eine nonchalante Bemerkung in dieser Richtung signalisiert ihm, dass Sie für das Thema prinzipiell offen sind und Kinder bezaubernd finden. Aber lassen Sie Ihrer Bemerkung sofort eine Einschränkung folgen: »Jetzt im Moment könnte ich mir nicht vorstellen, Kinder zu haben – aber grundsätzlich finde ich Kinder toll.« Damit sollten Sie den richtigen Ton getroffen haben: Sie besitzen Mutterinstinkte, werden aber nicht gleich beim Dessert einen Eisprung kriegen.

2. Lassen Sie ihm seinen Text

Nehmen Sie beim ersten Date niemals Bezug auf die Zukunft, bevor er sich dazu äußert. Sagen Sie nicht: »Wann werde ich dich wiedersehen?« Das ist *sein* Text. Sagen Sie nicht: »Was hast du denn dieses Wochenende vor?« Das ist auch sein Text. Aber was ist, wenn Sie in Nöten sind, weil Sie für Ihre Benefizveranstaltung nächste Woche eine Begleitung brauchen... er aber nicht davon gesprochen hat, dass Sie wieder miteinander ausgehen werden? Pech gehabt, Sie dürfen ihn *nicht* fragen – nehmen Sie stattdessen Ihren Bruder mit. Aber wenn Sie zwei Konzertkarten für Samstag haben, die verfallen, wenn Sie ihn nicht einladen? Tut mir leid! Verkaufen Sie die Karten bei eBay, oder schenken Sie sie Ihrer Nachbarin. Bleiben Sie unerschütterlich in Ihrem Entschluss, nicht zu früh über die Zukunft zu reden, denn im Kopf eines Mannes könnten die Eintrittskarten für eine Veranstaltung nächste Woche schon die Vorstufe zum Kennenlernen der Eltern nächsten Monat sein – und *Rums!*, schon sind Sie eine Fixierte.

3. Seien Sie einmalig

Es gibt so viele Frauen, die unbedingt gleich herauskriegen wollen, ob ihre neue Bekanntschaft für eine ernsthafte Beziehung bereit ist oder ob sie mit ihm nur ihre Zeit verschwenden. Also heben Sie sich von der Menge ab und seien Sie ganz anders. Stellen Sie ihm bei den ersten Treffen bewusst keine Fragen, die mit seinem Genpool, seinen Verdienstaussichten, seinen vergangenen Beziehungen oder seinen momentanen Ansichten zum Thema Verbindlichkeiten zu tun haben. Sie sollen ihn zunächst als Person näher kennenlernen, nicht als zukünftigen Ehemann oder Samenspender. Dafür eignen sich Fragen wie: »Liest du gerade irgendein gutes Buch?« oder »Was machst du an einem Sonntagmorgen am liebsten?« Die Themenauswahl ist riesig, es sollte aber immer darum gehen, was ihm wichtig ist, nicht, was Sie auf Ihrer Liste abhaken wollen. Damit werden Sie sich von all den Fixierten abheben, mit denen er sich bis jetzt getroffen hat.

4. Gehen Sie es locker an

Eines der größten Probleme für die Fixierte ist die Bühne, auf der die meisten ersten Dates stattfinden: Restaurants. Dort sitzen sich zwei Personen normalerweise an einem Tisch gegenüber und treiben zwei, drei Stunden Konversation. Das ist ganz schön lang. Wenn Sie zu fixiertem Verhalten neigen, geraten Sie dabei nur zu leicht auf gefährliches Terrain. Also schlagen Sie einen Rahmen vor, der mehr Aktivität verlangt – zum Beispiel Bowling oder ein Picknick im Zoo – um die Intensität (und die Verlockung) bei der ersten Verabredung zu vermeiden und nicht in die Fixiertenfalle zu tappen. Wenn die Unterhaltung ins Stocken kommt, können Sie sich aufs Bowlen konzentrieren, statt die Stille mit noch mehr Fragen zu füllen. Umgehen Sie die klassischen Fallgruben, indem Sie für eine aktive Umgebung sorgen.

5. Denken Sie immer an die Pralinenschachtel

»Das Leben ist wie eine Schachtel Pralinen – man weiß nie, was man kriegt«, sagt Forrest Gump. Bei Verabredungen ist es nicht anders: Sie suchen sich einen Typen aus, und wenn alles glattgeht, haben Sie jemanden gefunden, der eine feste Beziehung mit Ihnen eingehen will. Aber manchmal ziehen Sie eben auch eine Niete. Egal, ob ein Mann auf der Suche nach der richtigen Partnerin ist, oder ob er sich lieber noch ein wenig vergnügen will – nach Auskunft der Männer sind direkte Fragen der Frauen zum Thema Beziehungsbereitschaft alles andere als subtil und riechen nach Verzweiflung. Damit verspielen viele ihre Chancen. Wir wissen doch sowieso, dass all seine Aussagen jederzeit über den Haufen geworfen werden können, sobald die Richtige daherkommt (ob es nun Sie sind oder Ihre Nachfolgerin). Tut mir leid, Sie werden wohl vorab doch ein wenig Zeit investieren und einfach darauf hoffen müssen, dass sich die Dinge so entwickeln, wie Sie es sich wünschen.

Haben Sie diese lustige Folge von *Friends* gesehen, in der eine von Ross' Freundinnen eine gemeinsam unterschriebene Weihnachtskarte an ihre Familie schicken wollte? Ross machte sich Sorgen, dass diese Karte ihrer Beziehung einen zu ernsthaften Charakter verleihen würde, und erklärte ihr: »So weit sind wir noch nicht.« Also fragte seine Freundin: »Hm – wie weit sind wir denn dann?« Statt ihr zu antworten, versuchte er ihr Zeichen seiner aufrichtigen Gefühle zu zeigen. Er begann damit, dass er ihr eine Kassette bespielte, und gab ihr am Ende einen Schlüssel zu seiner Wohnung (nur um sofort im Anschluss die Schlösser austauschen zu lassen).

Während oder nach einem tollen ersten Date ist Ihr Gegenüber wahrscheinlich eher geneigt, Ihnen eine Kassette zu bespielen, als Ihnen gleich eine Kopie seines Wohnungsschlüssels in die Hand zu drücken. Wenn Sie mit der anfänglichen Unsicherheit nicht leben können, werden Sie ihn vielleicht zu rasch dazu drängen, Bekenntnisse abzugeben, zu denen er eigentlich noch nicht bereit ist. Dann können Sie zusehen, wie er seine übereilte Geste hinterher wieder zurücknimmt, wenn er merkt, dass er sich damit noch nicht wohlfühlt.

Wenn Sie eine Fixierte sind

TOP

1. »Hallo, bist du Michael?«	1. »Hallo, bist du mein Seelenverwandter?«
2. »Schön, dich zu sehen.«	2. »Wann sehen wir uns wieder?«
3. Offene Fragen	3. Fragen, auf die es nur eine richtige und eine falsche Antwort geben kann
4. »Das Kind sieht ja süß aus.«	4. »Ich wette, unsere Kinder sähen süß aus.«
5. »Ich liebe Halbgefrorenes.«	5. »Tut mir leid, Dienstag kann ich nicht, da lasse ich meine Eizellen einfrieren.«

FLOP

Die Exhibitionistin

Ich wusste nicht mal, was »Endometriose« bedeutet, aber es hörte sich definitiv nicht gut an!

Ted, 34, Park City

Ich möchte mir möglichst wenig Dramen aufhalsen. Wenn ich das Gefühl habe, dass sie nicht zu Dramen neigt, dann hat sie schon mal meine Aufmerksamkeit. Aber beim gegenteiligen Eindruck suche ich sofort das Weite.

Matt, 48, Austin

Sie hat mir gleich beim ersten Mal erzählt, dass ihr Vater ihre Mutter betrogen hat … Ich habe sofort gemerkt, dass sie Schwierigkeiten hat, anderen Menschen zu vertrauen. Und das ist normalerweise nur die Spitze des Eisbergs.

Daryl, 32, Lexington

Ich bin meistens viel nachsichtiger, wenn sie echt heiß ist. Zu Anfang jedenfalls.

Zachary, 27, Fort Lauderdale

Die Exhibitionistin verbreitet schon beim ersten Date negative persönliche Informationen über sich selbst, oft ohne es zu merken. Solches »Gepäck« landet gerne mit einem satten *Rums!* auf der Kontraseite der unvermeidlichen Pro-und-Kontra-Liste, die er bei ihrem ersten Treffen im Kopf aufstellt. Singlefrauen müssten mittlerweile wissen, dass sie ihre emotionalen Altlasten nicht gleich bei der ersten Begegnung aufs Tapet bringen sollten, oder? Daher war ich überrascht, wie oft mir die Männer von diesen kleinen Pannen erzählten. Nicht nur, dass die Frauen über ihre körperlichen und emotionalen Probleme redeten, die meisten von ihnen schienen nicht mal zu ahnen, dass diese Art von Informationen äußerst unschmeichelhaft ist – und, was viel wichtiger ist, zum Scheitern des Dates führt.

Wenn die Männer eine tolle Frau kennenlernten, gab es immer ein »Aber«, erklärten sie. »Sie war toll! Genau die Sorte Frau, die ich suche – aber...« Ihnen ist schon klar, dass niemand perfekt ist. Das Problem ist nur, sie kennen die Frau nicht genau genug, um gleich einschätzen zu können, ob ihr »Gepäck« schwer oder leicht ist. Verständlicherweise tendieren die Männer dazu, vom Schlimmsten auszugehen: Jedes negative Thema wird sich als schwerwiegender herausstellen, als die Frau jetzt zugibt. Wenn die Männer also befürchten müssen, am Ende die nächsten fünfzig Jahre mit irgendeinem schwierigen Problem oder Charakterzug leben zu müssen, nehmen sie lieber gleich ihren Hut.

Ich spreche ständig mit Singlefrauen, daher kenne ich auch die Kehrseite dieser Medaille. Normalerweise begehen sie gar nicht den Anfängerfehler, ihr »Gepäck« zu früh bekannt zu machen. Vielmehr sind sie der Meinung, dass sie sich »dem anderen öffnen« oder »eine Verbindung schaffen«, indem sie ihm bestimmte Dinge anvertrauen. Bei anderen Frauen steckt einfach nur der Wunsch nach Effizienz dahinter: Sie wollen keine Zeit mit einem Typen verschwenden, der mit ihrem Problem nicht klarkommen kann. Andere definieren bestimmte Tatsachen als »kleine Macke« oder meinen: »So bin ich eben.« Und manche Frauen trinken einen zu viel und plaudern dann etwas aus, was ihnen am nächsten Tag leidtut.

Sind Sie eine Exhibitionistin?

Die Exhibitionistin umfasst vier typische Verhaltensmuster. Erkennen Sie sich vielleicht in einer der folgenden Beschreibungen wieder?

Physisches Gepäck

Physisches Gepäck fällt oft in den medizinischen Bereich. Die meisten Probleme, von denen ich hörte, waren äußerlich nicht sichtbar, also konnten die Frauen durchaus selbst entscheiden, ob sie das Thema beim ersten Treffen zur Sprache bringen wollten. Den Männern wurde so gut wie alles serviert: von ernsthaft über gutartig bis hin zu sexuell. Die Beispiele umfassten Diabetes, das Chronische Erschöpfungssyndrom, die Weißfingerkrankheit, einen zu hohen Cholesterinspiegel, Inzest in der Kindheit, Abtreibung, Sehnenscheidenentzündung, mehrjährige sexuelle Abstinenz, Laktoseintoleranz und Herpes.

Natürlich kann man so ein Thema ganz harmlos erwähnen, doch der Mann weiß häufig nicht, wie er es einstufen soll – auch wenn es vielleicht gar nichts Schlimmes ist. Bryce, ein 40-jähriger Landschaftsführer, erinnerte sich an das erste (und einzige) Date mit einer Frau, bei dem sie sich über ihre gemeinsame Leidenschaft, das Radfahren, unterhielten. Sie erklärte, sie wüsste nie so recht, was sie vor einer langen Tour essen sollte, und er schlug ihr Energieriegel einer bestimmten Marke vor. »Oh, die kann ich nicht essen«, wandte sie ein, »ich habe ein Blutzuckerproblem.« Bryce wollte nicht näher nachhaken, aber diese Information setzte sich in seinem Kopf fest. Er beobachtete, was sie aß (sie ließ mehr als die Hälfte ihrer Mahlzeit auf dem Teller liegen), und als sie ein Dessert bestellen wollten, verkündete sie, dass sie nichts mit Schokolade nehmen dürfe. Er befürchtete, sie könnte an einer seltsamen Essstörung leiden oder vielleicht an Diabetes, und rief sie nie wieder an. Seine Antwort machte mich ein bisschen wütend. Zuerst erklärte ich ihm, dass sie vielleicht keinen Hunger hatte, das Essen ihr nicht schmeckte, sie gerade auf die Kalorien schauen musste oder vor ihm einfach nicht so hemmungslos zulangen wollte. Was die Energieriegel angeht, so hat jeder bestimmte Nahrungsmittel, die er aus irgendeinem Grunde nicht verträgt, das ist ja weiter nicht schlimm. Zum Schluss fragte ich ihn: »Wollen Sie sagen, wenn die Frau zum Beispiel Diabetes gehabt hätte, dann hätten Sie sie deswegen nicht mehr treffen wollen?« »Nein«, wehrte er ab, »nein, so hab ich das nicht gemeint... ach, egal.« *(Hoppla, sieht ganz so aus, als wäre das nicht die richtige Methode, um den Kandidaten zum Reden zu bringen!)* Doch offensichtlich konnte er seine Ängste wegen ihrer eventuellen Gesundheitsprobleme nicht ganz abschütteln, obwohl ich sehr rationale Argumente vorbrachte und ihm unbewusst zeigte, was ich von seiner Handlungsweise hielt. Vielleicht ist er ja ein Vollidiot, aber ehrlich gesagt kam er mir ansonsten während unseres einstündigen Gesprächs gar nicht so vor. Er fühlte sich nur unwohl mit diesem Informationsbruchstückchen über ihren Blutzucker, und als er noch ein paar andere Indizien entdeckte, war er gänzlich abgeschreckt.

Seien wir doch mal ehrlich: Wenn zwei gleich hübsche Kerle – völlig fremde – vor Ihnen stünden und man Sie fragen würde: »Welchen würden Sie gerne kennenlernen? Der Fremde Nummer 1 hat Diabetes, der Fremde Nummer 2 nicht.« Dann würden Sie sich wahrscheinlich auch auf die Schnelle für Nummer 2 entscheiden. Da Sie ansonsten nichts über sie wissen und sich vielleicht auch nicht so gut mit dem Thema Diabetes auskennen, würden Sie denjenigen nehmen, der kein bekanntes Gesundheitsproblem hat. Deswegen sind Sie kein schlechter Mensch, Ihre Wahl ist nur zu verständlich. Aber wenn Sie die beiden näher kennenlernen, und der Fremde Nummer 1 stellt sich als klug, lustig und nett heraus, während der Fremde Nummer 2 ein langweiliger Egoist ist, dann würden Sie vielleicht doch anders entscheiden. Was ich damit sagen will: Wenn Sie Ihr »Gepäck« zu früh ins Gespräch bringen, ersticken Sie in Ihrem Gegenüber eventuell den Wunsch, Sie überhaupt besser kennenzulernen.

Ein 37-jähriger Grafikdesigner, Paul, erzählte mir von seiner ersten Verabredung mit einem Mädchen, das er auf einem Skiausflug kennengelernt hatte. Als die Kellnerin nach ihren Getränkewünschen fragte, bat das Mädchen um Wasser mit Kohlensäure. Wenige Minuten später erklärte sie, dass sie keinen Alkohol trinke, weil ihre Mutter Alkoholikerin sei. Paul wusste nicht viel über Alkoholismus, aber eines wusste er: Er kann sich vererben. Ich wandte ein, dass das Leben voller unbekannter Variablen ist – vielleicht waren die Chancen, dass diese Frau oder ihre Kinder Alkoholiker werden könnten, auch nicht größer, als dass sie von einem Bus überfahren wird. »Ja, das stimmt wahrscheinlich... Ich weiß, es klingt ein bisschen irrational, aber genau das war eben mein Gedankengang. Wahrscheinlich bedeutet schon jeder *potenziell* negative Punkt beim ersten Date das Aus. Hey, Sie haben mich gebeten, ganz aufrichtig zu sprechen!«

Ein etwas emotionaleres Gespräch führte ich mit dem 25-jährigen Programmierer Greg. Eher widerstrebend erzählte er mir von einer Situation, die ihm bis heute Schuldgefühle verursacht. Er ging mit einer Frau aus, die ihm bei der ersten Verabredung enthüllte, dass man im Alter von 16 Jahren Morbus Hodgkin, einen bösartigen Tumor im Lymphsystem, bei ihr diagnostiziert habe. Doch sie fügte hinzu, sie sei völlig geheilt und heute ein stärkerer Mensch, weil sie den Krebs besiegt habe. Greg sagte: »Den Krebs besiegt – Mann, das war echt beeindruckend. Ich fand sie wirklich tapfer, und ich mochte sie auch, sie war lustig, süß, reif… Aber als ich heimkam, habe ich Morbus Hodgkin im Internet nachgeschlagen und erfahren, dass die Strahlung und die Chemotherapie indirekte Auswirkungen auf die Fortpflanzungsorgane haben können. Ich war hin- und hergerissen. Einerseits tat sie mir leid, andererseits… ich weiß nicht, ich möchte eines Tages eben ganz bestimmt Kinder haben.« Also schob er seine Entscheidung, ob er sie wieder anrufen sollte, vor sich her und lernte wenige Wochen später jemand anders kennen. Er vertraute mir an, diese Episode gehörte mit zum Feigsten, was er jemals getan habe, und er nahm mir mehrfach das Versprechen ab, seinen wahren Namen in diesem Buch nicht zu nennen.

Bei diesen Studien fiel mir auf, dass auch die netten Kerle nur Menschen sind. Vielleicht ist es unrealistisch zu erwarten, dass sie sich allzu große Schwierigkeiten oder Unsicherheiten aufbürden, wenn sie ihr Gegenüber noch gar nicht richtig kennen. Vielleicht hätte Greg die Vergangenheit (und auch die Zukunft) dieser Frau anders eingeschätzt, wenn er vorher mehr Zeit gehabt hätte, sie besser kennenzulernen (*bevor* sie ihm diese Geschichte erzählte). Diese Beispiele von Bryce, Paul und Greg zeigen, dass Männer bei der ersten Verabredung grundsätzlich vom Schlimmsten ausgehen, wenn man ihnen begrenzte oder unvollständige Informationen gibt.

Emotionales Gepäck

Wenn es bei zwei Menschen beim ersten Date »Klick« macht und sie anfangen, einander kennenzulernen, graben sie automatisch tiefer. Aber da lauern jede Menge Landminen. Besonders beliebt – vor allem in den großen Städten – ist nach Auskunft der Männer das Geständnis, Antidepressiva zu nehmen oder regelmäßig zu einem Psychotherapeuten zu gehen. Glenn, ein 36-jähriger Fotoreporter, erinnerte sich an ein vergnügliches Date mit einer gewissen Laura. Die Funken sprühten nur so, und er fühlte sich mächtig zu ihr hingezogen. Irgendwann sagte er zu Laura: »Ich hab meinem Therapeuten erzählt, dass ich heute Abend eine Verabredung habe.« Sie lachte und erwiderte: »Hey, das hab ich meinem Therapeuten auch erzählt!« Anschließend witzelten sie eine Weile über ihre Therapeuten. Später knutschten und fummelten sie im Taxi noch wild herum, bis sie bei ihrer Wohnung waren. Er versprach, sie wieder anzurufen, tat es aber nie. Je länger er über Laura nachdachte, umso klarer wurde ihm, dass er mit ihr vielleicht einen seiner ältesten Fehler wiederholen würde: sich mit emotional angegriffenen Frauen einzulassen. Wie sein Therapeut festgestellt hatte, hatten ihm diese Beziehungen in der Vergangenheit nie gutgetan. »Woher wussten Sie denn, dass sie emotional krank ist?«, wollte ich wissen. »Weil sie mir erzählt hat, dass sie zu einem Therapeuten geht«, gab er zurück. »Keine Ahnung, was sie für Probleme hatte, ich weiß nur, dass ich genug eigene habe.«

Ich fand Glenns Geschichte besonders interessant – nicht nur weil er so offensichtlich zweierlei Maß anlegte, sondern auch, weil er als Erster das Thema Therapie aufgebracht hatte. In diesem Fall hat Glenn Laura unabsichtlich eine Falle gestellt, und sie hat den Exhibitionistinnen-Köder prompt geschluckt. Als er seinen Therapeuten erwähnte, ließ er das Thema sogar lustig erscheinen. Damit signalisierte er ihr, dass er nichts dabei fand, wenn jemand in Therapie ging, und sie sprang auf den Zug auf.

Doch da er sie nicht gut genug kannte, um zu fragen, warum sie eine Therapie brauchte oder wollte, zog er nach dem Date sofort negative Schlussfolgerungen. Laura hätte nicht lügen müssen, wenn er sie gefragt hätte, ob sie eine Therapie macht, aber sie hätte eben auch nicht gleich »ich auch« rufen müssen (vor allem, da Glenn sie gar nicht gefragt hatte). Als er seinen Therapeuten erwähnte, hätte sie den Kopf neckisch auf die Seite legen können und fragen: »Oh, wirklich? Und was hat er dir über mich erzählt? Doch hoffentlich nur Gutes, oder?«

Bei einem anderen Exhibitionistinnen-Vorfall ging es um eine Frau mit geschiedenen Eltern. Der Rechtsanwaltsgehilfe Chuck, 30, erzählte mir von einer tollen Unterhaltung bei der ersten Verabredung mit einer Frau namens Rebecca. Sie fühlten sich auf Anhieb verbunden, weil sie beide geschiedene Eltern hatten. Sie sprachen darüber, wie es sich anfühlte, mit Schuldgefühlen, Wut und Einsamkeit groß zu werden. Er fand, dass sie seinen Hintergrund absolut verstehen konnte. Doch obwohl er den Abend sehr genossen hatte, rief er sie nie wieder an. Als ich ihn auf seine Doppelmoral hinwies, meinte er: »Ich brauche eine Frau, die das genaue Gegenteil von mir ist – eine durch und durch solide Person, einen stabilisierenden Faktor in meinem Leben.« Natürlich konnte er nach der ersten Verabredung überhaupt nicht einschätzen, ob Rebecca »stabil« war oder nicht. Er ordnete sie nur einem Stereotyp zu, weil sie lang und breit darüber geredet hatten, wie es sich anfühlt, im absoluten Gefühlschaos aufzuwachsen.

Andere Exhibitionistinnen-Momente gab es, wenn der Mann sein Gegenüber fragte: »Du scheinst doch eine tolle Frau zu sein, warum bist du noch Single?« Daraufhin ließ sie sich oft zu Geständnissen oder selbstkritischen Analysen hinreißen und erzählte freimütig von weniger schönen Dingen oder gescheiterten Beziehungen. Vielleicht hat sie diese Antwort später bereut, aber in der Hitze des Gefechts kam sie wie ein spontaner Reflex. Entweder wollte sie herunterspielen, wie toll sie ist, oder sie wollte ein tieferes Problem nicht verheimlichen. Es ist gar nicht so leicht, ein Kompliment anzunehmen, aber gehen Sie doch einfach davon aus, dass jeder Mann, der Ihnen diese Frage stellt, Ihnen damit nur ein Kompliment machen will. Die einzige Antwort, die Sie brauchen, lautet: »Danke! Ich habe bis jetzt eben einfach noch nicht den Richtigen getroffen.«

Die Alarmglocken

Manchmal klang das emotionale Gepäck so schwerwiegend, dass die Männer die Alarmglocken schrillen hörten. Sie mussten nicht nach Hause gehen, um sich zu überlegen, ob sie diese Frau noch einmal anrufen sollten – diese Geständnisse waren sofortige Abtörner. Preston, ein 49-jähriger Buchhändler, erzählte von einem Treffen mit einer Frau, die ihm nach dem dritten Glas Wein anvertraute, dass ihr Vater mehrfach wegen häuslicher Gewalt im Gefängnis gewesen war. An solchen Familiendramen wollte Preston überhaupt keinen Anteil haben. Andere Männer erzählten mir von Frauen, die über alles Mögliche redeten – die Überwindung ihres Drogenproblems, die Verhaftung wegen Ladendiebstahls, Essstörungen, ihr behindertes Kind. Egal, wie beeindruckend sich die erfolgreiche Krisenbewältigung dieser Frauen anhörte, das war einfach mehr, als ein Mann bei der ersten Verabredung verdauen kann. Ich glaube, dass solche Geschichten zu einem späteren Zeitpunkt zumindest nicht bei allen Männern zu einem Abbruch des Kontaktes führen würden. Wenn jemand Sie gut genug kennt, um Ihre positiven Eigenschaften gegen Ihr »Gepäck« aufzurechnen, sieht die Sache schon völlig anders aus (siehe auch:

Was tun?, Seite 179). Es geht in erster Linie um den Zeitpunkt und die Art der Präsentation.

Macken und Spleens

Am interessantesten fand ich die Geschichten, in denen die Frauen offensichtlich keine Ahnung hatten, dass sie kontroverse Informationen über sich preisgaben. So habe ich von Fällen gehört, in denen das Date scheiterte, weil die Frau zugab, dass sie raucht, eine extrem heikle Esserin ist, sich Tarotkarten legt, schon einmal eine lesbische Affäre hatte, in der Schule eine Klasse wiederholen musste, ihre Jungfräulichkeit im Alter von dreizehn Jahren verloren hat, schon einmal gefeuert wurde oder drei Katzen besitzt. (Merke: Hier ging es nicht um ein und dieselbe Frau, es waren acht verschiedene!) Manche Frauen erklärten, sie seien noch nie ins Ausland gereist, andere gaben zu, dass sie immer noch bei ihren Eltern lebten. Ich kann mir gut vorstellen, dass die meisten von ihnen dachten, sie würden ja nur von sich selbst erzählen oder über schrullige Angewohnheiten oder schwierige Situationen witzeln. Doch die Männer hörten aus diesen Schilderungen nur das »Gepäck« heraus. Mir wurde klar, dass das Exhibitionistinnen-Etikett noch über die Enthüllung physischer und emotionaler Probleme hinausgeht. Dazu gehört auch *alles Ungewöhnliche*, was sich im Rahmen der ersten Verabredung nicht angemessen besprechen und verarbeiten lässt.

Während eines Abschlussgesprächs im Auftrag einer 37-jährigen Kundin nannte er mir ein Beispiel, das er »schräg« und sie »bewundernswert« fand. Sie hatte ihm eröffnet, dass sie seit 15 Jahren keinen Freund mehr gehabt hatte. Darauf ist sie stolz, weil es zeigt, dass die Männer, mit denen sie etwas Ernsthaftes anfängt, etwas ganz Besonderes sind. Doch ihr Gegenüber sah das anders – er nahm an, dass mit ihr irgendetwas nicht stimmen konnte.

In einem anderen Abschlussgespräch kam eine Situation zur Sprache, in der meine 30-jährige Kundin erklärte, dass sie aus religiösen Gründen ihre Jungfräulichkeit bis zur Hochzeit bewahren wolle. »Ich dachte, dass ein heiratswilliger Mann es gut finden würde, wenn ich meine Überzeugungen zum Thema Gott und Enthaltsamkeit klar zeige. Die meisten christlichen Männer wissen so eine Ehefrau zu schätzen, und außerdem ist es mir sehr wichtig. Wenn er also nicht damit klarkommt, ist es besser, wenn ich es gleich erfahre.« Ich nickte, sah ihr tief in die Augen und erklärte ihr mit meiner mitfühlendsten Stimme: »Sie sollten das Thema Jungfräulichkeit einfach vermeiden.« Nicht, dass Enthaltsamkeit bis zur Ehe eine schlechte Entscheidung wäre – ich habe sogar feststellen können, dass diese Idee wieder auf dem Vormarsch ist –, es ist nur einfach keine Information, die man bei der ersten Verabredung übermittelt. Ich weiß nicht genau, wann es angemessen wäre, aber vielleicht ... beim fünften Mal? Die meisten Männer (auch die »guten Christen«), die zu früh mit dieser Aussage konfrontiert werden, denken sich: »Ach, lieber doch nicht!«

Auch wenn Sie sich in diesen Beispielen nicht unbedingt wiedererkennen können, denken Sie einmal darüber nach, was Sie den Männern bei der ersten Verabredung so erzählen. Vielleicht klingt es für Sie ganz nobel und positiv, aber für jemanden, der Sie kaum kennt, könnte es sich unheilvoll anhören. Die Frauen aus meinem Kundenkreis, die am schnellsten den passenden Partner fanden, besaßen die Fähigkeit, ihre Situation von außen zu betrachten und zu analysieren, als würden sie sich selbst im Fernsehen sehen.

Apropos Fernsehen: Ich möchte noch einmal betonen, dass

Sie auch Skepsis hervorrufen können, wenn Sie zugeben, dass Sie zu viel vor der Glotze sitzen. Eine Freundin von mir erzählte mir vom Mailwechsel mit einem Typen, der sie fragte, ob sie gern fernsieht. Sie antwortete: »Ja, absolut!«, und zählte ihre drei Lieblingssendungen auf. Dann fragte er sie: »Liest du viele Zeitungen oder Zeitschriften?« Sie schrieb zurück: »Nein, nicht so viele.« Dann wechselte er das Thema. Rückblickend ist ihr klar, dass er wahrscheinlich das Interesse verlor, weil er annahm, sie sei ein hirnloser Stubenhocker. Leider hat er ihr nie die 64 000-Euro-Frage gestellt: »Liest du viele Bücher?« Sie ist nämlich zufällig Lektorin (was er nicht wusste) und liest ungefähr 15 Bücher pro Monat. Und selbstverständlich hat sie ein Gehirn. Was die Flimmerkiste angeht, verpasst sie ihre Lieblingsshows ziemlich oft und landet ungefähr bei drei Stunden Fernsehen pro Woche. Wieder mal wäre es wichtig gewesen, hinter seiner Frage nach dem Fernsehkonsum den Versuch zu erkennen, ihre Intelligenz oder Aktivität abzuschätzen. Wenn Sie also zugeben, viel fernzusehen, dann fügen Sie auch ungefragt hinzu, wie viel Zeit Sie mit intellektuellen oder sportlichen Tätigkeiten verbringen.

Manche Leute geben zu, dass sie zu viel Zeit im Internet verbringen. Philip, ein 64-jähriger Werbeleiter, erinnerte sich an eine Unterhaltung, in der er von einem Online-Versandhändler erzählte, für den er die Werbung machte. Woraufhin die Frau erklärte, sie wisse alles über Online-Shopping, denn sie sei »eBay-süchtig«. Zuerst hielt er ihre Aussage für einen Scherz, denn sie witzelten noch darüber, wie viele Stunden sie online verbrachte und was für unsinnige Artikel sie erwarb. Aber irgendwann machte er sich Sorgen, ob sie den Ausdruck »süchtig« nicht doch ernsthaft gebraucht hatte. Sie beschrieb ihre Käufe und Verkäufe mit großer Leidenschaft und ließ sich über Details ihrer Biete-Strategien und Käuferbewertungen aus. Sie las Bücher darüber, wie sie ihre eBay-Verkäufe optimieren konnte. Wie sie erzählte, hatte sie im letzten Jahr 38 000 Dollar mit eBay verdient (obwohl das nicht ihr eigentlicher Job war). Das war nicht mehr »witzig«, wie er fand. Er betrachtete sie mit wachsender Skepsis und rief sie nach der ersten Verabredung nicht mehr an.

Die eBay-Dame erinnerte mich daran, dass ich von einem Jungen auf dem College, mit dem ich ein Mal ausgegangen war und der mich danach nie wieder angerufen hatte, mit dem Spitznamen »Diätcola-Mädchen« belegt worden war. Liebe Leserin, wir sind nun schon ein Stück Weges gemeinsam gegangen, und Sie wissen mittlerweile vielleicht genug über mich, um mich nicht negativ zu beurteilen. Deshalb werde ich Ihnen jetzt eine meiner seltsamen Macken offenbaren: Hallo, ich heiße Rachel, und ich trinke nicht alles. Ich trinke nur Diätcola, und das mit Leidenschaft. Das geht so seit der vierten Klasse. Meine Umgebung weiß, dass ich täglich sechs bis acht Dosen konsumiere. Früher dachte ich, dass diese Getränke-Macke ein witziges Detail meiner Persönlichkeit ist, das die Unterhaltung aufpeppt, wenn ich jemand neu kennenlerne. So was hört man schließlich nicht alle Tage, oder? Aber nachdem ich eines Abends bei meiner ersten Verabredung mit... nennen wir ihn mal Bozo (ich gebe ihm absichtlich so einen blöden Namen, weil er mich nicht wieder angerufen hat – mich! Wie bitter!) diese Schrulle erwähnt hatte, hörte ich später vom Freund meiner Zimmergenossin, dass Bozo mich Diätcola-Mädchen getauft hatte. Nicht genug damit, dass er mich um kein zweites Date mehr bat (dabei hatte er mir *wirklich* gut gefallen), er erzählte auch noch all seinen Freunden, dass ich ein bisschen verrückt sei. Damals wurde mir klar, dass jede Art von Besessenheit – egal, wie süß oder harmlos sie Ihnen vorkommt – bei Fremden nicht so gut ankommt, denn die können ja noch nicht wissen, dass Sie ansonsten (relativ) »normal« sind.

Würden Sie diese Art von Informationen – über Fernsehkonsum, eBay oder Diätcola – auch unter der Überschrift »Gepäck« zusammenfassen? Ich nicht. Doch nach den Geschichten, die mir die Männer erzählt haben, weiß ich, dass man mit vermeintlichen Macken bei fremden Menschen die Alarmglocken auslöst. Wenn es also irgendetwas in Ihrem Leben gibt, was sich auch nur annähernd als obsessiv bezeichnen ließe, sparen Sie es sich bitte für einen späteren Zeitpunkt auf!

Kommt Ihnen das bekannt vor?

Vielleicht haben Sie bis jetzt noch keine Parallelen zwischen dem Verhalten der Exhibitionistin und Ihrem eigenen Verhalten feststellen können. Nehmen Sie die folgenden Fragen zu Hilfe, um herauszufinden, ob die Männer Sie dem Stereotyp der Exhibitionistin zuordnen, bevor sie Ihr wahres Ich kennenlernen können.

Bei der Arbeit	*Ja*	*Nein*
Ist Ihr Arbeitsumfeld sehr intim und wird viel über private Dinge geredet?	☐	☐
Hat man Ihnen jemals gesagt: »Versuchen Sie, Ihr Privatleben von Ihrem Berufsleben zu trennen.«	☐	☐
Wenn Sie eine neue Kollegin kennenlernen, erfährt sie dann schon im ersten Gespräch etwas sehr Persönliches über Sie?	☐	☐

Bei Freunden und in der Familie

	Ja	*Nein*
Kommen Sie aus einer Familie, in der alle ihren Problemen und Gefühlen offen Ausdruck verleihen?	□	□
Sagen Ihre Freunde oft: »Stopp mal, das wird mir jetzt ein bisschen zu viel.«	□	□
Hat man Ihnen schon mal gesagt: »Du weißt schon, dass das nicht ganz normal ist, oder?«	□	□

Bei einer Verabredung oder in einer früheren Beziehung

	Ja	*Nein*
Trinken Sie manchmal ein bisschen zu viel Alkohol, wenn Sie nervös sind oder sich etwas unwohl fühlen?	□	□
Benutzen Sie oft den Ausdruck: »Mein Therapeut sagt…«	□	□
Bewegt sich die Unterhaltung schnell auf einem sehr persönlichen Niveau, wenn Sie sich mit einer neuen Bekanntschaft richtig gut verstehen?	□	□

Ihre Lebensphilosophie

	Ja	*Nein*
Glauben Sie, dass Sie besser sofort herausfinden sollten, ob er mit Ihren Problemen zurechtkommen wird?	□	□

	Ja	Nein
Sind Sie der Typ, der »die Karten offen auf den Tisch legt«?	☐	☐
Finden Sie es manchmal in Ordnung, einem Fremden (z. B. Ihrem Sitznachbarn im Zug) persönliche Informationen anzuvertrauen?	☐	☐

Haben Sie mehr als fünf dieser Fragen mit Ja beantwortet? Dann wirken Sie auf die Männer möglicherweise wie eine Exhibitionistin. Zweifellos sind Sie aufrichtig, authentisch und halten nichts von Versteckspielchen, und selbstverständlich sollen Sie Ihre Persönlichkeit nicht ändern. Aber Sie könnten darüber nachdenken, ob Sie beim nächsten Date nicht auf das eine oder andere Gesprächsthema verzichten möchten. Männer, die noch nicht wissen, wie toll Sie sind, könnten Sie einfach als Exhibitionistin aussortieren und so die Chance verpassen, Sie bei weiteren Verabredungen besser kennenzulernen.

Was tun?

Die Menschen, die ich liebe, liebe ich nicht nur, *weil* sie bestimmte Eigenschaften haben, sondern mindestens genauso sehr *trotz* bestimmter Eigenschaften! Obwohl meine Freundin Gina meistens eine Stunde zu spät zu unseren Treffen erscheint, liebe ich sie, weil sie ansonsten der loyalste und lustigste Mensch ist, den ich kenne. Aber über die Fehler der zu spät kommenden Freundin, der egoistischen Freundin oder der ständig jammernden Freundin kann ich nur hinwegsehen, weil ich sie gut genug kenne, um all ihre Vorzüge zu sehen und gegen die Macken aufzurechnen. Hätte ich bei der ersten Begegnung mit ihnen schon von ihrem größten Charakterfehler gewusst, hätte ich mich mit vielen meiner engsten Freunde bestimmt auch kein zweites Mal treffen wollen!

Wenn Sie Tendenzen zur Exhibitionistin an sich ausmachen können, habe ich fünf Vorschläge für Sie, wie Sie eine Beziehung voranbringen können, aber trotzdem beiden Seiten genug Zeit geben, den anderen besser kennenzulernen.

1. Behalten Sie die richtige Perspektive

Manche Frauen erzählen mir, dass sie sich unaufrichtig vorkommen, wenn sie nicht sofort erzählen, welche Leiche sie im Keller haben (dass sie keine Kinder bekommen können, dass sie adoptiert sind, dass es in ihrer Familie schon mehrere Fälle von Brustkrebs gab). Ich glaube jedoch, dass diese Frauen ihr Problem nicht aus der richtigen Perspektive sehen. Sie betrachten die Herausforderungen in ihrem Leben – seien es gegenwärtige oder vergangene – als zentrale Information, die ihre ganze Persönlichkeit bestimmt. Unbewusst gehen sie davon aus, dass dieses Problem mehr wiegt als all ihre Vorzüge zusammengenommen. Wenn Sie zum Beispiel wissen, dass Sie keine Kinder bekommen können, wie sehen Sie dann Ihre eigene Situation? Sind Sie eine unfruchtbare Frau, die einen Mann sucht, der entweder keine Kinder will oder schon welche hat? Oder sind Sie ein warmherziges, kluges, dynamisches Mädchen, das die privaten Informationen über ihre Fortpflanzungsorgane erst offenbaren wird, wenn die Beziehung ernst wird und das Thema Nachwuchs auf den Tisch kommt. Ich finde daran nichts Unaufrichtiges, ich finde, dass Sie sich auf diese Art von Ihrer besten Seite präsentieren und Ihr Recht auf Privatsphäre wahren. Ein verliebter Mann wird das Problem auf jeden Fall in anderem Licht sehen. Wenn er Kinder will, wird er auch Optionen wie Adoption oder Leihmutterschaft in Erwägung ziehen, wenn er dafür nur *Sie* bekommt.

Natürlich besteht immer das Risiko, dass ein Mann geht, wenn er erfährt, welches Päckchen Sie zu tragen haben. Daher ist es durchaus sinnvoll, größere Probleme nach mehreren Verabredungen zur Sprache zu bringen, um herauszufinden, ob er damit klarkommt – Sie sollen Ihre kostbare Zeit ja auch nicht mit dem falschen Typen vergeuden. Bei den ersten Treffen sollten Sie Ihr »Gepäck« aber noch schön für sich behalten und die Zeit stattdessen nutzen, um seine Interessen, Wertvorstellungen und Perspektiven kennenzulernen. So erhöhen Sie die Wahrscheinlichkeit, dass Ihre positiven Eigenschaften in seinem Kopf die negativen aufwiegen. Dasselbe gilt für Sie – Sie werden sein »Gepäck« auch erst später einschätzen.

Wenn die Zeit gekommen ist, schwierige Themen anzusprechen, achten Sie nicht nur darauf, *was* Sie sagen, sondern auch, *wie* Sie es sagen. Auch durch Ihre nonverbale Kommunikation senden Sie entscheidende Signale. Wenn Sie die Arme verschränken, Ihren resignierten Blick aufsetzen und verkünden: »Früher oder später würdest du es ja doch herausfinden, also erzähl ich's dir lieber gleich...«, wird jeder Mann die Zähne zusammenbeißen und sich an der Tischkante festhalten.

2. Legen Sie einen Druckverband an

Vergessen Sie nicht: Verabredungen sind ein bisschen wie Schach. Die klugen Spieler denken immer ein paar Züge voraus. Wenn Sie wissen, dass Sie ein Problem haben, das manche abschrecken könnte, sorgen Sie dafür, dass die Unterhaltung keinen Verlauf nimmt, der Sie zwingt, Ihre Schwäche zu offenbaren, oder Sie in Versuchung führt, deswegen zu lügen. Wenn sich Schwierigkeiten abzeichnen, legen Sie schnell einen Druckverband an, um die Blutung zum Stillstand zu bringen, bevor es schlimmer wird. Angenommen, Sie sind Atheistin – das ist nicht unbedingt »emotionales Gepäck«, aber eine religiöse Person kann so etwas schnell eigenartig oder ärgerlich finden. Andererseits haben sich schon immer Menschen verschiedenen Glaubens ineinander verliebt und funktionierende Beziehungen geführt. Bei der ersten Verabredung kann so eine Differenz der Bekanntschaft jedoch ein jähes Ende setzen. Wenn er auf Ihre Frage, was er letzten Sonntag gemacht hat, antwortet: »Ich war mit meiner Mutter in der Kirche«, dann sollten Sie jeder religiösen Diskussion aus dem Weg gehen, indem Sie sofort auf einen anderen Aspekt eingehen: »Mit deiner Mutter? Oh, das ist ja schön, ich wusste nicht, dass sie auch in der Stadt wohnt. Erzähl mir doch mehr von ihr...«

3. Fassen Sie sich kurz

Die Exhibitionistin muss die ersten Dates bewusst kurz halten, denn wenn sie zu viel Zeit zum Reden hat, stellt sie sich selbst eine Falle. Wenn Sie bei der ersten Verabredung nur eine statt zwei Stunden mit dem Mann verbringen, ist die Wahrscheinlichkeit, dass Sie unschmeichelhafte Details von sich preisgeben, gleich um fünfzig Prozent geringer. Kurzgeschichte statt dicker Wälzer lautet Ihre Devise. Halten Sie die Unterhaltung locker und interessant und sparen Sie sich die ernsten Geschichten für später auf, wenn Sie einander gut genug kennen, um diese Art von Informationsaustausch zu rechtfertigen.

4. Tappen Sie nicht in die Vertraulichkeitsfalle

Eine Verabredung ist keine Beichte bei Ihrem Pfarrer oder Ihrem Therapeuten. Es ist ja schön, wenn Sie die Oberflächlichkeit der Unterhaltung beim ersten Date hinter sich lassen wollen – das ist der richtige Instinkt –, aber machen Sie sich klar, dass Sie durch intime Geständnisse womöglich keine tiefere Bindung erreichen, sondern die ersten zarten Bande wieder zerreißen (wie Sie in den Beispielen von Glenn und Chuck sehen konnten). Es ist wichtig, dass Sie Ihre persönlichen Probleme für sich behalten, wenn Sie das Gefühl haben, dass Ihr Gegenüber (bewusst oder unbewusst) versucht, Ihnen umfangreichere Geständnisse zu entlocken. Wenn er Ihr Gespräch hinterher noch einmal im Geiste durchgeht, kommt ihm vielleicht der (irrationale) Gedanke, dass er etwas anderes braucht oder mit gewissen Dingen nicht zurechtkommt. Wenn Sie mit ihm über das Thema Familie reden, teilen Sie ihm nicht mit, was für ein emotionaler Moment es war, als Sie herausfanden, dass Sie adoptiert sind. Stattdessen reden Sie lieber davon, was für eine liebevolle Familie Sie haben, und erzählen Sie eine lustige Geschichte von einem Familienurlaub voller Pannen – die sollte sich aber eher nach *Bill Cosbys Familienbande* als nach *Addams Family* anhören.

Aber wenn Ihre Eltern geschieden sind? Am besten überspielen Sie diese Frage gleich. Wenn er Ihnen erzählt, dass seine Eltern geschieden sind, tappen Sie bloß nicht in die Falle, über das Stieffamilientrauma tiefes Verständnis erzielen zu wollen. Sie können sagen: »Ja, meine Eltern sind auch geschieden ... das kann echt schwer sein!«, aber platzen Sie bloß nicht los: »Ach, das klingt ja noch zivilisiert im Gegensatz zur Scheidung *meiner* Eltern! Mein Vater ist mittlerweile zum dritten Mal verheiratet, ich habe zwei gestörte Halbschwestern, und meine

Mutter hat gerade einen Zeugen Jehovas geheiratet, den sie in der Selbsthilfegruppe für Spielsüchtige kennengelernt hat.«

Und wenn *er* den Exhibitionisten gibt? Wie gehen Sie mit seinen ernsten oder schockierenden Geständnissen beim ersten Date um? Keinesfalls dürfen Sie den Schluss ziehen, dass Sie nun im Gegenzug eine intime Offenbarung folgen lassen sollten. Stellen Sie stattdessen ein paar Fragen, um sicherzugehen, dass Sie das Ausmaß seiner Bemerkung richtig einschätzen. Vielleicht ist es ja gar nicht so wild, wie es sich im ersten Moment anhört. Wenn er Ihnen erzählt hat, dass er Alkoholiker ist, dann können Sie ihn fragen, ob er trocken ist und wie lange. Wenn er seit zehn Jahren keinen Tropfen mehr angerührt hat, wäre es vielleicht kein solches Drama – aber nur Sie können entscheiden, was für Sie okay ist. Wenn Sie ihn sympathisch finden, geben Sie ihm eine Chance und verbringen Sie noch etwas Zeit mit ihm, um sein »wahres Ich« kennenzulernen. Zeigen Sie auf jeden Fall Ihr Mitgefühl – ob Sie ihn nun wiedersehen wollen oder nicht. Er vertraut Ihnen schließlich etwas sehr Persönliches an und beobachtet Ihre Reaktion genau. Auch wenn sein Geständnis für Sie ein Abtörner ist, sollten Sie die Höflichkeit besitzen, nicht den Stab über ihn zu brechen. Andererseits würde Ihre Mutter mir nie verzeihen, wenn ich Ihnen nicht folgenden Rat ans Herz legen würde: Wenn es etwas wirklich Schreckliches und Inakzeptables ist, suchen Sie das Weite!

5. Definieren Sie Ihr »Problem«

Genug vom »schweren Gepäck« – was ist, wenn Ihr Problem nicht ganz so todernst ist? Vielleicht sind Sie nicht besonders sportlich, haben Schulden oder schon einmal eine Verlobung gelöst. Vielleicht schnarchen Sie. Vielleicht verlieren Sie ständig Ihre Schlüssel. Wann sollten Sie einer neuen Bekanntschaft solche Dinge mitteilen? Tja, alles ist relativ. Definieren Sie zuerst genauer, was Ihr Problem ist. Sagen wir mal, Sie sind eine miserable Köchin. Was bedeutet das? Sind Sie weniger geschickt als Ihre Freundin, die ein Jahr lang eine französische Kochschule besucht hat? Vielleicht kochen Sie nicht gern, aber es gibt trotzdem drei Gerichte, die Sie wirklich gut hinkriegen. Können Sie zumindest behaupten, dass noch niemand gestorben ist, weil er eine von Ihnen zubereitete Mahlzeit genossen hat? Vielleicht machen Sie sich nur unnötig schlecht. Je nachdem, wie Sie Ihr Problem betrachten (und Ihrem Gegenüber beschreiben), ist Ihr »Gepäck« unter Umständen überhaupt kein Problem für ihn.

Wie ich schon im Abschnitt über den Lockvogel erwähnte, ist es immer gut, die Erwartungen auf ein realistisches Maß zu stutzen und ein paar kleinere Problemchen zu erwähnen. Achten Sie aber immer darauf, diese genau zu definieren. Ihre Selbstkritik soll schließlich nicht dazu führen, dass die Angelegenheit in seinem Kopf größere Ausmaße annimmt als in der Wirklichkeit.

Extrapunkte

Wollen Sie noch ein paar Extrapunkte sammeln? Führen Sie ihn doch bewusst in die Irre. Wenn manche Männer permanent nach dem »Aber« Ausschau halten müssen, warum sollten Sie sich nicht einen Spaß daraus machen und ihm einen kleinen Schreck einjagen? Das könnte manchem ersten Date sogar etwas von der Anspannung nehmen. Eine meiner Kundinnen hat ihrem Gegenüber in vertraulichem Flüsterton mitgeteilt: »Bevor wir weitermachen, sollte ich dir ein kleines Geheimnis über mich verraten ...« Natürlich dachte er sofort: »Oh nein, jetzt kommt's! Was ist es diesmal? Hepatitis C? Ist sie ein Bon-Jovi-Groupie? Hat sie eine Prothese?« Doch stattdessen zeigte sie auf die kleine Schüssel auf dem Tisch und erklärte lächelnd: »Ich liebe grüne Oliven.« Dann steckte sie sich drei in den Mund. (Nur, damit wir uns recht verstehen: Sie aß keine zwanzig. Sonst wäre aus ihr sicher schnell das Verrückte Grüne-Oliven-Mädchen geworden!)

Wenn Sie eine Exhibitionistin sind

TOP

1. Unterhaltung	**1.** Beichte
2. Umsicht und Geduld	**2.** Verbal-Durchfall
3. Ein Problem beim fünften Date zur Sprache bringen	**3.** Ein Problem beim ersten Date zur Sprache bringen
4. »Ich würde gerne mehr über dich erfahren.«	**4.** »Ich werde dir jetzt ein paar Sachen erzählen, die du über mich wissen solltest.«
5. Ihm erzählen, dass Sie gerne herzzerreißende Geschichten lesen	**5.** Ihm *Ihre* herzzerreißende Geschichte erzählen.

FLOP

Die Kratzbürste

*Wer will schon den Rest seines Lebens ständig
auf Zehenspitzen rumlaufen?*

Randy, 34, Burlington

*Ich will zwar keine schwache Frau, aber ein
bisschen Mitgefühl sollte schon drin sein.*

Grant, 29, London

*Ich kam mir vor, als würde ich versuchen,
ein Stachelschwein zu umarmen.*

Walt, 41, Detroit

Die Kratzbürste ist eine Frau, die kein bisschen nett wirkt. Manchmal ist sie ungeduldig oder leicht reizbar. Sie kann fordernd oder passiv-aggressiv auftreten. Wenn jemand sie ärgert, ist sie schnell mit einer schlagfertigen Antwort bei der Hand, sei es gegenüber Fremden oder guten Bekannten. Sie kann etwas von der penetranten, aggressiven, zielstrebige Fragen stellenden Fixierten haben, aber die Männer merken nicht, dass ihr Verhalten durch ihre tickende biologische Uhr bedingt ist. Sie vermuten eher ein tieferes Aggressionsproblem oder ein schwieriges Temperament. Bei geschiedenen Männern war die Wahrscheinlichkeit, dass sie Kratzbürstigkeit als Abtörner angaben, übrigens um 104 Prozent höher als bei jeder anderen Gruppe.

Sobald die Männer einen Hauch dieser kratzbürstigen Art bemerken, werden sie nervös, denn sie möchten nicht als Nächster in der Schusslinie stehen. Ein paar meiner Gesprächspartner witzelten: »Sie hat mir richtig Angst gemacht!« Jim, ein 33-jähriger Illustrator, bemerkte: »Wer will schon jeden

Morgen aufwachen und sich ängstlich fragen, ob gerade Dr. Jekyll oder Mr. Hyde neben ihm liegt?« Sogar die Bibel warnt: »Besser in der Wüste wohnen als bei einer zänkischen und zornigen Frau.« (Buch der Sprüche 21, 19).

Es überraschte mich nur, dass solche Beobachtungen schon beim ersten Date gemacht wurden, denn ich dachte mir, dass doch jede Frau klug genug sein müsste, ihre Kampflust bei dieser Gelegenheit im Zaum zu halten, egal, wie giftig sie im Alltag sein mag. Ich stellte mir immer vor, dass Nörgelei und schnippische Bemerkungen erst später einsetzen, wenn die Leute sich nicht mehr zusammenreißen. Also wunderte es mich doch, wie viele Ausrutscher (oder vielleicht »Fehlinterpretationen«) ich während meiner Abschlussgespräche zu hören bekam.

Ich stellte fest, dass die Männer, die wirklich mit ernsten Absichten zu einer Verabredung gingen, eher nach einer freundlichen, rücksichtsvollen Frau Ausschau hielten. Ist ja auch verständlich. Freilich gibt es auch Männer, die sich gern an Cruella de Vil versuchen, aber das sind nicht unbedingt die Vorzeichen einer langfristigen Beziehung. Egal, wie man diese Frauen nun nennen will – zickig, kratzbürstig, launisch –, die Männer nehmen sich instinktiv vor ihnen in Acht. Andererseits ist mir noch keine Frau begegnet, die nicht bei mindestens einer Gelegenheit auch mal zickig, kratzbürstig oder launisch ist. Ihnen etwa? Ich habe Mutter Teresa nie kennengelernt, aber ich wette, dass auch sie ab und zu einen schlechten Tag hatte und keinen großen Hehl daraus gemacht hat. Als ich mir ein paar von den spitzfindigen Episoden über die Kratzbürsten anhörte, ertappte ich mich manchmal dabei, dass ich den Männern am liebsten übers Maul gefahren wäre: »Manometer, finden Sie nicht, dass Sie sich ein bisschen zu sehr anstellen?« (Ich weiß, ich weiß, ich bin da selbstverständlich nicht ganz objektiv …)

Sind Sie eine Kratzbürste?

Drei Verhaltensmuster sind typisch für die Kratzbürste. Kommt Ihnen eines davon bekannt vor?

Unhöflichkeit gegenüber dem Datepartner

Männer berichteten selten von wirklich hässlichen Bemerkungen, die sie persönlich betrafen. Aber wenn, konnten sie sie Wort für Wort zitieren. Ich glaube, dass manche dieser Bemerkungen später als Munition für »Wer hatte das mieseste Date?«-Wettbewerbe an Junggesellenstammtischen herhielten.

Jeff, ein 26-jähriger persönlicher Assistent, erinnerte sich an die Bemerkung zu seinem Job: »Was«, rief eine Frau, »du bist persönlicher Assistent? Machst du Witze? Ich meine... du bist echt Sekretär eines Geschäftsführers?« Ein Jahr später waren sie verheiratet. (Haha, das war ein Scherz.) Der 30-jährige Architekt Peter wird niemals den Abend vergessen, als in einer Bar seine Kreditkarte nicht angenommen wurde. Seine Begleiterin (die er erst seit dreißig Minuten kannte) bemerkte ohne den Anflug eines Lächelns auf dem Gesicht: »Mit Armut gebe ich mich generell nicht ab.«

Diese eklatanten Beispiele waren allerdings die Ausnahme. Ich interessierte mich eher für die subtileren Fälle – wenn ein Mann mir seine Version eines »Grabenkrieges« erzählte, die Frau aber wahrscheinlich nicht mal geahnt hatte, was für einen schrecklichen Eindruck sie machte. Landis, ein 27-jähriger Banker, erinnerte sich an sein zweites Date mit Shelly. Er nahm sie zu einem Footballspiel mit, bei dem sie noch einen seiner Freunde treffen sollten. Als Shelly und er mit dem Auto zum Stadion kamen, freute er sich, als er in der Nähe ein paar billige Parkplätze entdeckte. »Oh«, seufzte er, »ich wünschte, das hätte ich meinem Freund noch sagen können, dann hätte er ein paar Dollar gespart.« Shelly entgegnete: »Was soll's, ist doch nicht dein Geld.« Landis fand ihre Bemerkung völlig rücksichtslos, und nachdem er noch ein paar ähnliche Beispiele gehört hatte, hatte er genügend Gründe beisammen, um sie nicht mehr anzurufen.

Eine interessante Beobachtung kam von dem Verkaufsleiter Harlan, 33, der mir von einem Blind Date erzählte, das die Schwester einer Kollegin eingefädelt hatte. Er rief an, um sie zum Abendessen einzuladen, und als sie gerade auflegen wollten, sagte er: »Wir sollten Fotos tauschen – ich mail dir ein Bild von mir, schickst du mir auch eins von dir?« Sie zögerte und erklärte dann: »Hör mal, ich bin wirklich nicht an Männern interessiert, die so viel Wert auf mein Aussehen legen.« Harlan war verblüfft. Er fand sie zickig und erklärte mir: »Ob es einem nun gefällt oder nicht – die meisten Leute sind es gewohnt, beim Online-Dating ein Foto ansehen zu können. Wenn man jemanden auf die gute alte Art kennenlernt – durch eine Freundin oder einen Kollegen –, ist es wirklich nicht so abwegig, um ein Bild zu bitten. Vor allem, wo wir doch schon ein gemeinsames Abendessen ausgemacht hatten! Ich wollte das Foto ja nicht, um zu entscheiden, ob ich überhaupt mit ihr ausgehen wollte. Natürlich war ich auch neugierig, ob sie gut aussieht, aber in erster Linie wollte ich sie wiedererkennen, wenn wir uns in einem überfüllten Restaurant treffen.« Harlan versicherte ihr, dass das Foto nicht nötig sei, und sie trafen sich ein paar Tage später »blind«. Sie war wirklich hübsch, berichtete er, aber er konnte ihre bissige Bemerkung nicht vergessen. Beim Essen hörte er genau hin, ob sie (seiner Meinung nach) ein netter Mensch war oder nicht. Wie er erzählte, schien sie leicht gereizt, als er keinen Parkplatz in unmittelbarer Nähe des Restaurants fand, und auch, als er kurz vergaß, dass sie ihre zwei Schwestern schon erwähnt hatte. »Sie war nicht nett«, fasste er seinen Eindruck zusammen.

Unhöflichkeit gegenüber Dritten

Männer haben mehrfach von Vorfällen berichtet, bei denen die Unhöflichkeit einer Frau nicht gegen sie persönlich gerichtet war, sie aber trotzdem störte. Manchmal reichten schon ein paar Bemerkungen zu einem Kellner, um auf ihren Charakter zu schließen. Aber vielleicht schätzen Sie die Männer, mit denen Sie ausgehen, ja auch nach solchen Beobachtungen ein? Brett, ein 25-jähriger Wirtschaftsstudent, erklärte, dass er die wahre Natur seines Gegenübers durchblitzen sah, als sie dem Ober nachdrücklich erklärte: »Ich *brauche* aber French Dressing.« Brett erzählte: »Bei ihr gab es kein ›bitte‹... kein ›wenn es geht‹, nichts.« Er beschrieb ihren Tonfall als herablassend. Nachdem Brett noch bei anderen Gelegenheiten diese fordernde Art beobachtet hatte, beschloss er, dass er nicht weiter interessiert war.

Manchmal stehen Sie sich selbst im Weg. Die Männer hörten sich die Geschichten an, die ihnen die Frauen erzählten – über irgendetwas, was ihnen im Büro oder in ihrer Kindheit passiert ist, oder was eine Freundin erlebt hat –, und folgerten daraus, dass sie eine Kratzbürste ist. Der 29-jährige Grant, Hotelmanager, erinnerte sich an die Geschichte eines Mädchens namens Julie. Als sie mit ihm ausging, erzählte sie von einer Arbeitskollegin, die im sechsten Monat schwanger war, ständig über Müdigkeit klagte und gesundheitliche Probleme hatte. Da sie seit mehreren Tagen krankgeschrieben war, musste Julie bei gemeinsamen Projekten die doppelte Last tragen. Sie ließ sich über ihren anstrengenden Arbeitstag aus und erklärte: »Ich hab es so dick, wenn die Leute ständig neue Ausreden finden, ihre Arbeit nicht zu machen. Sie hat sich doch für ein Kind entschieden – warum soll ich jetzt darunter zu leiden haben?« Grant konnte kaum fassen, wie unsensibel Julie gegenüber ihrer Kollegin war, die es offensichtlich gerade ziemlich schwer hatte. »Ich will zwar keine schwache Frau«, meinte er, »aber ein bisschen Mitgefühl sollte schon drin sein.«

Beim Thema Kratzbürste ging es auch oft darum, dass die Männer befürchteten, nicht das wahre Ich ihres Gegenübers zu sehen zu kriegen. Wenn sie auch nur für einen Moment Aggressivität durchblitzen sahen, befürchteten sie, dass die Frauen ihren wahren Charakter vor ihnen zu verbergen versuchten. Phil, ein 40-jähriger Börsenmakler, erzählte mir, wie er an einer Frau in den ersten zwei Minuten schon etwas beobachtete, was dann seine Sichtweise für den ganzen Abend bestimmte. Als er sie abholte, telefonierte Andrea gerade noch mit ihrer Mutter und bedeutete ihm lächelnd mit einer Geste, doch kurz Platz zu nehmen. Dann ging sie in die Küche (ohne die Tür zuzumachen), und er wurde Zeuge einer sehr unhöflichen Unterhaltung. Was auch immer ihre Mutter sagte, Andrea giftete zurück: »Mann, das weiß ich doch selber! Glaubst du im Ernst, das wüsste ich nicht?« Ihr Ton war grob und ungeduldig. Nachdem sie aufgelegt hatte, kam sie ins Wohnzimmer, begrüßte Phil freundlich und tat, als wäre nichts vorgefallen. Den restlichen Abend bekam er ihre »böse Seite«, wie er es nannte, nicht mehr zu sehen, aber er gab zu, dass er die ganze Zeit skeptisch war und sich mehrmals fragte, ob ihre Äußerungen ehrlich waren. Obwohl er sie süß und klug fand, erklärte er, dass ihre Manieren am Telefon ihn sofort abgeschreckt hätten und er unter ihrer Fassade etwas anderes witterte. Um eine zweite Verabredung hat er sie natürlich nicht mehr gebeten. Der Personalberater Isaac, 26, erzählte mir, wie er die gehässige Seite einer Frau erlebte, als sie zufällig eine Freundin von ihr trafen. Sarah setzte ein breites Lächeln auf, erhob sich, um Wangenküsschen mit ihrer Freundin zu tauschen, und wechselte ein paar scheinbar herzliche Worte mit ihr. Zehn Sekunden, nachdem die andere gegangen war, offenbarte Sarah ihre wahren Gedanken über diese Frau, die nach ihren Worten arrogant und selbstgerecht sei. Sie erwähnte sogar Gerüchte, dass ihre »Freundin« eine Affäre mit einem verheirateten Mann habe. Isaac konnte kaum glauben, wie überzeugend Sarah geschauspielert hatte – nach dieser Begrüßung hätte er geschworen, dass die beiden gute Freundinnen sind. Er kam zu dem Schluss, dass Sarah nicht ehrlich war und obendrein eine Klatschtante.

Der »Spielverderber-Test«

Nach meiner Diätcola-Beichte kann ich Ihnen genauso gut auch noch eine andere persönliche Geschichte erzählen. Sie handelt von meinen Eltern. Vor vielen Jahren wollten meine Mutter und mein Vater sichergehen, dass mein älterer Bruder eine wirklich nette Frau findet. Also dachten sie sich einen »Spielverderber-Test« aus, dem ein paar seiner Begleiterinnen unterzogen wurden. Dafür lud Derek eine neue Freundin ein, zum Nachtisch zu einem Familientreffen dazuzustoßen, das in einem Restaurant namens Strohhalm stattfand. Es war ein quietschbuntes Lokal, in dem meistens Kindergeburtstage veranstaltet wurden. Meine Mutter stahl sich vom Tisch und erzählte der Wirtin heimlich, dass die Freundin meines Bruders heute Geburtstag habe. Was zur Folge hatte, dass wenige Minuten später das gesamte Personal des Strohhalms fröhlich an unseren Tisch getrabt kam, eine Glocke läutete, ein Stück Kuchen mit einer Wunderkerze hochhielt und eine alberne, aber enthusiastische Version von »Happy Birthday« zum Besten gab. Dann mussten alle im Lokal mitsingen, und das Geburtstagskind musste sich auf den Tisch stellen, während man ihm sein Ständchen brachte.

Überflüssig zu erwähnen, dass die Freundinnen meines Bruders, die diesem Test unterzogen wurden, völlig entgeistert waren. Statt den Spaß einfach mitzumachen, protestierten sie: »Nein! Ich hab doch gar nicht Geburtstag! Das muss ein Fehler sein!« Dann zwinkerte mein Vater der Kellnerin zu, nickte mitfühlend und erklärte: »Sie geniert sich nur…« Unterdessen feuerte meine Mutter die Menge an: »Weitersingen, weitersingen!« Warum mein Bruder sich dazu bereit erklärte, ist mir ein Rätsel. Aber die Theorie meiner Familie lautete: Ohne Sinn für Humor kann keine Ehe gelingen. Ein unkompliziertes Mädchen, das einfach mitlacht und kein großes Aufhebens macht, ist das Gegenteil einer Kratzbürste. Möglicherweise ist diese Familienanekdote ein bisschen obskur, aber Vorsicht – vielleicht sind ja Sie das nächste »Opfer«, wenn ein Mann Sie mit dem Kratzbürst-o-meter auf den Prüfstand stellt!

Kommt Ihnen das bekannt vor?

Vielleicht haben Sie bis jetzt noch keine Ähnlichkeiten zwischen der Kratzbürste und sich selbst feststellen können. Es ist nicht immer leicht, das eigene Verhalten in den Geschichten anderer Menschen wiederzuerkennen. Die folgenden Fragen werden Ihnen dabei helfen herauszufinden, ob die Männer Sie dem Stereotyp der Kratzbürste zuordnen, bevor sie Ihr wahres Ich kennenlernen können.

Bei der Arbeit	*Ja*	*Nein*
Trinken Sie so viel Kaffee, dass Sie kratzbürstig oder ein bisschen aggressiv werden?	☐	☐
Haben Sie einen so anstrengenden Job, dass Sie oft völlig gestresst nach Hause kommen?	☐	☐
Kommen Ihre Kollegen gerne zu Ihnen, wenn sie sich über irgendetwas beklagen wollen?	☐	☐

Bei Freunden und in der Familie

Hat Ihnen schon mal jemand gesagt: »Der Ton macht die Musik.«	☐	☐
Fragen die Leute Sie manchmal: »Bist du irgendwie sauer auf mich?«	☐	☐
Hat Ihnen schon einmal jemand geraten, eine Therapie zu machen, um Ihre Wut besser in den Griff zu bekommen?	☐	☐

Bei einer Verabredung oder in einer früheren Beziehung

Beglückwünschen die Männer Sie zu Ihrem sarkastischen Humor?	☐	☐
Hat ein Mann schon mal zu Ihnen gesagt: »Ich glaube, das hast du in den falschen Hals gekriegt ... so hatte ich das nicht gemeint.«	☐	☐
Wenn Ihnen ein Mann gefällt, reizen Sie ihn dann gerne, indem Sie kleine Gemeinheiten loslassen?	☐	☐

Ihre Lebensphilosophie *Ja* *Nein*

Glauben Sie, dass der *Inhalt* Ihrer Worte
wichtig ist, nicht aber die *Art*, wie Sie sie
vorbringen? ☐ ☐

Ärgern Sie sich im Alltag oft? ☐ ☐

Gehören Sie zu den Leuten, die auf der Hut
sind, um bloß nicht wieder verletzt zu werden? ☐ ☐

Sie haben mehr als fünf dieser Fragen mit Ja beantwortet?
Dann werden Sie von den Männern vielleicht als Kratzbürste
wahrgenommen. Zweifellos sind Sie tough und lassen sich
nichts gefallen, und selbstverständlich sollen Sie Ihre Persönlichkeit nicht ändern. Aber Sie könnten darüber nachdenken,
ob Sie beim nächsten Date nicht die eine oder andere Bemerkung etwas anders formulieren wollen. Männer, die noch nicht
wissen, wie toll Sie sind, könnten sonst Kratzbürstigkeit wittern und abwinken – und so die Chance verpassen, Sie bei weiteren Verabredungen besser kennenzulernen.

Was tun?

Eines Abends fragte ich Brian, den 47-jährigen Geschäftsführer einer Ölfirma: »Welche Frage stellen Sie sich am Ende eines Dates, wenn Sie entscheiden wollen, ob Sie eine Frau wieder anrufen oder nicht?« Er überlegte kurz und erwiderte: »Ich
frage mich: ›Ist sie jemand, der mein Leben angenehmer machen wird? Oder eher schwieriger?‹«

Wenn Sie Ihren Datepartner besser kennenlernen wollen, um herauszufinden, ob er der Mann ist, dem Sie das Leben angenehmer machen wollen, habe ich fünf Vorschläge, die Ihnen helfen können, Ihr Image ein bisschen aufzulockern. Damit Sie in Zukunft selbst entscheiden können, ob es zur zweiten Verabredung kommt oder nicht.

1. Beobachten Sie sich selbst

Der Erfolg einer Verabredung hängt zu neunzig Prozent davon ab, dass Sie sich selbst auf die Finger sehen. Machen Sie sich klar, dass er jede Geschichte, die Sie erzählen, jede Einzelheit, die Sie ihm über sich offenbaren, und jede Meinung, der Sie Ausdruck verleihen, dazu benutzt, sich ein Bild von Ihnen zu machen und sich zu fragen, wie Sie als seine zukünftige Freundin oder Ehefrau aussehen würden. Da er Sie noch nicht richtig kennt, hat er keine Ahnung, ob Ihnen nach einem harten Arbeitstag einfach ein gereizter Kommentar über Ihre schwangere Kollegin entschlüpft ist, oder ob er in Ihnen eine Frau ohne jedes Mitgefühl vermuten muss.

Wie Sie im Laufe dieses Buches nachvollziehen konnten, wird bei der ersten Verabredung alles zur Metapher. Wenn Sie Ihrem Gegenüber eröffnen, dass Sie nach einem Streit nicht mehr mit Ihrer besten Freundin aus der Schulzeit sprechen, könnte er annehmen, dass Sie nachtragend und vernichtend in Ihrem Urteil sind. Wenn Sie witzeln, dass Sie zu Ostern lieber in Einzelhaft in Alcatraz sitzen würden, statt bei Ihren Verwandten in der Provinz, finden Sie das vielleicht lustig, aber er könnte den falschen Schluss ziehen, dass Sie entweder nicht familienorientiert sind oder aus einer gestörten Familie stammen (und selbst wenn es denn so wäre – geht es uns nicht allen so? –, sparen Sie sich diese Information trotzdem für einen späteren Zeitpunkt auf).

Wenn Sie sich von Ihrer besten Seite zeigen wollen, müssen Sie Ihre witzigen Geschichten ein wenig frisieren – nicht nur bei der ersten Verabredung, sondern auch schon in den vorausgehenden Mails und Telefonaten. Big Brother is always watching you!

2. Schlagen Sie einen lockeren Ton an

Oft geht es gar nicht darum, *was* Sie sagen, sondern um Ihren Tonfall. Ich bin sicher, Sie wissen, was ich meine: der höhnische, schnippische oder eingeschnappte Ton, der verrät, wie sehr Sie sich ärgern. Fragen Sie Ihre Freunde und Ihre Familie, wenn Sie nicht sicher sind, ob Sie zu diesem Ton neigen (versichern Sie ihnen vorher, dass Sie eine absolut ehrliche Antwort wollen!), und bitten Sie sie, Sie darauf aufmerksam zu machen, wenn er sich in Ihre Stimme schleicht. Sobald Sie ein Bewusstsein dafür entwickelt haben, gewöhnen Sie sich diesen Ton ab.

3. Geben Sie Ihren Fehler zu

Wenn Sie ins Fettnäpfchen getreten sind, geben Sie es zu. Tun Sie nicht so, als wäre nichts passiert. Männer sind manchmal vielleicht ein bisschen doof, aber blind sind sie normalerweise nicht. Was tun, wenn Ihr Gegenüber Ihnen versehentlich Rotwein über die weiße Bluse gegossen hat? Vielleicht sind Sie im ersten Moment furchtbar sauer und schnauzen ihn an. Auch wenn Sie sich danach schnell wieder zusammenreißen, hat er doch kurz Ihre Wut durchblitzen sehen. Statt es zu ignorieren, sollten Sie Ihren Fehler gleich zugeben: »Oh Gott, was rede ich denn? Tut mir leid, ich hab ein wenig überreagiert; bei der ersten Verabredung bin ich oft ein bisschen nervös. Ich weiß doch, dass du das nicht absichtlich gemacht hast. *(Lachen)* Komm, gieß hier auch noch etwas Wein drüber, dann sieht es aus, als wäre es ein Muster.« Wenn Sie zugeben, dass Sie überreagiert haben, Ihre Reaktion auf den Stress des ersten Dates schieben und am Ende einen kleinen Scherz machen, können Sie die Situation ganz entscheidend entschärfen. Anschließend können Sie sich weiter Ihrer Verabredung widmen und sich ohne eine dunkle Wolke über Ihren Köpfen besser kennenlernen.

4. Verschieben Sie die Verabredung

Wir alle haben mal einen schlechten Tag. Wenn Sie spüren, dass Sie an einem Abend sicher nicht Ihr Bestes geben können, fassen Sie sich ein Herz und verschieben Sie die Verabredung. Sie sollen Ihre Bühne nämlich perfekt ausleuchten und keinen Auftritt im Dunkeln hinlegen. Aber Sie können einem Mann nicht öfter als ein Mal absagen, und Sie sollten es auch nicht zu knapp vor dem vereinbarten Termin tun. Sonst werden Sie wahrscheinlich nur einen unhöflichen Eindruck hinterlassen, sodass er am Ende nicht mal mehr Lust aufs erste Date hat. Ich halte einen achtstündigen Vorlauf für das Minimum, wenn nicht gerade ein richtiger Notfall vorliegt. Bitte teilen Sie es ihm nicht über SMS oder Mail mit, sondern rufen Sie ihn an und sagen es ihm persönlich. Oder hinterlassen Sie zumindest eine freundliche Nachricht auf seiner Mailbox, denn nur so können Sie ihm vermitteln, dass Ihnen die Absage aufrichtig leidtut. (Beachten Sie dazu bitte auch die Hinweise bezüglich Absagen: Zeitmangel, Seite 292ff.) Halten Sie sich aber vor Augen, dass niemals alles stimmen kann, also soll dies kein Freibrief sein, eine Verabredung wegen jedes kleineren Ärgernisses abzusagen, z. B. weil Ihre Haare heute so strohig aussehen. Aber wenn Sie sich im Verdacht haben, zu den eher kratzbürstigeren Zeitgenossinnen zu gehören, sollten Sie sich an einem schlechten Tag überlegen, ob Sie ihn nicht lieber mit einem höflichen Anruf bitten, das Treffen zu verschieben.

5. Werden Sie Ihre eigene PR-Agentin

Wenn Sie nicht sicher sind, ob Sie Ihre kratzbürstige Seite mit den oben genannten defensiven Taktiken vereinbaren können, gehen Sie stattdessen in die Offensive und vermarkten Sie sich entsprechend. Schaffen Sie eine positive persönliche Marke und stützen Sie sie im Laufe des Abends. Denken Sie vor Ihrem ersten Treffen darüber nach, welche Ihre besten Eigenschaften sind, und rufen Sie sich Geschichten in Erinnerung, bei denen sich diese Eigenschaften besonders deutlich gezeigt haben. Erwähnen Sie sie, und orientieren Sie sich in Ihrer Unterhaltung daran. Was andere an Ihnen vielleicht kratzbürstig finden, können Sie »keck«, »neckisch« oder »frech« nennen. Oder Sie konzentrieren sich darauf, Eigenschaften zu vermitteln, die das Gegenteil der Kratzbürste darstellen, z. B. Mitgefühl, Sensibilität, Rücksichtnahme, Humor oder Unkompliziertheit. Ich will Ihnen nicht empfehlen, sich einfach etwas auszudenken, Sie sollten schon bei der Wahrheit bleiben. Aber ich weiß, dass in fast jeder Kratzbürste eine freche Frau mit den besten Absichten steckt.

Notieren Sie sich vorab ein paar Dinge, die Sie getan oder gesagt haben – von mir aus auch in Ihrer Kindheit –, um Ihre Erinnerungen in Bewegung zu bringen. Sie können ihm bei der ersten Verabredung erzählen, wie Sie damals als Freiwillige bei den Olympischen Spielen für geistig Behinderte gearbeitet haben. Oder was Sie als Gruppenleiterin bei den Pfadfindern neulich wieder Lustiges erlebt haben. Wenn er sagt: »Schade, dass dir das Wetter bei deiner Gartenparty einen Strich durch die Rechnung gemacht hat«, können Sie erwidern: »Ach, das macht nichts, nach dieser Hitzewelle war es schon ganz gut, dass wieder ein bisschen Regen gefallen ist!« Unterstreichen Sie Ihre mitfühlende und unkomplizierte Seite.

George, ein 30-jähriger Tierarzt, erzählte mir von seiner Verlobten, die ihm beim ersten Date auf die Frage »Was hast du heute so gemacht?« antwortete, indem sie ihm ein Ereignis schilderte: Sie hatte einer alten Nachbarin geholfen, nach ihrem entlaufenen Hund zu suchen. Er erinnerte sich noch gut, wie ihn diese Geschichte berührt hatte, und behauptete, so habe er sich die Meinung gebildet, dass sie ein fürsorglicher Mensch sei. Vergessen Sie nie, dass Sie den ersten Eindruck Ihres Gegenübers lenken können, indem Sie (wahre!) Geschichten erzählen, in denen Sie in einem schmeichelhaften Licht dastehen.

Wenn Sie eine Kratzbürste sind

TOP

1. Liebenswürdiger Tonfall	**1.** Kurz angebundener Tonfall
2. Einfühlungsvermögen zeigen	**2.** Forderungen stellen
3. Sich nach einem Ausrutscher entschuldigen	**3.** Nach einem Ausrutscher so tun, als wäre nichts passiert
4. Über seine Witze lachen	**4.** Auf Kosten anderer lachen
5. Anteil an ihm nehmen	**5.** Launen an ihm auslassen

FLOP

Die Nörglerin

Sie war nicht gerade Little Miss Sunshine.
Baker, 25, Austin

Sie jammerte über alles. Ich kam mir vor, als würde ich meine 90-jährige Großmutter in Florida besuchen. »Es zieht, in der Suppe fehlt Salz, noch unbequemere Stühle haben sie wohl nicht gefunden.«
Harry, 40, Providence

Ich mag es, wenn eine Frau sich über etwas total freut. Heutzutage sind die Leute so abgestumpft.
Alberto, 29, Los Angeles

Die Nörglerin muss sich ständig beschweren, nichts und niemand kann es ihr recht machen. Sie kann bitter oder zynisch sein, eben der Typ Mensch, der das Glas immer als halb leer bezeichnen würde. Sie verhält sich nie wie eine glückliche, energiegeladene Person.

Bestimmt haben Sie einen guten Grund, wenn Sie bei einer Verabredung ein bisschen deprimiert sind. Wenn Sie sich auf das nächste miese Internet-Date gefasst machen, nach der letzten Trennung noch immer verletzt sind oder Ihre Zweifel haben, dass Sie den Richtigen jemals finden werden, fragen Sie sich: »Wann haben Verabredungen eigentlich aufgehört, Spaß zu machen?« Vielleicht sind Sie ja gar nicht wegen der Verabredung schlecht drauf, sondern Ihr Chef ist ein Idiot, Ihre Miete ist erhöht worden, und überhaupt stehen Sie ständig im Stau. Doch die Männer wollen (und erwarten) beim ersten Treffen eine fröhliche Frau, und langsam wissen Sie gar nicht mehr, ob die Henne oder das Ei zuerst da war – sind Sie so deprimiert, weil diese Verabredungen Sie so nerven, oder nerven die Verabredungen Sie so, weil Sie deprimiert sind?

In seinem Buch *Warum Männer bestimmte Frauen heiraten und andere nicht* schreibt John Molloy: »Wenn wir frisch verlobte Männer fragten, was sie an ihrer Verlobten bei der ersten Begegnung fasziniert hat, sagten die meisten, dass sie positiv, energiegeladen, begeisterungsfähig und lebhaft war.« Aber manchmal merkt man es selbst kaum, wenn man seine positive Ausstrahlung verliert. Manchmal, wenn ich einer Nörglerin-Kundin die Ergebnisse meiner Abschlussgespräche mitteile, ruft sie: »Er fand mich zynisch? Ich dachte, das wäre intelligentes Geplänkel gewesen ...« oder »Vielleicht habe ich eine kleine Bemerkung zum Essen gemacht, aber ich hab ganz sicher nicht *herumgenörgelt*.«

Sind Sie eine Nörglerin?

Vier Verhaltensmuster sind ganz typisch für die Nörglerin. Kommt Ihnen eine der folgenden Beschreibungen bekannt vor?

Klagen

Im Laufe eines Abends können sich so einige Klagen ansammeln. Ein 40-jähriger Offizier, Gabe, erzählte von einer Frau, die absolut nichts Positives zu sagen hatte. Sie beanstandete, dass er sich in einem griechischen Restaurant Schweinekoteletts bestellt hatte (statt einer griechischen Spezialität), dass man eine lange Treppe hinaufsteigen musste, um zur Toilette zu kommen (statt einfach im Erdgeschoss bleiben zu können), dass die Leute am Nebentisch zu laut redeten und dass er gähnte, weil der Wein ihn so müde machte. Wie er angab, hatte ihn nicht der Wein so müde gemacht, sondern ihr pausenloses Genörgel.

Gejammer kann einem Date schon früh einen negativen Touch verpassen. Jesse, ein 29-jähriger Softwareentwickler aus Seattle, holte Kerry zur ersten Verabredung ab, nachdem sie sich beim Speed-Dating kennengelernt hatten. Sie war neu in der Stadt, und er wollte ihr gern seine Lieblingsecken zeigen. Doch als er wissen wollte: »Wie findest du Seattle denn bis jetzt so?«, erwiderte sie: »Es gefällt mir überhaupt nicht. Die ganze Zeit Regen, die Wohnungen sind teuer, mein Job ist stressig...« Es war, als hätte man die Luft aus einem Ballon gelassen, meinte er. Den ganzen restlichen Abend schleppte sich ihr Treffen nur noch mühsam dahin.

Manche Frauen ließen ihre Nörgeleien in jede Erzählung einfließen. Der 61-jährige Viehzüchter Stefan berichtete mir von seinem Online-Chat mit Linda, die er bei einer christlichen Singlebörse im Internet kennengelernt hatte. »Sie hätte sicher eine glänzende Zukunft als Reisekritikerin vor sich«, meinte er sarkastisch. Anfänglich dachte er, sie könnten auf der gleichen Wellenlänge sein, weil Linda seine Leidenschaft fürs Reisen teilte, aber während sie ihre Reisen beschrieb, fielen ständig Sätze wie: »Rom ist auch nicht mehr, was es mal war. Da kann man nicht mal mehr die Straße überqueren, ohne von einem Motorrad angefahren zu werden.« Oder »Als ich damals auf Kreta war, konnte man im Mittelmeer zwar noch wunderbar schwimmen, aber das Essen war schrecklich – Lamm mag ich nicht, und Moussaka ist so eine fettige Angelegenheit. Ich würde sagen, Kreta kann man sich auf jeden Fall sparen.« Stefan war noch nie in Rom oder auf Kreta, aber eines Tages möchte er auf jeden Fall dort hinfahren. Ohne Linda.

Zynismus

Die zynischen Kommentare, die ich zu hören bekam, klangen manchmal wie Genörgel, aber normalerweise waren sie eher weiter gefasste negative Feststellungen über die Männer im Allgemeinen. Natürlich ist es verständlich, dass manche Frauen schlecht auf die Männer zu sprechen sind. Wenn so ein Typ mal wieder jedes Interesse an ihr verloren hat, nachdem er sie ins Bett gekriegt hat, liegt die Vermutung nahe, dass die Männer nur auf eines aus sind. Wenn Ihre ernsthafte Beziehung mit einer Enttäuschung endete, ist es ganz normal, an der Fähigkeit der Menschen zu langfristigen Verbindlichkeiten zu zweifeln. Aber Ihr Zynismus ist dann eben auch ein Abtörner für den nächsten Mann, der Ihnen begegnet, ob er es nun verdient hat oder nicht.

Garrett, ein 29-jähriger Bildredakteur, konnte sich an eine Frau erinnern, die ihm eine Freundin vorgestellt hatte. Schon bei der ersten Verabredung machte sie Bemerkungen wie: »Männer wollen doch alle bloß Sex.« Oder »Männer sitzen doch am liebsten auf ihrer Couch und gucken Sport.« Rückblickend meinte er, er hätte wissen müssen, wie zynisch dieses Mädchen ist, denn seine Freundin hatte ihm ein Foto auf MySpace gezeigt. Auf dem Foto (aufgenommen auf einer Party der gemeinsamen Freundin) war sie mit einer Bierflasche in der einen Hand zu sehen, während sie in der anderen ein selbst gemachtes Schild hielt mit der Aufschrift: »Das sollte reichen, um mich für Männer attraktiv zu machen.«

Von einem 25-jährigen Einzelhandelskaufmann namens Shane bekam ich eine weitere Anekdote zum Thema Zynismus zu hören. Er behauptete, Carol sei so unglaublich hübsch gewesen, dass er »schon einiges in Kauf genommen hätte«. Doch bereits nach dem ersten Date war der Lack ab – sie war einfach zu negativ. Shane fand, dass Carol ihn voreilig beurteilte, als sie sagte: »Du bist wahrscheinlich die Sorte Mann, die ihren Gehaltsscheck jede Woche für Kokain verpulvert.« Außerdem »Du bist wahrscheinlich die Sorte Mann, die für Monogamie nicht viel übrig hat.« Er fragte sich, warum sie seine Einladung überhaupt angenommen hatte, wenn sie so schlecht von ihm dachte. Doch er hat nie nachgehakt, sondern sie einfach nicht wieder angerufen.

Eines Nachmittags führte ich ein lebhaftes Gespräch mit Coach T, dem Fußballtrainer meiner Tochter, einem 36-jährigen geschiedenen Vater. Seiner Aussage nach hat er großen Respekt vor Frauen, denn er wurde bei einer alleinerziehenden Mutter groß und erzieht seine Tochter nun auch allein. Er weiß, wie wichtig es ist, den Frauen Komplimente zu machen und ihnen das Gefühl zu vermitteln, wirklich geschätzt zu werden. Coach T erinnerte sich an eine Frau, deren Schönheit ihn einfach umwarf, als sie zum ersten Date erschien. Lächelnd sagte er: »Wow, du siehst super aus!« Ihre brüske Antwort lautete: »Das sagst du bestimmt zu jeder.« Zu mir meinte er: »Wenn ich einer Frau ein Kompliment mache, nennt man mich unehrlich, wenn ich ihr keins mache, heißt es, ich sei unsensibel.«

Im Restaurant fragte er die Frau, ob sie noch etwas trinken wolle, und sie erwiderte: »Ja, klar, damit du mir hinterher leichter an die Wäsche gehen kannst!« »Ich konnte tun und sagen, was ich wollte«, klagte er, »es war immer falsch. Die Frauen heutzutage sind so abgestumpft, dass sie einen netten Mann nicht mehr erkennen, wenn einer vor ihnen steht.«

Pessimismus

Ich habe schon mehrfach von Frauen gehört, die das Glas grundsätzlich als halb leer betrachteten. Tobias, ein 61-jähriger Kosmetikvertreter, erzählte Ellen begeistert von seinen Zukunftsplänen, seine Tätigkeit auch nach Übersee auszudehnen. Er erklärte, dass es ein gewagtes Unterfangen sei und er für die Finanzierung sogar sein Haus mit einer zweiten Hypothek belasten müsse, dass er aber an den Erfolg glaube. Ellen erwiderte: »Also, ich weiß ja nicht. Du solltest lieber mit dem zufrieden sein, was du hast: ein schönes Haus und ein solides Unternehmen. Da kann doch so viel schiefgehen – wirtschaftliche Veränderungen, Währungsschwankungen, internationale Steuergesetze... Ich würde es nicht riskieren.« Ihre Einstellung törnte ihn augenblicklich ab. »Ich wünsche mir eine Partnerin, die mir den Rücken für neue Herausforderungen stärkt.«

Als Autorin lerne ich eine Menge Frauen aus der Verlagswelt kennen, vor allem tolle Lektorinnen, die oft Single sind. Neulich habe ich einer hübschen, lebhaften Lektorin ein Date mit einem befreundeten Kunsthändler aus Manhattan vermittelt. Er heißt Tate und verschlingt Unmengen von Büchern. Vor ihrer Verabredung gestand er mir, wie sehr er sich auf ihre Insidergeschichten aus der Welt der Bücher freute. Als mir später zu Ohren kam, dass Tate auf ein zweites Treffen mit der Lektorin verzichtet hatte, fragte ich ihn natürlich nach dem Grund. Er erzählte: »Nach zwanzig Jahren Erfahrung habe ich ein entscheidendes Kriterium, das über den Fortgang der Bekanntschaft entscheidet: Ich möchte eine Frau, die das Glas als halb voll betrachtet. An der Art, wie sie die ersten grundlegenden Fragen beantwortet, kann man schon erkennen, wie sie denkt.« Tate erwähnte, dass er die Lektorin gefragt hatte, ob sie tatsächlich stapelweise unverlangt eingesandte Manuskripte von Hobbyschriftstellern im Büro liegen hatte, die sie regelmäßig nach flüchtigem Durchblättern entsorgte. Außerdem wollte er wissen, was für schräge Manuskripte sie im Laufe der Jahre zu sehen bekommen hatte. Sie erzählte Einzelheiten von mehreren todlangweiligen Manuskripten und schlechten Exposés und klagte, dass es heutzutage keine einmaligen Themen mehr gäbe. »Als sie mir von ihrem Job erzählte, sprach sie nur in negativen Sätzen. Statt zu sagen: ›Mein liebstes Manuskript war XY‹, beschrieb sie mir die miesesten Einsendungen.« Ich erinnerte ihn daran, dass er sie schließlich explizit nach dem Stapel mit den unverlangt eingesandten Projekten gefragt hatte – ein Stapel, in dem bekanntermaßen ein gutes Manuskript auf 999 Nieten kommt. »Tja«, meinte er, »dann suche ich eben das Mädchen, das mir von dem einzigen *guten* Manuskript erzählt.«

Nonverbale Botschaften

Der 45-jährige Fitnessstudiobetreiber Seth erzählte mir von seiner Verabredung mit einer Frau, die »negative Energie ausstrahlte«. Er erinnerte sich an ein paar Kommentare zu einem ärgerlichen Arbeitstag und einen Streit mit ihrer Mutter. Doch er fügte hinzu: »Im Grunde sprach ihre zusammengesunkene Haltung schon Bände.« Da er in einem Fitnessstudio arbeitet, achtet Seth auf Körpersprache. Er empfiehlt Männern und Frauen, Pilates zu machen, um ihre Körpermitte zu stärken. Das erleichtert eine aufrechte Sitzposition. Eine gute Haltung signalisiert Selbstvertrauen und Energie. Während unseres Gesprächs merkte ich, wie ich mich richtig hinsetzte und mich zu einer aufrechten Haltung zwang. Es fühlte sich unnatürlich an, aber ich begriff, dass er mit seiner Behauptung recht hatte.

Der Fernsehproduzent Adam, 28, bemerkte: »Frauen bringen so eine Begräbnisstimmung mit, wenn sie ganz in Schwarz zu einer Verabredung kommen. Sie muss ja nicht gleich im Hippielook erscheinen, aber bitte, wenigstens *eine* Farbe, die nicht aus dem Grau-Spektrum stammt, sollte das Outfit bieten, das ich mir den ganzen Abend ansehen muss!«

Eytan, ein 37-jähriger Diamantenhändler, erinnerte sich an einen Nachmittag mit Freunden am Strand. Er unterhielt sich zwei Stunden angeregt mit einer attraktiven Frau namens Dahlia, die er noch nie zuvor gesehen hatte. Aber als einer seiner Freunde vorschlug, ins Wasser zu gehen, war Dahlia die Einzige, die ablehnte. Während alle anderen in den Wellen planschten, saß sie allein im Sand. Sie habe keine Lust zum Schwimmen, erklärte sie Eytan, woraus er den Schluss zog, dass man mit ihr keinen Spaß haben konnte. Ich schlug mehrere Gründe vor, warum sie abgelehnt haben könnte (Sie wollte sich nicht im Badeanzug zeigen? Sie war müde? Sie hatte ihre Tage? Sie hatte Angst vor Quallen?), und er meinte: »Ja, ja, vielleicht. Aber ich mag Mädchen, die einfach unbekümmert Spaß haben können. Als sie da so allein sitzen blieb, sah sie aus wie der klassische Spielverderber. Außerdem lerne ich so viele Frauen kennen – da ist es nicht schlimm, wenn es mit einer mal nichts wird.«

Der 33-jährige Rajeev, Technikberater, erzählte von einem Date mit einer Frau, die er als »dynamisch« und »vergnügt« bezeichnete. Sie waren einmal ausgegangen, und er gab zu, er wisse nicht mehr genau, warum sich ihre Bekanntschaft nicht weiterentwickelt habe. Aber ein Jahr später sah er sie auf einer Party wieder und dachte: »Oh prima, die war mir damals doch total sympathisch!« Er wollte gerade zu ihr gehen, um sie zu begrüßen und die Dinge vielleicht wieder ins Rollen zu bringen, als er ihren Gesichtsausdruck bemerkte: Sie lächelte nicht und schien gar nicht glücklich. Bei näherer Betrachtung stellte er fest, dass sie verdrießlich und steif aussah, fast ein wenig angewidert. Das hatte so wenig mit seiner positiven Erinnerung an sie zu tun, dass er sich zurückhielt und die Bekanntschaft nicht erneuerte. Von anderen Männern, die eine Frau ebenfalls genauer in Augenschein nahmen, wenn sie sich unbeobachtet fühlte, habe ich Ähnliches gehört. Wenn sie ein miesepetriges Gesicht sahen, fragten sie sich, ob das wirklich die positive Person war, die sie sich als langfristige Partnerin wünschten.

Kommt Ihnen das bekannt vor?

Vielleicht haben Sie bis jetzt noch keine Parallelen zwischen der Nörglerin und sich selbst feststellen können. Nehmen Sie die folgenden Fragen zu Hilfe, um herauszufinden, ob die Männer Sie dem Stereotyp der Nörglerin zuordnen, bevor sie Ihr wahres Ich kennenlernen können.

Bei der Arbeit	*Ja*	*Nein*
Fragen Kollegen Sie öfters: »Ist mit dir alles okay?«	☐	☐
Kommt es an Ihrem Arbeitsplatz darauf an, Probleme zu erkennen und zu lösen (z. B. in Bereichen wie Medizin, Recht, Risikokapital, Kundendienst, Psychotherapie usw.)?	☐	☐
Sind Sie unzufrieden mit Ihrem Job?	☐	☐

Bei Freunden und in der Familie	*Ja*	*Nein*
Sagen die Leute oft zu Ihnen: »Na komm, lach doch mal! So schlimm ist das doch jetzt auch nicht!«	☐	☐
Ermahnt Ihre Mutter Sie ständig, dass Sie sich gerade hinsetzen sollen?	☐	☐
Wenn Sie auf Reisen oder im Restaurant sind, sind dann meistens Sie die Sprecherin, die eventuelle Beschwerden der Gruppe beim Geschäftsführer vorbringt?	☐	☐

Bei einer Verabredung oder in einer früheren Beziehung

Gehen Sie im Grunde davon aus, dass es auch diesmal wieder schiefgehen wird, wenn Sie sich für ein Date fertig machen?	☐	☐
Hat ein Mann schon einmal zu Ihnen gesagt: »Komm, lass uns doch mal was *Lustiges* machen…«	☐	☐
Verleihen Sie Ihren Gefühlen Ausdruck, wenn Sie in einer unangenehmen Situation stecken, oder tun Sie so, als würde es Sie gar nicht berühren?	☐	☐

Ihre Lebensphilosophie

Halten Sie Ihre Erwartungen gering, damit Sie keine Enttäuschungen erleben?	☐	☐

	Ja	**Nein**
Haben Sie eine Vorliebe für deprimierende Bücher und Filme?	☐	☐
Ist über die Hälfte Ihrer Kleidungsstücke schwarz?	☐	☐

Wenn Sie mehr als fünf dieser Fragen mit Ja beantwortet haben, wirken Sie auf Männer möglicherweise wie eine Nörglerin. Zweifellos sind Sie realistisch, vorsichtig und nachdenklich, und Sie sollen Ihr wahres Ich auch nicht ändern. Aber Sie könnten darüber nachdenken, ob Sie beim nächsten Date nicht die eine oder andere Bemerkung etwas anders formulieren wollen. Männer, die noch nicht wissen, wie toll Sie sind, könnten sonst Nörgelei wittern und abwinken – bevor sie die Chance haben, Sie besser kennenzulernen.

Was tun?

Ich weiß noch, wie ich vor ein paar Jahren mal ein Seminar in Manhattan abhielt. Im Zusammenhang mit dem Nörglerinnen-Stereotyp erwähnte ich, dass die Männer gerne mit fröhlichen Frauen zusammen sind. Eine Frau über dreißig, von Kopf bis Fuß schwarz gekleidet, hob die Hand und sagte: »Entschuldigen Sie, aber Sie haben keine Ahnung, wovon Sie reden!« *(Hm, Entschuldigung angenommen?!)* Sie erzählte mir, dass all ihre Freundinnen in New York abgestumpft und zynisch seien, und die seien trotzdem allesamt verheiratet! Außerdem mache es Spaß, sich über schlechten Service, miese Filme und dumme Taxifahrer auszulassen.

Meine Antwort lautete: »Ich schlage ja auch nicht vor, dass alle Frauen sich in muntere kleine Sonnenscheinchen verwandeln oder ihre Persönlichkeit sonst wie ändern sollen. Ich will Ihnen nur vor Augen führen, wie leicht ein unwiderruflich schlechter erster Eindruck bei jemandem entstehen kann, der Sie noch nicht so gut kennt.« Ich bin nicht sicher, ob ich diese Dame überzeugen konnte, aber ich bin davon überzeugt, dass Sie nur neunzig Minuten haben, um bei Ihrer ersten Verabredung einen guten ersten Eindruck zu machen. Wenn Sie die Hälfte der Zeit meckern, kann der Mann leicht dem Irrtum erliegen, dass Sie die reinste Xanthippe sind. Lassen Sie Ihren inneren Kritiker erst heraus, wenn er Sie etwas besser kennengelernt hat. Oder gestatten Sie ihm von mir aus auch einen kurzen Blick auf Ihre böse Seite, *aber gleichen Sie diesen Eindruck wieder aus, indem Sie mehr positive als negative Energie verbreiten.*

Zwar schätzen – und suchen – viele Männer intelligenten Sarkasmus und Kritik, aber die meisten fühlen sich zunächst vom Bild eines glücklichen Menschen angezogen, wenn sie auf der Suche nach einer verbindlichen, gesunden Beziehung sind. Gerade von den befragten Großstädtern habe ich das besonders oft gehört.

Wenn Sie also eine Nörglerin sind, finden Sie im Folgenden sechs Tipps, wie Sie positiver wirken und sich selbst die Männer aussuchen können, die Sie in nächster Zeit anlächeln oder anknurren wollen.

1. Wahren Sie ein Verhältnis von drei zu eins

Männer mögen es durchaus, wenn eine Frau nicht völlig stromlinienförmig ist, also müssen Sie nicht den ganzen Abend Ihr strahlendstes Lächeln aufsetzen und unablässig verkünden: »Ach, das ist ja alles so wunderbar! Ich liebe die ganze Welt!« Aber versuchen Sie, mehr positive als negative Äußerungen zu machen. Auf jede sarkastische Bemerkung sollten drei positive Aussagen kommen. Erzählen Sie ihm z. B., wie sehr er Sie damit beeindruckt hat, dass er diese versteckte Perle von einem Restaurant gefunden hat, dass die Shrimps absolut köstlich schmecken und der Wein einfach großartig ist. Dann können Sie nebenbei einen Kommentar darüber abgeben, dass man den Gästen in thailändischen Restaurants Stäbchen hinlegt, obwohl in Thailand kein Mensch mit Stäbchen isst. Die Drei-zu-eins-Regel in der Praxis: Das Glas ist zu drei Vierteln voll!

2. Sch... Sie nicht dorthin, wo Sie essen

Zugegeben, diese Überschrift ist nicht besonders appetitlich. Benutzen Sie diesen Ausdruck bitte auch nicht bei Ihrer Verabredung! Aber was ich Ihnen damit sagen will, ist Folgendes: Wenn Sie wütend oder deprimiert sind, machen Sie sich bitte bei Ihren Freunden, in der Familie oder bei Ihrem Therapeuten Luft, aber nicht bei dem Mann, mit dem Sie verabredet sind. Auf diese Art umschiffen Sie negative persönliche Themen (z. B. wichtig für die Exhibitionistin) und erliegen nicht so schnell der Versuchung, Ihre alltäglichen Frustrationen und Ihre persönlichen Enttäuschungen Ihrem Gegenüber aufzuladen. Rufen Sie eine Stunde vor dem Treffen eine Freundin an, und laden Sie bei ihr alle Klagen über diesen Tag ab, damit Sie für den Rest des Abends den Kopf frei haben für angenehme Gedanken. Hinterher können Sie Ihrer Freundin ja ein kleines Geschenk geben, um sich für das offene Ohr zu bedanken.

Vergessen Sie nicht, dass ich Ihnen den Verzicht auf negativ

aufgeladene Themen nur für das frühe Stadium Ihrer Bekanntschaft ans Herz lege. Wenn sich daraus eine langfristige
Partnerschaft entwickelt, sollten Sie natürlich offen und ehrlich mit ihm über all Ihre Gefühle reden können: die guten, die
schlechten und die richtig hässlichen.

3. Selektieren Sie Ihre Themen

Jeder hat seine wunden Punkte, an die niemand rühren sollte,
will er keinen jähen Ausbruch negativer Energie entfesseln.
Bitte sprechen Sie mich bloß nicht auf meinen Freund aus Stu-
dientagen an, der mich nach Strich und Faden betrogen hat,
oder auf diesen Albtraum von Chef, für den ich 1994 gearbeitet
habe; und warum zum Henker fragen einen die Kellner immer
dann »Alles in Ordnung bei Ihnen?«, wenn man gerade den
Mund voll hat?! Sie kennen Ihre wunden Punkte selbst, also
vermeiden Sie Gesprächsthemen, die unweigerlich bissige
Kommentare bei Ihnen hervorrufen. Sie können und sollten
die Unterhaltung bei der ersten Verabredung auf lustige Themen steuern. Gehen Sie irgendwo hin, wo man leicht gute
Laune haben kann. Bezaubern Sie ihn mit kunterbunten Geschichten über die schrägen Nachbarskinder, mit denen Sie
früher gespielt haben, mit Ihrem fast-schon-religiösen Erlebnis bei einer Schneewanderung oder dem besten, saftigsten,
verführerischsten Schokoladenkuchen aller Zeiten, den Sie
mal in diesem kleinen versteckt gelegenen Café mitten in der
Stadt serviert bekommen haben.

4. Sehen Sie Ihre Fotos durch

Garretts Geschichte von dem Foto, auf dem die Frau mit einer Bierflasche und einem männerverachtenden Spruch zu sehen war, sollte vor allem das Thema Zynismus illustrieren, aber es steckt auch noch ein allgemeiner Rat dahinter: Sehen Sie sich sämtliche Fotos durch, die im Internet von Ihnen kursieren (auf Netzwerk-Portalen, in Singlebörsen und Online-Fotoalben wie Snapfish). Überlegen Sie bei jedem Bild, wie es auf einen Betrachter wirken könnte, der Sie nicht kennt: Wirken Sie zynisch, leichtfertig, verrückt, schräg? Oder sportlich, künstlerisch, familienorientiert, süß? Stellen Sie sicher, dass Ihre Fotos ein positives Image vermitteln.

5. Achten Sie auf Ihre Körpersprache

Schultern zurück. Eine gute Haltung signalisiert Selbstvertrauen, Energie und eine positive Einstellung. Wenn Sie anfällig dafür sind, in sich zusammenzusacken, sollten Sie sich etwas ausdenken, wie Sie sich regelmäßig an eine Korrektur Ihrer Haltung erinnern können – z. B. jedes Mal, wenn Sie einen Schluck von Ihrem Getränk nehmen. Verschränken Sie außerdem bitte nicht die Arme – das wirkt auf Ihr Gegenüber schnell streng und abweisend. Runzeln Sie nicht ständig die Stirn. (Tut mir leid, ich will Sie nicht bevormunden, aber... bitte lächeln Sie.) Auch wenn Sie bei irgendeiner Party oder einem sozialen Anlass eher am Rande des Geschehens stehen, sollten Sie öfters an einen Witz oder eine lustige Geschichte denken, um Ihren Gesichtsausdruck wieder etwas aufzufrischen. Man kann nie wissen, wer einen gerade beobachtet.

6. Drehen Sie auf

Es klingt vielleicht wie eine Binsenweisheit, aber wenn Sie sich für eine Verabredung fertig machen, ist es einfach der absolute Bringer, Ihr Lieblingslied voll aufzudrehen. Wenn Sie einen schlechten Tag hatten oder sich eingestehen müssen, dass Ihre Einstellung zu Männern negativ gefärbt ist, sollten Sie sich vorher mit einem Song in die richtige Stimmung bringen. Jeder Mensch hat dieses eine Lied, das ihm unweigerlich gute Laune macht. Bei mir ist es »Sweet Home Alabama«. Ich weiß, damit oute ich mich als Kind der 70er, als Lynyrd Skynyrd zu meiner Schulzeit populär war. Aber egal, wie alt der Song ist, ich muss nur die ersten paar Takte hören, und schon fühle ich mich viel spritziger. Bevor Sie zu Ihrem nächsten Date aufbrechen, machen Sie also Ihren Lieblingssong an und drehen Sie bis zum Anschlag auf.

Wenn Sie eine Nörglerin sind

TOP

1. Ein bisschen Farbe in Ihrer Garderobe	1. Die italienische Witwenuniform: Schwarz von Kopf bis Fuß
2. Genieße den Tag!	2. Bloß nichts tun, was man hinterher bereuen könnte!
3. »Danke, das ist ja ein nettes Kompliment!«	3. »Ich wette, ich bin nicht die Erste, die das zu hören kriegt.«
4. »So viel Spaß hab ich schon lange nicht mehr gehabt!«	4. »Ich hatte schon lange keinen Spaß mehr.«
5. »Ich weiß gute Männer zu schätzen.«	5. »Es gibt keine guten Männer mehr.«

FLOP

Die Verflossene

Ich war wirklich neugierig auf die Gründe ihrer Scheidung, also fragte ich nach ihrem Exmann. Aber als sie von ihm erzählte, klang sie so unglaublich bitter... das war nicht gerade ein Aphrodisiakum.   Pete, 39, Boston

Sie erzählte mir, dass ihr Exfreund sie betrogen hatte. Zuerst tat sie mir leid, aber dann dachte ich mir: Wenn der Typ das Risiko eingegangen ist, so ein Mädchen zu verlieren, dann stimmt wahrscheinlich doch irgendwas nicht mit ihr, ich hab es bloß noch nicht gesehen.
Jasper, 30, Philadelphia

Sie ließ sich pausenlos über ihre letzte Beziehung aus, und das Thema nahm viel zu viel Raum in unserer Unterhaltung ein. Es hat mich gelangweilt, und ehrlich gesagt, ihre letzte Beziehung war mir auch herzlich egal.
Saul, 61, Palm Springs

Die Verflossene ist eine Frau, die über ihre Exfreunde oder Exmänner spricht. Die Skala reicht dabei von einem viel zu hohen Gesprächsanteil bis zu ein paar kurzen Erwähnungen. Diese Kategorie schließt auch die Frauen mit ein, die ganz allgemein von all den Männern sprechen, die sie enttäuscht haben, oder von dem einen besonderen Mann in ihrem Leben, der für immer die Maßstäbe gesetzt hat.

In jedem Dating-Ratgeber taucht der Rat auf, den Ex bei der ersten Verabredung nicht zu erwähnen. Das ist ganz igitt. Das sagt einem schon der gesunde Menschenverstand und gehört zu den Grundregeln, die sich von selbst verstehen. Doch das heißt noch lange nicht, dass wirklich jede Frau einen Bogen um dieses Thema macht. Die Verflossene muss hier zur Sprache kommen, weil meine Rechercheergebnisse es verlangen. Ich habe 201 Anekdoten von Männern gehört, die von den Frauen beim ersten Date Informationen über Exfreunde oder Exmänner bekamen (bewusst oder unbewusst), woraufhin sie keine Lust mehr hatten, diese Damen wiederzusehen. Einerseits wissen die Frauen durchaus, dass es ein Fehler ist, andererseits können sie oft nicht widerstehen.

Es ist wie mit jedem unklugen Verhalten – ob man sich nun mit Schokolade vollstopft oder ein Vermögen für ein Paar Schuhe ausgibt, es fühlt sich in dem Moment einfach so toll an.

Aber Sie haben nichts zu gewinnen. Seien Sie mal ganz ehrlich: Gibt es *irgendeine* gute Formulierung für die Feststellung »Mein Exfreund hat mich betrogen«? Wenn Sie sich anhören, als wären Sie immer noch verletzt, wird er annehmen, dass Sie emotional noch an diesem Mann hängen. Wenn Sie wütend klingen, wird Ihre Bitterkeit ihn abschrecken. Wenn Sie abgeklärt wirken, wird er Sie für kalt oder gefühllos halten. Wenn Sie positiv über Ihren Ex sprechen, riskieren Sie, dass Ihr Gegenüber Konkurrenz wittert, eifersüchtig wird oder überhaupt befürchtet, dass Sie über diesen Mann noch nicht hinweg sind. Es gibt keine ungefährliche Möglichkeit, dieses Thema anzuschneiden. Außerdem kann Gerede über einen früheren Partner für den anderen auch einfach ärgerlich oder todlangweilig sein.

»Okay«, denken Sie sich vielleicht, »das betrifft mich ja nicht. Ich rede nicht über meinen Ex.« Aber auf subtilere Arten können Frauen trotzdem noch in die Verflossenenfalle tappen, ohne das »Ex«-Wort auch nur ein einziges Mal in den Mund zu nehmen.

Sind Sie eine Verflossene?

Die Verflossene legt vier typische Verhaltensmuster an den Tag. Haben Sie eines davon vielleicht schon einmal an sich selbst beobachtet?

Offene Erwähnung

Natürlich hat es was, sich über die Dramen der Vergangenheit auszulassen, aber obwohl diese Dramen Sie sicher zu dem gemacht haben, was Sie heute sind, gehören sie definitiv nicht zu den Themen, die beim ersten Date auf den Tisch kommen dürfen. Diese Kategorie hat Parallelen zur Exhibitionistin (die ebenfalls unangenehme Erlebnisse durchscheinen lässt), bezieht sich aber ausschließlich auf Exfreunde. Die Männer haben mir von Frauen erzählt, die sich über einen untreuen Exfreund ausweinten, über seinen Silberblick herzogen, über einen Loser lachten und sich über Exfreunde beklagten, die sich zu keiner verbindlichen Beziehung durchringen konnten. Wie die Männer zugaben, kannten sie die Frauen zu diesem Zeitpunkt einfach noch nicht gut genug, um sich für diese Informationen zu interessieren. Hart, aber wahr.

Der Anwalt Dick, 64, versuchte es mit folgendem Vergleich: »Wenn man mit einer verbitterten Frau ausgeht, die gerade eine Scheidung hinter sich hat, ist das genauso, als würde jemand bei seinem Bewerbungsgespräch ständig nur über seinen letzten Job schimpfen. Nein danke!« Kamaal, ein 31-jähriger Radioproduzent, erzählte mir von seiner schockierten Reaktion auf eine Frau, die seit einem Jahr geschieden war, aber ein sechs Monate altes Baby hatte. »Ich hatte Versöhnungssex mit meinem Verflossenen, und dieses Baby ist das Ergebnis.«

Ein 25-jähriger Programmierer namens Jason erzählte mir, dass er auf ihrem Knöchel ein Tattoo entdeckte. Es sah aus wie ein Vogel, und er fragte: »Was ist das denn?« Die Frau erwiderte: »Ach, das hab ich mir mal für meinen Exfreund im College machen lassen – eine Turteltaube, als Zeichen unserer Verbundenheit. Rückblickend war das wohl keine so tolle Idee!« Jason überlegte. Zum einen wusste er, dass er jedes Mal an einen anderen Typen denken würde, wenn er ihren Knöchel ansah, zum andern hielt er sie jetzt überhaupt nicht mehr für cool, denn sich für seine Studentenliebe ein permanentes Tattoo machen zu lassen (und es auch noch zuzugeben) war reichlich dämlich.

Mehrere Männer erwähnten auch, dass zur Sprache kam, mit wie vielen Partnern man schon geschlafen hatte. Keiner von ihnen rief die Frau an, um ein zweites Mal mit ihr auszugehen. Dieses Spiel schien sich regelmäßig beim ersten oder zweiten Treffen zu entwickeln, beim Herumblödeln oder bei nächtlichen Geständnissen. Falls irgendeine Frau glauben sollte, dass es eine Zahl gibt, die für einen Mann akzeptabel wäre, möge sie sich bitte von mir aufklären lassen: Die gibt es nicht! Ob Sie die Zahl wahrheitsgemäß angeben oder nicht, im frühen Stadium Ihrer Bekanntschaft ist sie grundsätzlich verkehrt (zu wenige, zu viele, zu kompliziert). Fühlen Sie sich nie verpflichtet, sich zu diesem Thema zu äußern, wenn er seinerseits zuerst eine Zahl nennt. Die einzig korrekte Antwort ist: »Reden wir über so was doch lieber, wenn wir uns besser kennen!«

Subtile Anspielungen

Das Ex-Problem lässt Ihnen keine Hintertürchen. Versuchen Sie's gar nicht erst! Die direkte Erwähnung eines früheren Partners, Vergleiche oder Anekdoten sollten sich relativ leicht vermeiden lassen, doch von einigen Männern wurde die Verflossene auch als Abtörner genannt, obwohl das böse Wort mit den zwei Buchstaben gar nicht gefallen war.

Oft sind es die kleinen Wörtchen »wir« oder »unser«. Bridger, ein 29-jähriger Koch, erinnerte sich an eine Frau, die diese Tabupronomen während ihrer ersten Verabredung ständig im Mund führte. Sie hatte zwei Jahre mit einem Mann zusammengelebt, es Bridger gegenüber aber nie erwähnt (er wusste es von ihrem gemeinsamen Freund, der sie einander vorgestellt hatte). Doch ihre Bemerkungen beim Mittagessen waren mit ständigen indirekten Anspielungen auf ihren Verflossenen garniert. Erst erklärte sie: »Wir wollten unseren Hund ungern in irgendeinen Zwinger geben, wenn wir verreist sind.« Wenig später kam: »So ein Zufall, an dem Strand waren wir auch, als wir in Mexiko waren!« Irgendwann sprach sie von »diesem Park, gleich bei uns um die Ecke«. Er erzählte, dass er sich bei seinem eigenen Date vorkam wie der überflüssige Dritte – ein totaler Abtörner.

Ich habe mit einer Frau gesprochen, die ein Fotoalbum auf ihrer Facebook-Seite total vergessen hatte. Es hieß »Die besten Tage meines Lebens«. Ein Jahr zuvor hatte sie dieses Album nach einem Traumurlaub mit ihrem damaligen Freund ins Netz gestellt. Nie wäre es ihr in den Sinn gekommen, das Album nach der Trennung zu löschen, denn sie waren ja immer noch befreundet. Doch ein potenzieller neuer Beau, der sich ihr Profil ansieht, wird dieses Album höchstwahrscheinlich bemerken und sich damit natürlich nicht besonders wohlfühlen. Vielleicht wird er denken, dass sie noch nicht ganz über ihren Ex hinweg ist, oder dass es ihm schwerfallen dürfte, diese »besten Tage« ihres Lebens zu toppen. Fotos mit einem Exfreund in Ihrem Profil stehen zu lassen ist eine subtile, aber sehr gefährliche Landmine.

Aussagen über Männer im Allgemeinen beschworen in den Köpfen ebenfalls Bilder von Exfreunden herauf. Der 37-jährige Lehrer Jonas erzählte einer Frau bei ihrer ersten Verabredung, dass er gerade angefangen habe, mit einem privaten Fitnesstrainer zu arbeiten. Ihre Reaktion war: »Ach, das hält wahrscheinlich zwei Wochen an, und dann gibst du es wieder auf. Ich kenn euch Jungs doch.« Jonas missfiel nicht nur ihre negative Energie (erinnert auch an die Kratzbürste oder die Nörglerin), er hörte auch den impliziten Bezug zu den anderen Männern, mit denen sie schon ausgegangen war. Wenn eine Frau verkündet: »Ich kenn euch Jungs doch«, sagt sie damit seiner Meinung nach nichts anderes als: »Ich bin mit so vielen von euch Kerlen ausgegangen – und alle waren sie komplette Versager! Du müsstest dich wirklich extrem ins Zeug legen, um mir zu beweisen, dass du keiner bist.«

Andere Männer zitierten Beispiele wie: »Ich tue mich schwer, überhaupt noch mal einem Mann zu vertrauen« oder »Ehrlichkeit ist mir extrem wichtig.« Ohne dass dabei ein Name fiel, drängte sich die Schlussfolgerung auf, dass diese Frauen in der Vergangenheit von irgendeinem Typen betrogen worden waren. Die meisten Männer hakten nicht nach, nur ein paar konnten nicht widerstehen, aber das Ergebnis war so oder so das gleiche: Die Stimmung beim Date sank sofort in den Keller.

Die Vorurteile gegen Männer, die sich manche Frauen auf der Grundlage ihrer vergangenen Beziehungen bilden, müssen gar nicht immer auf negative Art vermittelt werden. Trotzdem können sie negative Auswirkungen haben. Der Flugbegleiter Randall, 34, beschrieb eine Frau, die ihm die Tür öffnete mit den Worten: »Wow! Du bist ja pünktlich. Super, ich kann's kaum glauben, dass ein Mann pünktlich zu einer Verabredung erscheint.« Er räumte mir gegenüber ein, dass diese

Bemerkung als Kompliment gemeint war, aber trotzdem schoss ihm der Gedanke durch den Kopf: »Oh, die verabredet sich bestimmt mit total vielen Männern.« Wie er erklärte, nahm ihm das irgendwie die Lust, auch wenn er den Grund nicht richtig formulieren konnte.

Der 28-jährige Kulissenbauer Gabriel erzählte mir, dass er Sharon nicht um ein zweites Treffen gebeten hatte, weil sie so unterschiedliche Charaktere hatten: Sie war extrovertiert, er eher ruhig. Als ich anmerkte, dass sich Paare mit entgegengesetztem Naturell normalerweise gut ergänzen, gab er mir recht und erzählte, dass er das Gleiche zu Sharon gesagt hatte – wie es ihm gefiel, wenn eine lebhafte, kontaktfreudige Frau seine zurückhaltende Art ausglich. Doch sie antwortete: »In der Vergangenheit hat man mir ständig vorgehalten, dass ich jede Unterhaltung dominieren will – deswegen bin ich richtig erleichtert, mal zu hören, dass jemand meinen Charakter zu schätzen weiß!« Wie Gabriel einräumte, hatte er sie überhaupt nicht als dominant betrachtet, bevor sie das Wort selbst ins Spiel brachte. Da begann der Gedanke an ihm zu nagen. Er fragte sich, warum die Männer in ihrer Vergangenheit ihr vorgeworfen hatten, jede Unterhaltung an sich zu reißen. Vielleicht war sie ja *zu* extrovertiert? Prompt verschob er die Eigenschaft »extrovertiert« von der Liste ihrer Vorzüge auf die Liste mit ihren Schwächen.

Was ist der Unterschied zwischen Sharon, die ihre Tendenz erwähnt, Gespräche zu dominieren, und jemandem, der in seinem Gegenüber realistische Erwartungen weckt (wie ich es dem Lockvogel geraten habe)? Zweierlei: ihr Ton und der Mangel an Charme. So wie Gabriel Sharons Bemerkung wiedergegeben hat, klang sie eher bitter als humorvoll-selbstkritisch. Indem sie ausgerechnet den Ausdruck »dominieren« benutzte, verspielte sie die letzte Chance, einem ihrer offenkundigen

Probleme einen positiven Touch zu verleihen. Vielleicht hätte sie ihren Satz eher so formulieren können: »Danke für das Kompliment! Manchmal bekomme ich mit meiner Art auch Probleme – ich bemühe mich wirklich, den anderen besser zuzuhören, und nicht immer nur selbst zu reden. Aber ich unterhalte mich einfach furchtbar gern mit den Leuten.«

Irreführende Bemerkungen

Philip, ein 51-jähriger Anwalt, gibt zu, dass er wissen will, warum der Ex aus dem Leben einer Frau verschwinden musste. Als er Justine fragte, warum sie geschieden war, erklärte sie: »Mein Exmann und ich haben nie gestritten. Er ist in einer gutbürgerlichen Familie aufgewachsen, in der man alles unter den Teppich kehrt. Ich bin in einer Familie aufgewachsen, in der man alles ausspricht und Probleme auf eine sehr direkte Art angeht.« Daraus folgerte Philip, dass sie sich gerne lautstark mit ihrem Partner streiten wollte. Vielleicht hatte Justine nur gemeint, dass sie es vorzog, ein einmal erkanntes Problem in aller Offenheit zu besprechen. Wenn ja, dann hatte sie mit der Bemerkung über ihre Exbeziehung genau das Gegenteil erzielt. Sie kannte Philip noch nicht gut genug, um so ins Detail zu gehen, und ihre oberflächliche Zusammenfassung gab ihm gerade genug Informationen, um sich eine negative Meinung von ihr zu bilden. Manchmal sind solche Missverständnisse unvermeidlich, aber hoffentlich erfüllt Justines Fehler zumindest den Zweck, Ihnen klarzumachen, dass es *niemals* gut ist, den Ex beim ersten Date zu erwähnen.

Der Pharmareferent Romney, 29, erzählte von einer Verabredung mit einer Frau, die ihm anvertraute, dass sie ihre Verlobung vier Wochen vor der Heirat gelöst hatte. Als er fragte, was vorgefallen war, zuckte sie mit den Schultern und meinte, nachdem sie sechs Jahre mit diesem Kerl zusammen gewesen war und auch mit ihm zusammengewohnt hatte, ging ihr auf, dass er nicht der Richtige für sie war. Nach diesem (zu) kleinen Einblick begann Romney sich zu fragen, warum sie so viel Zeit mit dieser falschen Beziehung verschwendet hatte, und warum sie der Verlobung überhaupt zugestimmt hatte. Er dachte, vielleicht weiß sie gar nicht so recht, was sie sich von ihrem Partner erwartet, oder vielleicht ist sie auch unzuverlässig und labil. Ohne näher nachzufragen, zog er mehrere voreilige Schlüsse. Eine dumme Situation für die Frau, weil sie eine Information gegeben hatte, die eigentlich mehr Erklärungen verlangte, als sie bei einer ersten Verabredung mit ihm besprechen konnte. Das ist das Gefährliche daran, wenn man irgendetwas von einem Verflossenen erwähnt: Man steckt in der Klemme, wenn man Details erzählt, aber wenn man es nicht tut, ebenfalls.

Der Ex als Platzhalter

Manchmal steht der Expartner auch stellvertretend für etwas anderes: Vielleicht will die Frau ihr Gegenüber auf die Probe stellen oder ihm zu verstehen geben, wie begehrt sie ist.

Manche Männer haben erzählt, wie sie bei ihren Verabredungen auf Probleme getestet wurden, die die Frauen mit ihren Exfreunden oder Exmännern gehabt hatten. Neil, ein 27-jähriger Webdesigner, hatte eine interessante Geschichte über seine Verabredung mit Gail auf Lager. Aus heiterem Himmel fragte sie ihn: »Was macht dich eigentlich so richtig wütend?« Das klang wie eine Fangfrage von der Art, wie ich sie schon im Abschnitt über die Langweilerin beschrieben habe.

Neil war nicht sicher, ob er ihre Frage richtig verstanden hatte, also fragte er: »Meinst du, was mich generell wütend macht? Oder bei der Arbeit? Oder auf der Autobahn?« Sie antwortete: »Du weißt schon ... Was ist der Auslöser, wenn du sauer wirst? Und wie reagierst du, wenn du richtig wütend wirst?« Irgendwann fiel Neil eine Episode mit seinem Chef ein, der ihm an etwas die Schuld gegeben hatte, was er nicht zu verantworten hatte. Neil erzählte, wie er ihm eine zornige Mail mit mehreren gepfefferten Schimpfwörtern geschickt und obendrein noch den Vorgesetzten seines Chefs in Kopie gesetzt hatte. Gail lächelte, nachdem sie die Geschichte gehört hatte. Offensichtlich gefiel ihr seine Antwort, aber bis zum Ende des Abends wusste er nicht, was dahintersteckte. Später gab sie zu, dass sie gefragt hatte, weil ihr Exfreund so passiv gewesen war. Nichts konnte ihn auf die Palme bringen, und in den wenigen Momenten, in denen er wütend wurde, schmollte er einfach nur, statt das eigentliche Problem in Angriff zu nehmen. Gail erklärte, sie finde es gesund, wenn jemand seinen Ärger herauslässt, also gefiel ihr Neils Geschichte mit seinem Chef. Wie sie meinte, beweise sie auch, dass er Temperament habe.

Doch Neil wollte ihre Erklärung nicht gefallen. Er zog seine eigenen Schlüsse und dachte, dass sie wahrscheinlich genauso war wie all die anderen Mädchen, und es einfach genoss, wenn es in einer Beziehung hoch herging. Er hingegen wünschte sich eine stabile, solide Partnerschaft, auf die er sich verlassen konnte. Er beschloss, sich nicht »auf diese Achterbahn einzulassen«, und rief Gail nie wieder an. Hatte ich schon erwähnt, dass es nie gut ist, wenn man über seinen Ex spricht?

Vor ein paar Jahren arbeitete ich mit einer Kundin namens Ava, einer 34-jährigen Anwältin. Ihr wollte schier das Herz brechen, als ein Mann, in den sie seit Monaten verknallt war, sie endlich einmal ausgeführt hatte, dann aber nie wieder anrief.

Trotz ihres attraktiven Äußeren und ihres beruflichen Erfolges war Ava ein bisschen unsicher. Sie dachte, dass er sich nicht mehr bei ihr gemeldet hatte, weil sie nicht so hübsch war wie die Frauen, mit denen er normalerweise ausging. Als ich das Abschlussgespräch mit Stuart führte, rückte er nach einer Weile mit der Wahrheit heraus: Anfangs war ihm Ava sogar sehr sympathisch gewesen, aber seine Begeisterung flaute ab, als sie erzählte, dass auch andere Männer Interesse an ihr hätten. Sie hatte einen Typ aus dem Büro erwähnt, der sie fürs Wochenende auf ein Konzert eingeladen hatte, einen Exfreund, der ihr Mails schickte, in denen er ihr beteuerte, wie gern er sie zurückhaben würde, und noch ein paar ähnliche Bemerkungen mehr. Stuart fand, dass sie sich furchtbar unsicher anhörte, und »wenn sie versucht hat, mich damit eifersüchtig zu machen, hat sie leider genau den gegenteiligen Effekt erzielt«. Außerdem sagte er: »Ich bin auch schon in der Schule nie mit den beliebten Mädchen ausgegangen. Der Gedanke an all die anderen Jungs, die hinter ihnen her waren, hat *mich* nämlich verunsichert.« Ava war völlig überrumpelt von dieser Auskunft. Sie hatte sich so sehr gewünscht, Stuart zu gefallen, dass sie wahrscheinlich andere Männer erwähnt hatte, um begehrenswerter zu erscheinen. Dieser Schuss ging nach hinten los.

Kommt Ihnen das bekannt vor?

Vielleicht haben Sie sich in dem Verhalten der Verflossenen bisher noch nicht wiedererkennen können. Es ist nicht immer leicht, das eigene Verhalten in den Geschichten anderer Menschen wiederzuentdecken. Die folgenden Fragen werden Ihnen helfen herauszufinden, ob die Männer Sie als Verflossene abstempeln, bevor sie Ihr wahres Ich kennenlernen können.

Bei der Arbeit   *Ja   Nein*

Hängt Ihr beruflicher Erfolg davon ab,
dass Sie die Vergangenheit studieren und
verstehen (z. B. Geschichtslehrerin,
Psychiaterin, Forscherin)?   ☐   ☐

Erwähnen Sie Arbeitskolleginnen gegenüber
manchmal Ihren Exmann oder Exfreund?   ☐   ☐

Sind Sie schon einmal mit einem Kollegen
ausgegangen, den Sie immer noch täglich
sehen, sodass Sie ihn nur schwer vergessen
können?   ☐   ☐

Bei Freunden und in der Familie

Wird Ihnen oft freundlich gesagt:
»Du solltest langsam wirklich darüber
hinwegkommen.«   ☐   ☐

Halten Sie Ihren Kontakt mit einem Ex vor
irgendjemandem geheim?   ☐   ☐

Benutzen Sie manchmal die Wendungen:
»Er war die Liebe meines Lebens« oder
»Wir waren Seelenverwandte«?   ☐   ☐

Bei einer Verabredung oder in einer früheren Beziehung

Ertappen Sie sich bei der ersten Verabredung
mit einem Mann öfters dabei, wie Sie ihn
insgeheim mit Ihrem Ex vergleichen?   ☐   ☐

	Ja	**Nein**

Finden Sie es wichtig, von einem Mann
schon früh Antworten auf gewisse Fragen
zu bekommen, damit Sie die Fehler Ihrer vergangenen Beziehungen nicht wiederholen? □ □

Ärgert es Sie, dass die Männer Sie nach
Ihren vergangenen Beziehungen fragen,
obwohl Sie das Thema vermeiden wollen –
und dann schaffen Sie es nicht, sich um
eine Antwort zu drücken? □ □

Ihre Lebensphilosophie

Haben Sie in Ihrem Zuhause ein Foto, auf dem
jemand zu sehen ist, mit dem Sie früher ausgegangen sind (mit Ihnen allein oder auf einem
Gruppenbild) – vielleicht auch nur, weil *Sie*
auf diesem Bild besonders gut aussehen? □ □

Sind Sie stolz darauf, dass Sie die Männer
endlich durchschaut haben? □ □

Wenn Sie zu einem Therapeuten gehen:
Versuchen Sie mit ihm, Ihre Probleme
mit dem Ex zu lösen? □ □

Haben Sie mehr als fünf dieser Fragen mit Ja beantwortet?
Dann werden die Männer Sie möglicherweise für eine Verflossene halten. Zweifellos sind Sie klug und haben gelernt, was
Ihnen in einer Beziehung guttut und was nicht, und selbstverständlich sollen Sie Ihre Persönlichkeit nicht ändern. Aber Sie

könnten darüber nachdenken, ob Sie beim nächsten Date nicht die eine oder andere Bemerkung etwas anders formulieren wollen. Männer, die noch nicht wissen, wie toll Sie sind, könnten Sie sonst voreilig als Verflossene abstempeln und so die Chance verpassen, Sie bei weiteren Verabredungen besser kennenzulernen.

Was tun?

Jeder hat eine Vergangenheit, und natürlich hat sie Sie zu dem gemacht, was Sie heute sind. Alte Beziehungen sind zwar ein *naheliegendes* Thema für eine Unterhaltung, bei der man sich kennenlernen will, aber ganz bestimmt kein *kluges*. Zugegeben, es gibt Männer, die sich von der Erwähnung des Exfreundes nicht abschrecken lassen, aber das Problem ist, dass Sie vorher nicht wissen können, ob Ihr Gegenüber zu dieser Sorte Mann gehört. Wenn Sie mit dem Verflossenen-Problem zu kämpfen haben, habe ich fünf Tipps für Sie, wie Sie Ihre ersten Dates vor dem unheilvollen Einfluss Ihres Ex schützen können, sodass *Sie* entscheiden (und nicht Ihr Gegenüber), wer in der Zukunft noch eine Rolle spielen wird.

1. Erwähnen Sie beim ersten Date niemals Ihren Ex!

Hier sind wohl keine weiteren Erklärungen nötig.

2. Geben Sie Acht auf Fangfragen

Ähnlich wie der Langweilerin empfehle ich auch der Verflossenen, auf der Hut zu sein vor Fangfragen. Ihr Expartner kann sich auf die unschuldigste Art in Ihre Gespräche schleichen. Sie reden doch nur darüber, wie gut ihm Ihr Online-Profil gefallen hat, vor allem Ihre tiefsinnigen Bemerkungen darüber, was Sie aus vergangenen Beziehungen gelernt haben. Woraufhin Sie antworten: »Ja, ich hatte wirklich Probleme, wieder Vertrauen aufzubauen, aber wer hat die nicht?« *Sehr gut, Sie haben sich positiv ausgedrückt und nicht dazu verleiten lassen, sich zu Ihrem Ex zu äußern.* Aber jetzt ist seine Neugier geweckt. Er fragt ganz zuckersüß: »War dein Exfreund denn untreu?« Ein schmerzlicher Ausdruck huscht über Ihr Gesicht, und er säuselt sanft, wie der Wolf zum Rotkäppchen: »Komm doch näher, Kleines, du kannst mir alles erzählen...«

Oh, und wie gut er *zuhören* kann! Außerdem... na ja, er hat schließlich davon angefangen! Da Sie der Verabredung mehr emotionale Tiefe geben wollen, beschließen Sie, vertraulicher zu werden. Eins führt zum andern, und schon sind Sie in die Falle getappt. In der folgenden halben Stunde erzählen Sie ihm Ihren ganzen Herzschmerz. Sie können einfach nicht anders. Er ermutigt Sie ja auch noch! Doch ob Ihr Monolog nun melancholisch, wütend oder richtig witzig ist – am Ende wird er sich immer fragen: »Ist sie wirklich über den Kerl hinweg? Warum hat er sie denn überhaupt betrogen? Und jetzt stell ich mir die ganze Zeit vor, wie sie mit einem anderen Typen im Bett liegt...«

Es tut niemals gut, wenn Sie über Ihren Ex reden! Wenn Sie also den Wolf in der Großmutterverkleidung flöten hören: »Erzähl mir doch, was passiert ist...«, wechseln Sie sanft das Thema. Oder sagen Sie ihm einfach direkt, dass Sie sich die Geschichte für später aufheben, wenn Sie sich besser kennen. Oder rennen Sie schnell auf die Toilette. Oder lesen Sie den nächsten Tipp.

3. Wenden Sie die Eins-zu-eins-Regel an

Seien wir doch mal realistisch. Selbst wenn Sie Ihren Ex (oder seine Ex) nicht von sich aus zum Gesprächsthema machen, wird Sie der eine oder andere Mann bei Ihrer ersten Verabredung doch nach Ihren Exfreunden fragen und sich nicht mit einer vagen Antwort zufriedengeben. Oder, noch schlimmer, er fängt an über seine Exfreundin zu reden und findet schier kein Ende mehr. Hier kommt meine Eins-zu-eins-Regel zum Zuge: Erlauben Sie beim ersten Date einen Satz über eine(n) Ex, beim zweiten Date zwei usw.

Im Folgenden habe ich Ihnen ein paar Beispiele aufgelistet, wie Sie bei Ihrer ersten Verabredung angemessen antworten können, wenn ein Mann Sie direkt nach Ihrer letzten Beziehung fragt oder wissen will, warum Sie sich getrennt haben:

▶ »Er war ein netter Kerl, aber wir haben uns einfach auseinanderentwickelt.«

▶ »Wie sich herausstellte, war er kein so netter Mensch, aber ich habe eine Menge aus dieser Beziehung gelernt.«

▶ »Wir waren jung und wussten noch nicht so richtig, wie unsere Prioritäten im Leben aussehen.«

▶ »Im Großen und Ganzen lag das Problem wohl darin, dass unsere Kommunikation nicht richtig funktioniert hat. Daraus habe ich eine Menge gelernt.«

▶ »Als Ehepaar waren wir nicht der Hit, aber was die Sorge um unsere Kinder angeht, haben wir eine gut funktionierende Beziehung.«

Doch lassen Sie jedem dieser Sätze sofort folgen: »Aber sparen wir uns die Gespräche über unsere Exbeziehungen doch für später auf! Ich würde viel lieber mehr von deiner Vietnam-Rei-

se erfahren…« Indem Sie die Tür zu diesem Tabuthema des
ersten Dates schließen, können Sie die positive Stimmung bewahren. Wenn er auf weitere Details drängt, können Sie ihm
gerne meine Eins-zu-eins-Regel zitieren. Damit müssten Sie
die Sache endgültig abgewürgt haben, und wenn Sie es mit einem Lächeln und in scherzhaftem Ton vorbringen, dürfte er
sich nicht zurückgewiesen fühlen.

Wenn ein Mann Sie früh nach Ihrem Ex fragt, sollten Sie das
niemals zum Anlass nehmen, nun auch eine Frage nach *seiner*
letzten Beziehung zu stellen. Gehen Sie ihm mit gutem Beispiel voran und leben Sie ihm vor, dass Gespräche über Exfreunde und Exfreundinnen nicht zu einem ersten Date gehören.

4. Antworten Sie nur auf die gestellte Frage

Wie ich schon bei der Exhibitionistin dargelegt habe, sollten
Sie immer nur auf die Frage antworten, die er Ihnen gestellt
hat. Mit ungehemmtem Geplauder stellen Sie sich nur selbst
ein Bein. Wenn z. B. Jason, der mit dem tätowierten Mädchen,
fragt: »Was ist denn das?«, hätte sie auf jeden Fall irgendeine
Antwort geben müssen. Zwar konnte sie nicht ändern, was sie
in der Vergangenheit getan hatte, aber eine bessere Erwide-
rung auf seine Frage hätte lauten können: »Das ist ein Vogel.«
Halten Sie sich bitte vor Augen, dass er nicht gefragt hat: »*Warum* hast du dir das tätowieren lassen?« Und ganz sicher hat er
niemals gefragt: »Hast du dir das Tattoo für einen Exfreund
machen lassen?« Wenn es ans Thema Exfreund geht, geben
Sie nur das kleine bisschen Information, nach dem konkret gefragt wurde (wie ein Zeuge vor Gericht), und beschränken Details, die ihn nichts angehen, auf ein Minimum. Damit dürften
Sie immer eine gute Figur machen.

5. Vernichten Sie Beweise

Lassen Sie sich nicht in die Enge treiben. Vermeiden Sie Situationen, in denen das Thema Exfreund aufkommen könnte, sodass Sie entweder von ihm erzählen oder eine Lüge erfinden müssen. Entfernen Sie z. B. alte Fotos, die immer noch in Ihrer Wohnung, in Ihrem Portemonnaie oder auf Ihrer Internet-Seite herumgeistern. Das erspart Ihnen die Frage: »Wer ist das denn?« Tragen Sie keinen Schmuck, den Ihnen ein anderer Mann geschenkt hat; so vermeiden Sie potenzielle Fallgruben wie die Frage: »Hübsche Ohrringe, wo hast du die denn her?«

Wenn Ihnen Dates durch eine Freundin vermittelt werden, bitten Sie sie, Ihre vergangenen Beziehungen nicht zu erwähnen, wenn sie Sie beschreibt. Oftmals denken Ihre wohlmeinenden Freunde nicht nach. Sie plaudern einfach mit jemandem über Ihre Vergangenheit, ohne zu merken, welchen Schaden sie damit anrichten. Ich höre es geradezu: »Oh, Jim, meine Freundin Marla ist so super! Die wirst du garantiert mögen! Und es tut ihr bestimmt auch mal wieder gut, vor die Tür zu kommen. Mit ihrem Freund ist nämlich Schluss, weil er mit ihrer Schwester geschlafen hat, als sie im Urlaub war... du wärst genau der Typ Mann, der ihr hilft, wieder Vertrauen zu fassen!

Keine Frage, Exfreunde und Exmänner haben viel dazu beigetragen, wer Sie heute sind und wie Sie sich heute fühlen. Irgendwann können Sie so viel über sie reden, wie Sie nur wollen. Aber halten Sie bei den ersten paar Verabredungen einfach den Mund. Lassen Sie nicht zu, dass Ihre Vergangenheit der Zukunft in die Quere kommt.

Wenn Sie eine Verflossene sind

TOP

1. Gegenwart und Zukunft	1. Vergangenheit
2. Enthusiasmus	2. Bitterkeit
3. »Ich glaube, dass Kommunikation in einer Beziehung sehr wichtig ist.«	3. »Ich bin ja so froh, dass du Feedback zu schätzen weißt. Mein Exfreund behauptete immer, ich würde ihn für jede Kleinigkeit kritisieren.«
4. Eine lustige Geschichte vom Urlaub erzählen, den Sie letzten Monat mit Ihrer Schwester gemacht haben	4. Eine nicht so lustige Geschichte über Ihren Exfreund erzählen, der mit Ihrer Schwester geschlafen hat, während Sie im Urlaub waren.
5. »Ich bin so gespannt, was die Zukunft für mich bereit hält.«	5. »Ich werde dir meine Vergangenheit anlasten.«

FLOP

Die Einbahnstraße

*Der liebe Gott hat uns nicht ohne Grund zwei
Ohren und einen Mund gegeben: Man sollte
doppelt so viel zuhören wie selbst reden.*

Edmund, 68, Palo Alto

*Das war kein Date, das war ein Interview.
Sie hat mich ausgequetscht, als säße ich auf
einer Talkshow-Couch.* Finn, 33, Concord

*Lieber schweigen und für einen Dummkopf
gehalten werden, als den Mund aufmachen
und jeden Zweifel ausräumen.*

Abraham Lincoln, Springfield

Die Einbahnstraße ist eine Frau, die in ihrer eigenen Welt lebt.
Sie dominiert das Date, indem sie entweder zu viel redet oder
die Unterhaltung zu stark steuert. Ihr pausenloses Gerede ist
vielleicht nur auf ihre Aufregung wegen der ersten Verabredung zurückzuführen. Ihre Selbstbezogenheit ist entweder ein
Spiegelbild ihres Charakters oder einfach ein Mangel an Aufmerksamkeit. Ihre Fragen sind vielleicht ein Versuch, effizient
zu handeln (indem sie sich nicht unnötig mit Männern ohne
Potenzial abgibt). Doch *sie* und *ihre Ziele* nehmen im Verhältnis zu den Belangen ihres Gegenübers viel Raum ein. Egal,
welche Gründe dahinterstecken, für die Männer war diese Art
von Benehmen eine Rechtfertigung für den Rückzug.

Wahrscheinlich haben Sie in Ihrem Leben schon tausendmal gehört: »Rede nicht so viel, hör doch auch mal zu, was andere Leute zu sagen haben.« Vielleicht halten Sie diese Aussage ja für selbstverständlich. Aber ich hoffe, dass Sie diesen Ab-

schnitt trotzdem genau lesen, wie Sie auch ein neues Diätbuch lesen würden, das Ihnen zu Beginn zum x-ten Mal erklärt, dass Sie sich richtig ernähren und mehr bewegen sollen. Warum sollte man etwas lesen, was man doch schon weiß? Weil die Menschen manchmal gerade solche Dinge immer wieder falsch machen. Wenn Ihr Gehirn sagt: »Ich weiß doch längst, dass...«, heißt das noch lange nicht, dass Sie nicht ab und zu daran erinnert werden müssen, dass Sie sich auf verbotenem Terrain bewegen.

Sind Sie eine Einbahnstraße?

Vier Verhaltensmuster sind typisch für die Einbahnstraße. Kommt Ihnen irgendetwas davon bekannt vor?

Die Befragung

Den Anekdoten über die Fixierte konnten Sie bereits entnehmen, dass sich die Männer nicht gerne auf ihre Tauglichkeit als langfristiger Partner bzw. Samenspender prüfen lassen. Aus dem Prinzesschen-Abschnitt konnten Sie lernen, dass sich die Männer nicht gerne zu ihrem Vermögen befragen lassen. Diese Gefühle überschneiden sich bei der Einbahnstraße, nur dass die Frau hier nicht nur seinen Genpool, seine Beziehungsbereitschaft oder sein Konto checkt, sie möchte am liebsten gleich den ganzen Fragebogen für die Volkszählung ausfüllen. Ihre Flut an Fragen verleiht dem Date eine unangenehme, formelle Atmosphäre. Carter, ein 27-jähriger Ingenieur, erzählte: »Ihre Fragen kamen peng-peng-peng... eine nach der anderen.« Sie wollte wissen, wo er aufgewachsen war, wie viele Geschwister er hat, welches College er besucht hat, welche Zeitschriften er liest und ob er die Demokraten wählt. Er kam sich vor wie bei einem Bewerbungsgespräch. Dabei hatte er das Gefühl, dass es für jede Frage richtige und falsche Antworten gab, war aber nicht sicher, ob er immer korrekt geantwortet hatte. »Die Atmosphäre war nicht gerade entspannend«, berichtete er, »und ich beschloss, dass diese Frau einfach nicht mein Typ ist.« Ich überlegte, ob Carters Gegenüber vielleicht nervös war oder zu viel Koffein intus hatte. Oder ob ihre atemlos abgefeuerten Fragen ihre wahre Persönlichkeit spiegelten.

Der 22-jährige Damien, Jurastudent, meinte: »Die Fragen haben mir gar nichts ausgemacht. Wenn sich jemand bei einem Kreuzverhör noch wohlfühlen kann, dann ich – schließlich will ich mal Rechtsanwalt werden. Das war eine gute Übung. Ich meine, *romantische* Absichten hatte ich bei ihr natürlich keine, aber ich mag es, wenn ich gefordert werde.« Fall abgeschlossen.

Wenn ich abends bei Speed-Dating-Veranstaltungen recherchierte, bekam ich oft Beschwerden über die Einbahnstraße zu hören. Ich fand, angesichts des Formats – ganze acht Minuten für Begrüßung und Kennenlernen – wäre es schon ein Kunststück, den anderen *nicht* mit zu vielen Fragen zu bombardieren. Der Offizier Merrill, 31, erklärte: »Das Problem dabei ist, dass man an einem Abend so viele Frauen kennenlernt – irgendwann wird es grässlich langweilig, diese ganzen grundlegenden Fragen zu beantworten.« Trent, ein 29-jähriger Verkaufsleiter, bemerkte: »Am Ende der acht Minuten hatte ich all ihre Fragen beantwortet, aber überhaupt nichts über *sie* erfahren. Woher sollte ich also wissen, ob ich sie wiedertreffen wollte? Also traf ich meine Entscheidung automatisch aufgrund ihres Aussehens.«

Der 44-jährige Pilot Payton erzählte mir bei einer Telefonbefragung von Rebecca, einer Frau, die er beim Online-Dating kennengelernt hatte. Payton hat ein breit gefächertes berufliches Profil. Er ist Pilot, fliegt aber nur gelegentlich für eine private Firma. Daneben arbeitet er als Fluglehrer, Stuntman in Hollywood, freiwilliger Feuerwehrmann und Fotograf. Offensichtlich wurde Rebecca (verständlicherweise) nicht ganz schlau daraus, womit er seinen Lebensunterhalt verdient, also nahm sie ihm bei ihrem Treffen diesbezüglich in die Zange. »Es muss ausgesehen haben wie eine Szene aus einem Film, wenn ein Mann von einem Polizisten verhört wird. Sie fragte immer wieder: ›Was ist denn nun dein Hauptberuf? Und wie heißt die Firma, für die du arbeitest? Ist das ein Job oder ein Hobby? Wie viele Tage pro Woche bist du dort?‹ Ich fühlte mich … in die Ecke gedrängt. Sie war mehr an Fakten interessiert, die sie abfragen konnte, als an der Frage, warum mir meine Tätigkeit Spaß macht.« Für mich klang es, als hätte Rebecca angesichts seines undurchschaubaren Hintergrunds Verdacht geschöpft. Hätte ich vielleicht auch. Aber es hätte auf jeden Fall Mittel und Wege gegeben, sich die entsprechenden Informationen sanfter zu beschaffen, nur für den Fall, dass sie ihn doch gerne wiedergesehen hätte.

Oft steckt hinter den Befragungen beim ersten Date der Wunsch, Ihrem Gegenüber ein Etikett zu verpassen und ihn in eine nette kleine Schublade zu stecken. Ist er ein Workaholic, ein Playboy oder ein Langweiler? Ist er der verrückte, zwanghafte Typ, der hingebungsvolle alleinerziehende Vater oder der langweilige Buchhalter? Das Problem ist natürlich, dass Sie oft in die Irre gehen, wenn Sie ihn zu früh einem Stereotyp zuordnen wollen – und heuchlerisch ist es obendrein. Aus so einer Handvoll erfragter Auskünfte voreilige Schlussfolgerungen zu ziehen ist nämlich genau das, was die Männer mit den Frauen tun (wie Sie im Laufe dieses Buches schon gemerkt haben).

Natürlich ist es nur fair, wenn Sie ebenso vorgehen, doch wird Ihr erster Eindruck vielleicht genauso irreführend sein wie seiner. Aber wenn Ihre Interviewtechnik ihn in ein positives Licht rückt und Sie ihn wirklich gut finden könnten? Tja, wenn Ihre Fragerei dazu führt, dass er Sie gar nicht mehr anrufen will, was hat sie Ihnen dann genutzt?

Endlose Langeweile

Jeb, ein 31-jähriger Vertriebsleiter, erzählte mir von einer Frau, die eine »schnelle, fast stakkatoartige Sprechweise« hatte. Er meinte: »Sie kam mir so angespannt und nervös vor. Wahrscheinlich mag ich lieber relaxtere, aufmerksamere Frauen.« Die Männer belegen geschwätzige Frauen mit Prädikaten wie »todlangweilig«, »Schnatterliese« oder »unglaublich nervig«. Der Spendensammler Stanley, 31, erzählte mir die Anekdote von einer Frau, die ihn so langweilte, dass er gute Lust gehabt hätte, den Kopf auf den Tisch zu legen und einzuschlafen. Auf seine Frage »Liest du gerade irgendein gutes Buch?« ließ sie eine zwanzigminütige Suada über ein Buch namens *Die Gerümpel-Diät. Aufräumen und abnehmen* vom Stapel, von dem sie eine Besprechung in der *New York Times* gelesen hatte, woraufhin sie es sich bei Amazon bestellte, aber da sie vier Tage später verreisen wollte, war sie nicht sicher, ob es noch rechtzeitig eintreffen würde, also versuchte sie den Kundendienst anzurufen, konnte aber kein exaktes Lieferdatum herausbekommen, und dann hatte sie das Buch doch erst nach dem Urlaub und... Ich erspare Ihnen den Rest. Ich bin sicher, Sie wissen, was gemeint ist, oder?

Zum einen Ohr rein, zum anderen raus

Eine der bezeichnenden Eigenschaften der Einbahnstraße ist, dass sie schlecht zuhören kann. Wenn Frauen sich bei der ersten Verabredung nur auf sich und ihre Anliegen konzentrierten, schienen sie überhaupt keine Details mehr aufzunehmen. Der 36-jährige Danny, Unternehmer, nannte als Beispiel seine Verabredung mit Jessica. Er erinnerte sich, dass er ihr ganz begeistert von seinem bevorstehenden Mexiko-Urlaub erzählt hatte. Während des Abendessens unterhielten sie sich länger als eine Viertelstunde über diese Reise, und er teilte ihr mit, dass er am Freitag losfahren und eine Woche fort sein würde. Am nächsten Tag schickte sie ihm eine Mail mit dem Wortlaut: »Lass uns dieses Wochenende doch was Schönes unternehmen – hast Du schon was vor?« Dass er am Freitag nach Mexiko fliegen wollte, war ihr völlig entfallen. »Hatte sie mir denn überhaupt nicht zugehört?«, staunte Danny. »Das war typisch für unser ganzes Date.«

Nur mit sich selbst beschäftigt

Männer glaubten manchmal, dass die Frau zu sehr mit sich selbst beschäftigt war, wenn sie nur mäßiges Interesse an etwas zeigten, worauf er stolz war. Ich führte einmal ein Abschlussgespräch für eine Kundin, die mit dem Etikett Einbahnstraße belegt wurde: die 46-jährige Suzanne. Tony, mit dem sie einmal ausgegangen war, war alleinerziehender Vater und vertraute mir an, dass er sie aus einem schlichten Grund nicht mehr angerufen hatte: Sie hatte null Interesse an seinem 6-jährigen Sohn bekundet, der für ihn das Wichtigste im Leben war. Sie hatte keine einzige Frage gestellt, obwohl Tony mehrfach

Anspielungen gemacht hatte wie: »Mein Sohn und ich sind letztes Wochenende im Zoo gewesen.« Stattdessen erzählte sie, was *sie* letztes Wochenende so gemacht hatte. »Sie hat keine Kinder, deswegen hatte sie wahrscheinlich auch kein Interesse an meinem«, meinte Tony. »Sie hat sehr viel von sich selbst gesprochen.«

Vielleicht wollte Suzanne nicht so viel über seinen Sohn reden, weil sie Angst hatte, dann sofort den Kinderwunsch-Stempel aufgedrückt zu bekommen. Das wäre auch der richtige Gedanke, falls Sie Züge der Fixierten tragen (obwohl ein, zwei höfliche Fragen auch in diesem Fall noch angebracht wären). Doch für eine Einbahnstraße wäre es angeraten gewesen, Tony weitere Fragen zu seinem Sohn zu stellen.

Ein 34-jähriger Softwarehändler namens Lance erzählte mir von einer Frau, die die Dinge grundsätzlich aus der Perspektive »Was habe ich für einen Nutzen davon?« betrachtete. Ihre Geschichte hat gewisse Prinzesschen-Untertöne, aber es ging weniger um Geld oder Lebensstil. Er beschrieb Carissa, eine Frau, die ihm aus einer Klemme geholfen hatte, unmittelbar, nachdem sie miteinander ausgegangen waren. Ich fand, das klang sehr nett, und war neugierig, welche Richtung die Geschichte dieses gescheiterten Dates nehmen würde. Als sie um zwei Uhr morgens auseinandergingen, war er offensichtlich zum Bahnhof gerannt, hatte aber den letzten Zug in die Vororte knapp verpasst. Er brauchte einen Schlafplatz und zögerte erst, Carissa anzurufen, die nur fünf Straßen weiter wohnte. Verständlicherweise befürchtete er, sie könnte ihn verdächtigen, dass er nur einen Vorwand suchte, um noch Sex mit ihr zu haben. Schließlich entschied er, sie doch anzurufen, und sie klang ganz so, als würde es ihr tatsächlich nichts ausmachen. Liebenswürdig bot sie ihm an, auf ihrem Sofa zu übernachten. Auf dem Weg zu ihrer Wohnung dachte Lance: »Wow, die finde ich echt nett. Schön, wie sie diese potenziell peinliche Situation gemeistert hat.«

Doch als er bei ihr ankam, begrüßte sie ihn mit den Worten: »So, jetzt bist du mir aber echt was schuldig! Nachdem ich dich heute Nacht auf meiner Couch schlafen lasse, hoffe ich, es macht dir nichts aus, mir morgen beim Aufhängen meiner neuen Vorhänge zu helfen. Ich könnte Hilfe gut gebrauchen und finde, es wäre nur fair, wenn du einspringst.« Für mich klang es kokettierend, aber Lance fasste es anders auf. Er meinte, es hätte ihn gar nicht gestört, ihr beim Aufhängen der Vorhänge zur Hand zu gehen, wenn sie ihn am nächsten Tag einfach darum gebeten hätte. Aber da sie das Ganze als »Tauschhandel« aufzog, verschwanden die warmen Gefühle, die ihm ihre anfängliche Großzügigkeit bereitet hatte. Als ich mich weiter mit Lance unterhielt, erklärte er, dass er sich eine Frau wünscht, die es tatsächlich schön findet, anderen Menschen zu helfen, jemanden, der die Dinge nicht immer nur aus seiner Perspektive sieht. Er möchte eine Frau, die nicht immer danach fragt, was für sie herausspringt. Während er nachts allein auf dem Sofa lag, ließ er den Abend gedanklich noch einmal Revue passieren und kam zu dem Schluss, dass die Vorhangbemerkung nicht das einzige Beispiel ihrer Ichbezogenheit gewesen war. Er zählte mir ein paar Bemerkungen von ihr auf, die zeigten, dass sie in erster Linie an sich dachte (z. B. »Ich versuche gerade, nicht so viele Kohlenhydrate zu essen, könnten wir bitte woanders hingehen als zum Italiener?« oder »Zahlen wir doch lieber, statt noch einen Kaffee zu trinken – vom Koffein liege ich immer die ganze Nacht wach.«). Also half er ihr am nächsten Morgen mit dem Aufhängen der Vorhänge, verabschiedete sich höflich und rief sie nie wieder an.

Kommt Ihnen das bekannt vor?

Vielleicht haben Sie in den Anekdoten über die Einbahnstraße bisher noch keine Ähnlichkeit mit Ihrem eigenen Verhalten erkennen können. Nehmen Sie die folgenden Fragen zu Hilfe, um herauszufinden, ob die Männer Sie dem Stereotyp der Einbahnstraße zuordnen, bevor sie Ihr wahres Ich kennenlernen können.

	Ja	*Nein*
Bei der Arbeit		
Gehört es zu Ihrem Job, Leute zu befragen – und sind Sie gut darin?	☐	☐
Wird es in Ihrem Beruf honoriert, wenn Sie neugierig sind und viele Fragen stellen (z. B. als Recherchekraft, Wissenschaftlerin oder Journalistin)?	☐	☐
Reißen Sie bei Besprechungen gerne mal das Wort an sich?	☐	☐
Bei Freunden und in der Familie		
Beklagen Sie sich darüber, dass Männer am liebsten von sich selbst reden?	☐	☐
Fühlten Sie sich im Flugzeug schon einmal beleidigt durch die Unhöflichkeit Ihres Sitznachbarn, der sich die Kopfhörer aufsetzte, als Sie gerade noch mitten in Ihrer Geschichte waren?	☐	☐

	Ja	**Nein**

Hat Ihnen schon mal jemand gesagt:
»Du würdest eine großartige Reporterin
abgeben.«

Bei einer Verabredung oder in einer früheren Beziehung

Reden Sie eher mehr, wenn Sie nervös sind
oder Ihnen nicht ganz wohl in Ihrer Haut ist?

Hat der Mann im Restaurant seinen Teller
meistens schneller leer gegessen als Sie –
vielleicht weil Sie die ganze Zeit geredet
haben?

Hat ein Mann Ihnen bei einem Date schon
einmal gesagt: »Ich hab das Gefühl, wir
haben schon so viel über mich gesprochen – aber ich weiß immer noch nichts
von *dir*.«

Ihre Lebensphilosophie

Interessieren Sie sich wirklich dafür, was
andere Leute umtreibt?

Sind Sie stolz darauf, dass die Männer,
die Sie online kennenlernen, Sie nicht
belügen können – weil Sie sie jedes Mal
durchschauen?

Fühlen Sie sich unbehaglich, wenn Schweigen
herrscht?

Sie haben mehr als fünf dieser Fragen mit Ja beantwortet? Dann wirken Sie auf die Männer möglicherweise wie eine Einbahnstraße. Zweifellos sind Sie kontaktfreudig, neugierig und führen ein interessantes Leben, und selbstverständlich sollen Sie Ihr wahres Ich nicht ändern. Aber Sie könnten darüber nachdenken, ob Sie Ihr Verhalten während und nach den ersten Verabredungen ein wenig anpassen möchten. Männer, die noch nicht wissen, wie toll Sie sind, könnten Sie sonst vorschnell als Einbahnstraße abstempeln und so die Chance verpassen, Sie bei weiteren Verabredungen besser kennenzulernen.

Was tun?

Wenn Sie Tendenzen zur Einbahnstraße an sich entdeckt haben, habe ich sechs Vorschläge für Sie, wie Sie das Gleichgewicht wiederherstellen können.

1. Stellen Sie Fragen, ohne ihn zu verhören

Natürlich geht es beim ersten Date darum, einander kennenzulernen, und ohne ein paar Fragen wäre das sicher recht schwierig. Der Unterschied zwischen »ein paar Fragen stellen« und »ein Verhör führen« ist ganz einfach: *Sorgen Sie dafür, dass er sich entspannt* (treiben Sie Small Talk über Ihren Tag, machen Sie ihm ein Kompliment, bestellen Sie ein Getränk), *achten Sie auf die Menge Ihrer Fragen* (vielleicht nicht mehr als eine Frage alle fünf bis zehn Minuten – so kann der Dialog Tiefe statt Breite entfalten) und *stellen Sie offene Fragen* (statt zu fragen »Hast du ein gutes Verhältnis zu deiner Mutter?«, formulieren Sie so: »Erzähl doch mal von deiner Familie«; statt »Fährst du Ski?« lieber: »Was unternimmst du am Wochenende am liebsten?«)

2. Erkundigen Sie sich, ohne dass er es merkt

Wenn Sie überprüfen wollen, was ein Fremder Ihnen erzählt, ist das durchaus ein gesunder Instinkt. Doch ich glaube, dass jemand, der Sie von vornherein anlügt, wahrscheinlich auch schlau genug ist, um seine Show das ganze erste Treffen lang durchzuhalten. Wenn Ihr Bauch Ihnen sagt, dass irgendetwas mit diesem Typen nicht ganz stimmen kann, ist es ratsam, ihn im Internet zu googeln.

Natürlich sollten Sie sich immer an einem öffentlichen Ort mit ihm treffen. Aber statt ihn einem Verhör zu unterziehen, ist es vielleicht die bessere Strategie, wenn Sie geduldig abwarten, wie er sich im Laufe des Gesprächs selbst erklärt oder widerspricht. Verhöre enden nämlich meistens damit, dass Sie am Ende zwar Ergebnisse haben, aber keinen Mann.

3. Beschränken Sie Ihren Alkoholkonsum

Ein paar Cocktails zu viel sind oft der Grund für eine gelöste Zunge und endlose Monologe. Es versteht sich eigentlich von selbst, aber bleiben Sie beim ersten Date bitte unter Ihrem Limit – und wenn Sie noch so nervös sind. (Egal, zu welchem Stereotyp Sie neigen, es ist immer eine gute Idee, den Alkoholkonsum zu beschränken.) Wenn Sie vor einer Verabredung aufgeregt sind, versuchen Sie sich zu Hause irgendwie zu entspannen, bevor er Sie abholt: mit Yoga, Stricken, einem Vollbad oder auch einem halben Glas Wein. Das wird Sie hoffentlich davon abhalten, sich in eine nervöse Plaudertasche zu verwandeln. Aber sobald Sie im Restaurant sind ... bitte nur noch ganz kleine Schlucke!

4. Vermeiden Sie langweilige Geschichten

Wenn Sie sich dabei ertappen, ungefähr so zu reden: »Also ... und dann ... und als Nächstes ... Oh, und dann ... Aber ...«, dann werden Sie wahrscheinlich gerade furchtbar langweilig. Natürlich sollen Sie mehr als »Ja« oder »Nein« sagen, wenn er Sie etwas fragt, und am besten sollten Ihre Antworten auch noch charmant und interessant klingen. Verkneifen Sie sich Bemerkungen zu Leuten, die er nicht kennt, und sparen Sie sich Details, die niemanden interessieren. Machen Sie's kurz und gehen Sie dann zu einem anderen Thema über. Wie schon im Abschnitt über die Langweilerin empfohlen, sollten Sie vor dem Treffen Ihre Hausaufgaben machen und eine Liste mit lustigen und interessanten Gesprächsthemen aufstellen.

5. Hören Sie auf Experten

Es gibt ein sehr kluges Buch von Adele Faber und Elaine Mazlish namens *So sag ich's meinem Kind*. Auch wenn Sie keine Kinder haben, sondern mit einem Mann kommunizieren sollen (okay, man könnte sich jetzt natürlich streiten, ob die wirklich alle erwachsen sind), ist das Buch äußerst hilfreich für die Einbahnstraße. Es erläutert kommunikative Fähigkeiten, angefangen bei so simplen Fragen wie der bewussten Wortwahl. Es zeigt, wie bestimmte Strategien beim Zuhören dem Gegenüber das Gefühl vermitteln können, wirklich wichtig zu sein, und wie man durch Umformulierung bestimmter Aussagen völlig andere Reaktionen erzielt. Pflichtlektüre für jede Altersgruppe!

6. Achten Sie darauf, was für *ihn* wichtig ist

Wenn Sie herausfinden, was dem Mann am allerallerwichtigsten ist, haben Sie schon viel gewonnen. Mal mag es ins Auge fallen, mal sich eher subtil abzeichnen, aber wenn Sie sorgfältig auf seinen Ton und seine Körpersprache achten, bemerken Sie normalerweise, wie sich seine Stimmung ändert, sobald er wirklich Leidenschaft für ein Thema zeigt. Als Tony (der alleinerziehende Vater) zum Beispiel mit leuchtenden Augen erwähnte, dass er mit seinem Sohn im Zoo war, hätte Suzanne fragen können, welche Tiere der Kleine am liebsten mochte und was für Vater-Sohn-Abenteuer sie sonst noch so unternahmen. Tony bezeichnete Suzanne nicht als egozentrisch, weil sie über sich selbst redete, sondern weil sie nicht genug Aufmerksamkeit für das große Thema aufbrachte, das ihm im Leben am wichtigsten war: sein Sohn.

Natürlich wollen die Männer mehr über Sie erfahren – deswegen haben sie Sie ja auch um eine Verabredung gebeten –, aber sie wünschen sich auch, dass Sie Ihr Augenmerk auf das richten, worauf sie am stolzesten sind. Ob das nun der 6-jährige Sohn, der geliebte Hund oder sein Motorrad ist – versuchen Sie herauszufinden, was es ist, fragen Sie danach und kommen Sie auch wieder darauf zurück. Er wird sich nicht nur entspannen und mehr Spaß haben, weil er über sein Lieblingsthema reden kann, sondern Ihnen auch eine Vorstellung davon geben, was ihn im Leben umtreibt. Auf diese Art erreichen Sie viel mehr als mit dem Fragebogen in der Hand.

Bei Ihrer ersten Verabredung sind Ihnen wahrscheinlich mehrere grundlegende Fakten über ihn bekannt (vielleicht hat eine Freundin Sie verkuppelt und Ihnen von seinem Hintergrund erzählt, vielleicht haben Sie ihn aber auch online kennengelernt und die Liste seiner Hobbys und Lieblingsgerichte gelesen), aber Sie wissen nicht, warum er ist, wie er ist. Warum hat er sich diesen Job ausgesucht, warum gefällt ihm dieser Film am besten? Indem Sie nach den Gründen hinter diesen Angaben fragen, können Sie echtes Interesse an ihm bekunden, und hinterher geht er zufrieden nach Hause. Hoffentlich wird er auch die Gründe hinter Ihren Entscheidungen herausfinden wollen – wenn er Sie um eine zweite Verabredung bittet.

Den meisten Treffen mit einer Einbahnstraße – egal, ob alles nur in Ihre oder alles nur in seine Richtung läuft – folgt keine zweite Verabredung. Wenn Sie sich bei Eintreffen der Vorspeise in einer Einbahnstraßen-Situation befinden, sorgen Sie dafür, dass die zweite Hälfte des Abends der Verkehr in beide Richtungen fließt.

Wenn Sie eine Einbahnstraße sind

TOP	FLOP
1. Offene Fragen	1. Monologe
2. Ich, er, ich, er	2. Ich, ich, ich, ich
3. Gespräche	3. Endloses Geplapper
4. Ihm in die Augen sehen	4. In den Spiegel sehen
5. »Ich bin mal auf dem Amazonas gefahren...«	5. »Ich habe mal bei Amazon gesurft...«

Jenseits der Top Ten: weitere Abtörner

Die Männer haben mir noch ein paar andere interessante Gründe mitgeteilt, warum sie eine Frau nicht mehr wiedersehen wollten. Im Folgenden gebe ich Ihnen eine kurze Zusammenfassung der Abtörner 11 bis 16, die zwar nicht so häufig genannt wurden, aber ich kann nur wiederholen: Für Sie ist der wichtigste Grund der, mit dem *Sie* sich identifizieren können.

Die Neurotikerin

Die Neurotikerin ist eine Frau mit einem irritierenden, ungewöhnlichen oder bizarren Benehmen, das den Männern bei der ersten Verabredung ins Auge fiel. Wie in der *Seinfeld*-Episode, als Jerry den Kontakt zu einer Frau wieder abbricht, weil sie ihre Erbsen alle einzeln mit der Gabel aufspießte. Die Männer, die ich befragt habe, erzählten z. B. von einer Frau, die sich im Kinosessel aus Angst vor Kopfläusen nicht zurücklehnen wollte, eine andere hatte über zweihundert Engelspuppen in ihrer Wohnung stehen, die nächste schrieb »har har har« in ihren Mails (statt »haha« oder »lol«) und wieder eine andere sortierte die Joghurts in ihrem Kühlschrank nach Alphabet. (Ich grüble immer noch, ob sie Rhabarber-Vanille unter R oder V einsortiert.)

Dann gab es noch einige Geschichten mit Haustieren. »Für mein Hundchen ist Filet Mignon gerade gut genug!« oder »Sind diese Pfotenschoner nicht hinreißend?« Außerdem habe ich dreimal von einer Frau gehört, die die Restaurants nach ihrer »warmen Beleuchtung« aussuchte (diese Anekdoten stammten von drei Männern, die alle in Los Angeles wohnen, daher frage ich mich, ob das eine spezielle Macke in L. A. ist oder ob einfach alle drei mit derselben Frau ausgegangen sind). Dann war da noch die Frau mit dem nervigen Tick, ständig »Sekunde, ich hab's gleich« zu sagen. »Ich besitze ... Sekunde, ich hab's gleich ... dreizehn Regenschirme!« Aha. Und ich habe ... Sekunde, ich hab's gleich ... nie ein zweites Date.

Außerdem kamen mir diverse Keimphobien unter, die den Jungs so auf die Nerven gingen, dass sie die Frauen nie wieder anriefen. Dazu gehörte die fixe Idee, keine Türklinken oder Treppengeländer anzufassen, genauso wie die Angewohnheit, den Rand einer Getränkedose vor dem Trinken mit einem Taschentuch abzuwischen. Ein Mann wollte, dass sich die Frau seinen Lieblingssong anhörte, und hielt ihr den Kopfhörer seines MP3-Players hin – den sie ablehnte, aus Angst vor »Ohrkeimen«.

Nicht zuletzt wären diverse skurrile Essgewohnheiten zu nennen: Eine Frau knabberte an ihrem Brot wie ein Eichhörnchen, eine aß nur weiße Lebensmittel, eine ließ die Gabel jedes Mal vernehmlich gegen ihre Zähne klirren, wenn sie sich einen Bissen in den Mund schob, und eine drückte ihr Essen mit der Gabel erst mal auf dem Teller platt, bevor sie mit der Mahlzeit begann. Dazu gesellte sich noch eine ganze Serie von Meg-Ryan-Typen (aus dem Film *Harry and Sally*), deren wählerische Bestellungen (»können Sie dies weglassen und mir stattdessen auf einem eigenen Teller jenes bringen?«) nicht mehr auf den Notizblock des Kellners passten.

Wir haben alle so eine »Macke«. Ich bin da keine Ausnahme, bei mir ist es die Käse-und-Cracker-Macke. Wenn ich mir ein paar Käsewürfel zurechtschneide, zähle ich mir genau dieselbe Anzahl Cracker ab – sechs Käsewürfel, sechs Cracker. *Wenn ich nicht genau dieselbe Anzahl auf dem Teller habe, werde ich wahnsinnig.* Wenn mein Mann mir ein Stück Käse vom Teller mopst, renne ich sofort in die Küche und hole mir ein neues – es würde mich umbringen, wenn ich einen überzähligen Cracker hätte. Mein Mann scheint das irgendwie süß zu finden und zieht mich damit auf, aber ich bin sicher, hätte er es bei unserer ersten Verabredung erfahren, hätte er mich für bescheuert gehalten und mich nicht mehr treffen wollen.

Es geht nicht darum, dass Sie Ihr neurotisches Verhalten ganz abstellen müssen (das ist meistens zu viel verlangt) – versuchen Sie nur, es beim ersten Date etwas zu dämpfen oder zu verbergen, sonst geht der Mann hinterher nach Hause und erzählt all seinen Freunden, Sie hätten eine Schraube locker. Noch ein schneller Tipp für alle wählerischen Esserinnen: Rufen Sie vorher im Restaurant an und lassen Sie sich die Speisekarte faxen (oder gucken Sie auf der Webseite des Lokals nach), so haben Sie Zeit, sich etwas auszusuchen, was Sie essen können, ohne mehr als einen Extrawunsch äußern zu müssen. Wenn Sie überhaupt nichts Passendes entdecken, schlagen Sie ihm höflich ein anderes Restaurant vor, weil Sie so eine tolle Kritik darüber gelesen haben. Sich das Dressing extra zu bestellen oder die Küche zu bitten, die Zwiebeln wegzulassen, ist völlig okay, aber sparen Sie sich Ihre hoch komplizierten Bestellungen für zukünftige Verabredungen auf, wenn Ihr Gegenüber *mit* Ihnen lachen kann statt *über* Sie.

Die Kategorische

Die Kategorische ist eine Frau, die bei der ersten Verabredung eine kategorische, absolute oder sehr nachdrückliche Aussage macht, die den Mann stört. Wie Sophie aus dem 1. Kapitel, die verkündete: »Ich werde niemals aus New York wegziehen.« Andere Beispiele lauteten: »Ich würde meine Kinder nie in einem anderen Glauben erziehen lassen.« Oder »Ich würde meinen Nachnamen nie aufgeben«, »Ich könnte nie in einem kalten Klima leben«, »Ich würde niemals in eine Bibelgruppe gehen«, »Ich würde niemals jemanden heiraten, der schon Kinder hat«, »Ich würde nie mit einem Raucher ausgehen« oder »Ich würde niemals einen Mann heiraten, der kein Abitur hat.« Manche dieser kategorischen Aussagen standen im Online-Profil der Frauen oder wurden einer verkupplungsbereiten Freundin mitgeteilt, die dem Mann diese Vorurteile unabsichtlich vermittelte, wenn sie die Frau beschrieb – und schon waren die Weichen fürs Date gestellt.

Verwandt mit diesen Niemals-im-Leben-Aussprüchen ist das absolute »Ich werde …« bzw. »Ich hasse …«. In meiner Umfrage hörte ich Beispiele wie »Ich werde eines Tages in Japan leben«, »Ich werde nur ein Kind haben«, »Meine Kinder werden ein Internat besuchen, genau wie ich«, »Ich werde nach der Geburt meiner Kinder wieder Vollzeit arbeiten gehen«, »Ich hasse Katzen«, »Ich hasse Camping« oder »Ich hasse den Strand.«

Es kann gut sein, dass ein Mann Ihr kategorisches Niemals-im-Leben irgendwann akzeptiert, aber warum wollen Sie ihn schon beim ersten Treffen, wenn er Sie noch gar nicht kennt, so auf die Probe stellen? Außerdem: Wie zuverlässig ist Ihr »Niemals-im-Leben« eigentlich? Bitte springen Sie mir jetzt nicht an die Kehle, aber ich kann nur sagen, dass so gut wie *al-*

les Verhandlungssache wird, wenn man wirklich verliebt ist. Egal, was Sie im Moment glauben oder wollen oder hassen, Sie werden die Dinge ganz anders betrachten, wenn der Richtige des Weges kommt. Ich sage ausdrücklich *nicht*, dass Sie Ihre Wertvorstellungen oder unerschütterlichsten Glaubenssätze aufgeben werden (oder sollten), aber aus diversen praktischen und unvorhersehbaren Gründen können sich Ihre Meinungen und Einstellungen ändern, sobald Sie Teil eines Wirs werden.

Bei meiner Tätigkeit habe ich in dieser Hinsicht die überraschendsten Geschichten beobachten können, z. B. diese drei:

► Ich kenne eine Frau, die ihre Katze mehr liebt als ihr Leben, die jedoch einen Mann kennenlernte, der an einer schweren Katzenhaarallergie litt. Sie schwor, dass sie ihre Katze niemals weggeben würde, und hätte beinahe eine zweite Verabredung mit ihm abgelehnt. Blablabla, inzwischen sind sie jedenfalls verheiratet und haben einen Kompromiss gefunden: Ihr Nachbar hat jetzt die Katze, und wenn sie von der Arbeit kommt, besucht sie sie.

► Eine andere Frau war Mitglied in so gut wie jeder jüdischen Organisation, die es gibt. Sie hat ein Jahr in Israel gelebt, alle ihre Freunde sind Juden, das Judentum ist ihr Leben. Natürlich hat sie Stein und Bein geschworen, dass sie eines Tages einen Juden heiraten würde. Schnellvorlauf: Sie ist eine Ehe mit einem Nicht-Juden eingegangen. Er ist großartig und vor Kurzem zu ihrem Glauben übergetreten (ein Gedanke, mit dem er sich anfangs gar nicht anfreunden konnte). Die beiden sind glücklich miteinander und haben einen wunderbaren fünfjährigen Sohn.

► Die Schwester meines Mannes, eine eingefleischte New Yorkerin, hat sich in einen Typen vom Land verliebt. Ihren eigenen Worten zufolge wäre sie lieber gestorben, als aufs Land zu ziehen. Ich bitte Sie – können Sie sich allen Ernstes eine begeisterte Großstädterin in der Provinz vorstellen? Sie ahnen schon, wie die Geschichte ausging: Die beiden haben geheiratet, sie ist zu ihm aufs Land gezogen, und es gefiel ihr dort großartig – zu ihrem eigenen Erstaunen. Dann musste ihr Mann nach zwei Jahren den Job wechseln, und sie sind nach Los Angeles gezogen. Das Leben ist unberechenbar.

Ich könnte Ihnen noch eine ganze Reihe anderer Beispiele aufzählen, aber Sie haben sicher begriffen, was ich Ihnen sagen will. Also hüten Sie sich bei den ersten Verabredungen vor solchen kategorischen Aussagen, denn man weiß ja nie. Das Leben kann noch ganz andere Dinge mit Ihnen vorhaben.

Die Zugehörige

Gleich und Gleich gesellt sich gern. Für einen Außenstehenden sagen die Leute, mit denen Sie sich umgeben, eine ganze Menge über *Sie* aus. Die Bemerkungen, das Verhalten und die Ansichten Ihrer Freunde und Ihrer Familie sind synonym mit Ihren, bevor er Sie näher kennenlernt.

Die Männer haben mir immer wieder versichert, dass die Freunde einer Frau sehr viel über sie aussagen, denn Freunde sind die einzigen Menschen im Leben, die wir uns wirklich selbst aussuchen. In einem Fall hat eine Freundin der Frau eine rassistische Bemerkung fallen lassen, eine andere gab rundheraus zu, ihren Freund zu betrügen, wieder eine andere hatte ein Drogenproblem. Manche wirkten wie »Männerhasserinnen«, und der Mann vertraute mir an: »Ich konnte mir bestens vorstellen, was da los ist, wenn ich unter den Augen dieser gnadenlosen Jury mal einen Fehler mache.« Ein anderer Mann kam zu dem Schluss, dass die Frau nicht reif genug für ihn sei, weil ihre Freundin »von Fernsehshows sprach, die definitiv ein sehr junges Publikum ansprechen«. Die Freundin einer anderen »leerte aus Jux den Salzstreuer und füllte ihn mit Zucker«. Ich behaupte nicht, dass die Assoziationen dieser Männer besonders rational wären, aber in Ermangelung weiterer Informationen über Sie ziehen sie eben übereilte Schlüsse.

Ein Mann erzählte mir von einer Frau, die ihm anfangs gut gefiel, weil sie so lustig war. Aber als er sie fragte, wo sie mit ihren Freunden am liebsten hinging, nannte sie eine Bar, in der regelmäßig auch Hells Angels abhingen, wie er wusste. Dann fiel ihm ein kleines Tattoo auf ihrer Schulter ins Auge, und er kombinierte »Biker-Bar + Tattoo = wild«. Woraufhin er entschied, dass sie nicht zusammenpassten, weil er eher konservativ war. Okay, vielleicht passten sie ja wirklich nicht zusammen, aber möglicherweise war sie auch konservativer, als er ahnte (vielleicht ist in dieser Bar nur mittwochs »Biker Night«, aber sie geht freitags hin, wenn sich dort die Yuppies treffen... wer weiß?) Halten Sie sich vor Augen, dass die Lokalitäten, die Sie aufsuchen, normalerweise einen gewissen Ruf haben (wild, öde, Schickimicki usw.), und die Männer werden Sie daraufhin einem bestimmten Stereotyp zuordnen.

Ein paar Männer haben mir auch von Frauen erzählt, die während des Dates das Okay einer Freundin einholen wollten – als wären sie so unsicher, dass sie die Zustimmung eines anderen brauchten. Es ist eine Sache, ob Sie sich von Ihren Freundinnen den Badeanzug oder die neue Frisur abnicken lassen, aber bei einer Verabredung – während des ersten Dates und vor dem Mann – ist das etwas ganz anderes. Ich habe mich mit einem geschiedenen Vater unterhalten, der mir von einer Frau erzählte, die ihn beim zweiten Treffen zu einem Fußballspiel mitnahm: Die anderen Väter im Park, die loyal hinter ihrem Exmann standen, ließen ihn eiskalt abblitzen. Er fühlte sich sehr unwohl in dieser Zuschauermenge.

Ein paar alleinerziehende Mütter stellten einen Mann auch zu früh ihren Kindern vor. Unhöfliche oder verwöhnte Kinder warfen ein schlechtes Licht auf die Frau als Mutter und brachten ihr Gegenüber ins Grübeln, worauf er sich hier einließ. Die Eltern der Frau waren ebenfalls nicht unwichtig: Wenn sie erwähnte, dass ihre Eltern ihn aus irgendeinem Grund nicht akzeptieren würden, brachte der Mann die Einstellung der Eltern mit denen der Frau selbst in Zusammenhang.

Daneben gab es noch ein paar Fälle, in denen die sozialen Online-Netzwerke eine Rolle spielten. Ein Mann wurde von einer Frau nach dem ersten Date auf ihre Facebook-Seite eingeladen, wo er zwei Typen entdeckte, die er kannte und für hoffnungslose Vollidioten hielt. Daraufhin wurde er skeptisch, denn er assoziierte die Frau nun mit diesen beiden. Ein anderer Mann reagierte ähnlich, als eine Frau ihm einen per Mail kursierenden Witz weiterleitete und er im Verteiler ein paar Namen las, die ihm gar nicht gefielen. Nicht, dass diese Beobachtungen unmittelbar zum Ende der Bekanntschaft geführt hätten, aber sie sorgten für erste Skepsis. Danach ging es meistens nur noch bergab.

Wenn Sie diesem Problem der Zugehörigen aus dem Weg gehen wollen, sollten Sie ihm Ihre Freunde und Familie erst vorstellen, wenn er mehr über Sie weiß. Dazu gehört auch, dass Sie ihn nicht sofort auf Ihre Facebook-Seite einladen (und auch seine Einladung nicht sofort annehmen) – da gibt es einfach zu viele Gelegenheiten für Fehlinterpretationen (mehr dazu siehe auch: Kommunikationspanne, Seite 303ff.). Geben Sie ihm genügend Informationen über sich, sodass das möglicherweise bizarre Verhalten einer Freundin nicht negativ auf Ihr Image abfärbt. Im nächsten Stadium Ihrer Bekanntschaft stellen Sie ihn den »sicheren« Freunden vor – solchen, die immer einen guten Eindruck machen. Wenn er dann die Freunde kennenlernt, die die eine oder andere Macke aufweisen, sollten Sie ihm vorher genau erklären, *warum* Sie mit dieser Person befreundet sind: Vielleicht halten Sie einer Sandkastenfreundin die Treue, obwohl Sie sich auseinanderentwickelt haben, oder eine Frau hat Ihnen in einer Krise so beigestanden, dass Sie ihr dafür auf immer dankbar sein werden. Vielleicht haben Sie auch einfach eine Vorliebe für die Vielfalt und finden den exzentrischen Charakter einer Person ganz bezaubernd. Sie sollen sich ja nicht für Ihre Freunde rechtfertigen, Sie sollen ihm nur erklären, warum Sie mit demjenigen befreundet sind, damit er nicht voreilig falsche Schlüsse zieht und Ihnen jede Äußerung Ihrer verschrobenen Freunde ankreidet.

Die Psychotante

Es scheint ein Zeichen unserer Zeit zu sein: Jeder ist heutzutage in Therapie, und das wirkt sich auch auf die erste Verabredung aus. Im Gegensatz zur Therapieanekdote im Nörglerinnen-Abschnitt liegt das Augenmerk bei der Psychotante auf der nervigen Ausdrucksweise. Die Männer klagten über ein Übermaß an »Therapie-Sprech«, à la »Ich spüre, dass du...«, »Du solltest deine Grenzen klarer ziehen« oder »Ich habe viel an mir gearbeitet«. Obwohl ein paar dieser Männer selbst in Therapie waren, wollten sie außerhalb der Sprechstunden keine »Wie fühlst du dich dabei...«-Fragen hören (zumindest nicht bei den ersten Verabredungen).

Außerdem verdrehten sie die Augen, wenn die Frauen ihre Väter freudianisch interpretierten oder erklärten, ihre Freunde oder Exfreunde seien »narzisstisch«, »emotional unzugänglich« oder litten an »Verlassenheitsängsten«. Gerade beim Thema Scheidung tauchte diese Therapiesprache oft auf. Im Vergleich zur Verflossenen und der Exhibitionistin, die ähnliche Themen aufs Tapet bringen, störten sich die Männer bei der Psychotante aber mehr an der New-Age-Terminologie als am Inhalt.

Dabei war der Tenor der Aussagen nicht der, dass die Männer sich eine Frau wünschen, die unbelastet von psychischen Problemen ist oder nicht in Therapie geht – sie waren nur entnervt von der Ausdrucksweise! Manche erklärten, es reiche ihnen, wenn sie sich diese Sprache in der Therapiestunde anhören müssten, andere erzählten, es erinnere sie an Paartherapiesitzungen, die sie lieber vergessen würden, und wieder andere mokierten sich einfach nur über »das Psycho-Gequatsche«. In erster Linie ging es allen bloß um eines: Sie wünschten sich ein lustiges erstes Date.

Die Schnapsdrossel

Die Schnapsdrossel ist eine Frau, die beim ersten Date einfach zu viel Alkohol getrunken (oder sogar Drogen genommen) hat. Die Männer beschrieben sie als »laut«, »schlampig«, »peinlich«, »eklig«, »aggressiv« und »streitsüchtig«. Oft hat sich daraus noch ein One-Night-Stand ergeben, aber in dieser Frau konnte keiner die Mutter seiner zukünftigen Kinder sehen.

Die meisten Schnapsdrossel-Geschichten handelten von Frauen zwischen zwanzig und vierzig (69 Prozent). Trotzdem will ich an dieser Stelle nicht verschweigen, dass es auch ein 62-jähriges Partygirl in Philadelphia gibt, das nicht weiß, wann Schluss ist – ihr soll ich einen schönen Gruß ausrichten von einem der Männer, mit dem sie ausgegangen ist, er hat den Geruch von Erbrochenem bis heute nicht aus seinem Auto gekriegt!

Die Männer erzählten von Frauen, die bei der ersten Verabredung lallten: »Gib mir mal deine Hand... Ich hab nichts drunter an.« Oder sie verkündeten laut: »Wenn diese Tussi am Nebentisch nicht gleich ihre Klappe hält, gieß ich ihr mein Bier über den Kopf.«

Ein Glas Wein oder ein kleiner Cocktail sind in Ordnung, das macht nette Stimmung und beruhigt die Nerven. Aber Ihnen muss klar sein, dass Sie sich ins Aus katapultieren, wenn Sie sich betrinken. Mit viel Glück können Sie noch einen One-Night-Stand rausschinden, aber das wars dann auch. Weil Sie bei einem ersten Treffen so im Rampenlicht stehen, müssen Sie auch auf so viele Dinge achten. Sie brauchen Ihre grauen Zellen, um einen guten Eindruck zu machen und selbst eine gute Entscheidung zu treffen. Also: Flasche zu lassen (und Beine übereinanderschlagen).

Die Gleichgültige

Manche Männer gaben zu, dass sie die Frau nicht mehr angerufen hatten, weil sie einen Korb erwarteten oder befürchteten. Ich habe mit schrecklich netten Kerlen gesprochen, die Ihnen zu Füßen lagen und nicht glauben konnten, dass jemand, der so schön, erfolgreich und beliebt ist wie Sie, sich ausgerechnet für sie interessieren würde. Ich habe auch mit Männern gesprochen, die (zutreffenderweise oder auch nicht) annahmen, dass Sie kein Interesse an Ihnen haben, weil sie nicht attraktiv/erfolgreich/gebildet genug für Sie sind. Daran hätten sich die Männer nicht gestört, aber es kam ihnen so vor, als ob Sie sich daran gestört hätten. Manche erzählten, dass sie Ihr Desinteresse gespürt haben, obwohl sie es sich nicht erklären konnten.

Ich glaube, bemerkenswert an der Gleichgültigen ist vor allem, dass nur wenige Männer sie als Abtörner nannten (3 Prozent), während viel mehr Frauen (13 Prozent) glaubten, ihr Date sei daran gescheitert. Aber wenn Ihnen Ihr Bauchgefühl sagt, dass Ihr Gegenüber schüchtern und unsicher ist, kommen Sie ihm doch einfach ein Stückchen entgegen. Verkünden Sie ausdrücklich, dass Sie sich *super* amüsiert haben, berühren Sie ihn ganz leicht am Arm, und sehen Sie ihm in die Augen, wenn Sie sagen: »Ich würde dich wirklich gerne wiedersehen.«

Was ist eigentlich mit...?

Gibt es nicht ein paar Themen, die Sie in den Top Ten oder zumindest unter den weniger häufig genannten Gründen erwartet hätten? Was ist mit den Männern, denen die Frau einfach äußerlich nicht gefiel? Wo sind die abgeblieben? Was ist mit den Frauen, die keinen Sinn für Humor hatten, der falschen Religion angehörten oder mit denen man keine gemeinsamen Interessen hatte? Manche dieser Themen haben sich im Zusammenhang mit den 16 vorgestellten Abtörnern ergeben. Das Aussehen z. B. findet sich im Abschnitt über den Lockvogel (siehe Seite 100ff.), und im 2. Kapitel wurde erklärt, dass die Beurteilung des Aussehens bereits in die Entscheidung eingeht, ob die Männer sich überhaupt mit einer Frau verabreden (siehe: Fragen, die Singlefrauen mir immer wieder stellen, Seite 33ff.). Doch keines dieser Themen wurde oft genug genannt, um einen eigenen Abschnitt zu rechtfertigen.

Warum? Ab und zu haben die Männer für den Abbruch der Bekanntschaft zwar Gründe wie »Religion« oder »Sinn für Humor« genannt, aber das gehörte in den seltensten Fällen zu den ein, zwei Hauptgründen. Ich habe zwei Theorien, warum das so ist: 1. Da man die Kandidaten schon im Voraus nach bestimmten Kriterien aussieben kann (vor allem beim Online-Dating), traten manche von diesen klassischen Gründen in meiner Recherche kaum noch auf (d. h. bei den meisten ersten Dates trafen sich Männer und Frauen, die schon wussten, dass sie mehrere wichtige Dinge gemeinsam haben).

Oder 2. Vielleicht rangiert das Kriterium »gemeinsame Interessen« doch nicht so hoch auf der Wunschliste der Männer, wie wir immer annehmen. Kann ja sein, dass wir das nur deshalb so hartnäckig glauben, weil manche Männer es gern als bequeme Ausrede vorschieben, warum es mal wieder nicht gefunkt hat.

Wie schon erwähnt, habe ich den Mann nach den tiefer liegenden, ganz konkreten Gründen gefragt, wenn er mich anfangs mit vagen Antworten abspeisen wollte. Das erklärt auch, warum Sie die Antworten »Die Chemie hat einfach nicht gestimmt« oder »Ich habe jemand anders kennengelernt« (wenn das tatsächlich der Fall war, habe ich genau nachgefragt, warum er diese Frau der ersten vorgezogen hat) auf meiner Liste *nicht* gefunden haben.

4 DER TAG DANACH

Die fünf größten Abtörner
nach dem ersten Date

Manchmal läuft die erste Verabredung ganz prima, Sie haben beide beschlossen, dass Sie einander näher kennenlernen wollen. Er ist durchaus willens, wieder mit Ihnen auszugehen, aber irgendwann nach dem »Gute Nacht« passiert etwas – in den nächsten Stunden, den folgenden Tagen oder nach dem zweiten oder dritten Date –, was seinen Enthusiasmus jäh ausbremst.

Die Zeit direkt nach der ersten Verabredung ist ein ebenso gefährliches Minenfeld wie die erste Verabredung selbst: Sie müssen immer noch höllisch aufpassen, was Sie tun. Die Männer haben mir erzählt, dass auf viele erste Dates dann doch kein zweites Treffen folgte, weil sich irgendetwas ganz plötzlich geändert hat. Hier sind die fünf Gründe, die nach Aussage der Männer am häufigsten dafür verantwortlich waren:

Damenwahl

Ich kann absolut verstehen, wie toll es ist, wenn man einen Mann kennengelernt und das Gefühl hat, diesmal könnte es der Richtige sein. Wenn am Tag nach dem ersten Date die enthusiastischen Anrufe oder Mails meiner Kundinnen eingehen, freue ich mich unglaublich. Die erste Frage, die sie mir nach einem tollen ersten Treffen stellen, lautet: »Was kann ich jetzt tun? Diesen Mann möchte ich mir nicht durch die Lappen gehen lassen.« Meine Antwort ist immer die gleiche: »Ich möchte, dass Sie jetzt ... gar nichts tun! Dies ist der *eine* Moment in Ihrem modernen, selbstverantwortlichen Ich-krieg-alles-geregelt-Leben, in dem Sie sich einfach zurücklehnen und abwarten müssen!«

Männer lieben die Jagd. Das haben Sie schon oft gehört, und meine Abschlussgespräche haben es noch einmal bestätigt. Natürlich gefällt es den Männern, wenn Sie interessiert sind und keine Spielchen spielen, aber es gibt einen feinen Unterschied zwischen ermutigen und nachlaufen.

Neigen Sie zur Damenwahl?

Bei der Damenwahl lassen sich zwei Kategorien unterscheiden. Kommt Ihnen eine der folgenden Beschreibungen vielleicht bekannt vor?

Die durchschaubaren Taktiken

Blake, ein 24-jähriger Personalberater, erzählte mir von der zweiten Verabredung mit einer Frau, die er erst zum Essen ausführte und dann in einen Vergnügungspark. Sie amüsierten sich gerade beim mechanischen Pferderennen, als sie ihn von hinten umarmte und ihm ins Ohr flüsterte: »Ich mag dich richtig, richtig gern.« Bei diesen Worten ging seine Stimmung schlagartig in den Keller. »Ich kann es auch nicht erklären«, sagte er. »Sie hat mich wirklich interessiert, aber irgendwie klang sie in dem Moment so verzweifelt, und ich sah sie plötzlich mit ganz anderen Augen.« Andere Männer erzählten von Frauen, die kurz nach der ersten Verabredung per Telefon oder Mail ähnlichen Gefühlen Ausdruck verliehen: »So hab ich mich schon lang nicht mehr gefühlt« oder »So kluge Männer wie dich trifft man nicht alle Tage.« Von letzterem Satz sind mir diverse Variationen bekannt, mit Prädikaten wie »lustig«, »authentisch«, »gut aussehend« usw. Die Botschaft, die man den Jungs damit übermittelt, ist folgende: Ich möchte klarstellen, dass ich dich haben will, also bleibt jetzt nur noch zu klären – willst du mich auch?

Ich habe zahllose Geschichten über Frauen gehört, die die Initiative ergriffen. Der 35-jährige Ian, Chefredakteur, erzählte: »Ich habe sie am Abend nach unserem Treffen angerufen und wollte eigentlich am nächsten Wochenende wieder mit ihr ausgehen. Doch bevor ich sie fragen konnte, spielte sie zwei-, dreimal auf unsere ›Zukunft‹ an – kleine Äußerungen wie ›Wenn wir uns wiedersehen, kann ich dir ja das Buch mitbringen, von dem ich dir erzählt hatte‹ oder ›Ich kann dir im Winter ja Snowboarden beibringen, das ist ganz einfach‹.« So nahm sie ihm den Wind aus den Segeln, und die Sache verlief im Sande.

Der Versicherungskaufmann Kenneth, 22, berichtete von »dem schönsten Mädchen, mit dem ich jemals ausgegangen bin«. Sie überraschte ihn, als sie zwei Tage später mit einer Pizza für ihn und seine Mitbewohner vor der Tür stand. Zwar freute er sich, sie zu sehen, und fand ihre Geste auch sehr nett, aber: »Sie hat dem Ganzen einfach die Spannung genommen.« Da ich die Idee mit der Pizza auch sehr süß fand, war ich neugierig, warum er nicht positiv darauf reagiert hatte – vor allem, wo er sie doch so hübsch fand. (Und wer bitte mag keine Pizza?) Kenneth konnte es nicht genau formulieren, er sagte nur: »Mir wäre es lieber gewesen, wenn sie die Sache etwas langsamer angegangen wäre.« Niemand hat behauptet, dass Männer immer logisch handeln. (Oder ihre Probleme genau formulieren könnten.)

Ein 30-jähriger Vertriebsleiter namens Morgan erinnerte sich an eine Frau, die bei ihrem zweiten Date erwähnte: »Ich hab letzte Nacht von dir geträumt.« Zuerst machte er sich nichts daraus, weil sie sich an keine Details erinnern konnte, aber als sie von einem Film sprach, den sie mit ihm ansehen wollte, und später betonte, wie *gut* sie sich mit ihm amüsiere, hatte er das Gefühl, dass sie zu sehr aufs Gaspedal drückte. Er gestand, dass er es lieber hat, wenn er eine Frau erobern muss.

Von verlegenen Momenten am Ende der ersten Verabredung haben mir mehrere Männer berichtet. Wenn alles gut gelaufen war und er die Frau wiedersehen wollte, wollte auf jeden Fall er derjenige sein, der die nächste Verabredung vorschlägt (in diesem Moment oder später). Wenn sie sagte: »Ich hoffe, ich hör bald von dir« oder »Schreib mir doch eine Mail«, wusste er, dass sie Interesse hatte, und schon war die Herausforderung dahin. Der Feuerwehrmann Alejandro, 27, erklärte: »Ich finde, eine Frau klingt verzweifelt, wenn sie mich extra daran erinnert, sie anzurufen.«

Die (un)subtileren Taktiken

Die Jungs sind gar nicht so dumm, wie wir immer glauben. Sie durchschauen unsere Absichten ganz gut.

Parker, ein 36-jähriger Einzelhändler, bekommt regelmäßig ziemlich unsubtile Hinweise, wenn eine Frau wieder mit ihm ausgehen will. Aber sie sagen es nicht gerade heraus, sondern fragen ihn: »Was hast du denn diese Woche noch so vor?« Oder sie schicken ihm um zehn Uhr abends eine SMS und fragen: »Hallo, bist du noch unterwegs? Wo bist du denn gerade?« Er erzählte, dass er in diesem Moment einfach das Interesse verliert.

Unzählige Male habe ich von der »Dankeschön-Mail« am Tag danach gehört. Die meisten Männer gaben zu Protokoll, dass sie in diesem Punkt gemischte Gefühle hatten. Einerseits wussten sie es zu schätzen, aber es signalisierte ihnen eben auch, dass die Frau (zu) interessiert war. Das tat ihrem Eifer, sich weiter um sie zu bemühen, prompt Abbruch. Ich war sehr überrascht, als ich hörte, was Kyle, ein 39-jähriger Fitnesstrainer – der bei den Damen anscheinend sehr beliebt ist –, zu diesem Thema beizutragen hatte: Er bezeichnet die »Dankeschön-Mail« als »die Wette, die ich immer gewinne«, denn nach einem Date schickt er seinem besten Freund routinemäßig eine SMS und wettet um fünf Dollar, wie lang es dauern wird, bis ebendiese Mail bei ihm eingeht. Wie er zugab, hatte er auch schon ein paar Mal verloren, aber normalerweise liegt er mit dem »Acht-bis-zwölf-Stunden-Zeitfenster« immer richtig. Ich war ebenso abgestoßen wie fasziniert.

Kyle erklärte, dass die Frauen, mit denen er ausgeht, sehr gut wissen, dass sie nicht direkt nach dem zweiten Date fragen sollten, also versuchen sie es durchs Hintertürchen: »Sie schicken mir eine Mail, in der sie sich *noch mal* für den tollen

Abend bedanken ... und dann soll ich vorschlagen, dass wir das Ganze *wiederholen*, am besten gleich am nächsten Freitag.« Nach seiner Aussage kommt diese Mail zuverlässig wie ein Schweizer Uhrwerk.

Grrrgh! Wie unglaublich arrogant. Kyle gehörte nicht zu meinen Lieblingen, das können Sie mir glauben. Aber seine Wette soll Ihnen vor Augen führen, dass diese »Dankeschön-Mail« weder notwendig noch subtil ist.

Kommt Ihnen das bekannt vor?

Vielleicht haben Sie bis jetzt noch keine Anzeichen der Damenwahl bei sich feststellen können. Es ist nicht immer einfach, sich in den Geschichten anderer Menschen wiederzuerkennen.

Die folgenden Fragen helfen Ihnen dabei herauszufinden, ob Männer die Damenwahl bei Ihnen wittern, bevor sie Ihr wahres Ich besser kennenlernen können:

Bei der Arbeit	Ja	Nein
Ist es in Ihrem Job ausdrücklich erwünscht, dass Sie die Initiative ergreifen?	☐	☐
Holen Sie sich, was Sie wollen: Beförderungen, Arbeitsmittel, neue Kunden?	☐	☐
Sind Sie bei Ihren Kollegen dafür bekannt, »Klartext zu reden«?	☐	☐

Bei Freunden und in der Familie	*Ja*	*Nein*

Hat Ihnen schon mal jemand freundlich gesagt: »Bei dir weiß man immer, woran man ist.« □ □

Regen Sie regelmäßig Gruppenunternehmungen an? □ □

Sagen Sie oft: »Nichts wie ran!« □ □

Bei einer Verabredung oder in einer früheren Beziehung

Schicken Sie dem Mann nach dem Date normalerweise eine »Dankeschön-Mail«? □ □

Haken Sie nach, wenn ein Mann eine vage Anspielung (auf seine Wochenendpläne, ein Treffen mit einem Freund usw.) macht (z. B. »Mit wem fährst du da denn hin?« oder »Welcher Freund?«)? □ □

Wenn Sie am Ende einer Verabredung nervös sind, füllen Sie eine verlegene Gesprächspause dann mit einem Satz wie: »Ja, gut, dann ruf mich doch einfach wieder an!« □ □

Ihre Lebensphilosophie

Gehören Sie zu den Leuten, die »den Stier bei den Hörnern packen«? □ □

	Ja	Nein
Sind Sie jemand, der die Dinge gerne im Voraus plant?	☐	☐
Sind Sie stolz darauf, niemals »Spielchen zu spielen«?	☐	☐

Wenn Sie mehr als fünf dieser Fragen mit Ja beantwortet haben, stellen die Männer bei Ihnen vielleicht Tendenzen zur Damenwahl fest. Zweifellos sind Sie direkt, selbstbewusst und holen sich, was Sie wollen, und selbstverständlich sollen Sie Ihre Persönlichkeit nicht ändern. Aber Sie könnten darüber nachdenken, ob Sie Ihr Verhalten während und nach den ersten Verabredungen ein wenig verändern möchten. Männer, die noch nicht wissen, wie toll Sie sind, könnten sonst Damenwahl wittern und abwinken – und so die Chance verpassen, Sie bei weiteren Verabredungen besser kennenzulernen.

Was tun?

Wenn Sie ein Faible für die Damenwahl haben, helfen Ihnen die folgenden fünf Tipps, stattdessen den Mann dazu zu bringen, *Sie* wieder zum Tanz aufzufordern, damit Sie ihn besser kennenlernen können.

1. Seien Sie anders

Die meisten Frauen bedienen sich durchschaubarer und nicht sonderlich subtiler Taktiken, um das typische Schema des »Mann-jagt-Frau«-Modells umzudrehen. Sie müssen *anders* handeln. Sie müssen sich von der Menge abheben, um den Mann Ihrer Träume zu bezaubern. Das bedeutet, dass Sie während und nach einem tollen Abend *keine* Anspielung auf zukünftige gemeinsame Pläne machen (das ist sein Part!). Sie müssen lernen, dass es einen Unterschied gibt zwischen Interesse zeigen und die Führung an sich reißen. Am Ende des Abends sehen Sie ihm in die Augen und sagen Sie aufrichtig: »Danke schön, das war wirklich ein *toller* Abend. Gute Nacht.« (Mehr Dankeschöns braucht er nicht. Eine Mail am nächsten Morgen ist völlig unnötig – sparen Sie sich so etwas für Bewerbungen auf.) Wenn er Sie nicht mehr anruft, hat er kein Interesse. Er ist ein großer Junge und weiß, wie er Sie erreichen kann.

Blättern Sie noch einmal zurück zu Kapitel 3 (Die zehn größten Abtörner *während* der ersten Verabredung, Seite 45 ff.), um zu begreifen, was bei Ihrem Date mit ihm schiefgegangen sein könnte. So können Sie die Ergebnisse Ihrer nächsten Verabredungen optimieren und seelenruhig sagen: »Der Nächste bitte!«

Männer über 35 sind es fast schon gewohnt, dass die Frauen ihnen nachlaufen, denn in dieser Altersgruppe gibt es weniger männliche als weibliche Singles. Es ist wichtiger denn je, sich von der Menge abzuheben, indem man die Initiative ihm überlässt. Sie könnten einwenden: Was, wenn er nicht anruft? Egal, wie toll Sie ihn finden und wie selten man so einen Mann kennenlernt – bitte lassen Sie sich nie so weit das Hirn vernebeln, dass Sie glauben, es gebe äußere Umstände, die ihn von einem

Anruf abhalten ... und dass deswegen *Sie* handeln müssen, um sein Interesse wiederzubeleben. Damit verschwenden Sie nur Ihre Zeit – ob Sie das nun hören wollen oder nicht.

2. Spielen Sie nicht Detektivin

Wenn Sie sein Online-Profil besuchen, um nachzusehen, ob er sich in den letzten 24 Stunden eingeloggt hat, sind Sie ein Opfer der Damenwahl. In der Regel kann man erkennen, wer ein Profil aufgerufen hat, und dann sind Sie enttarnt. Lassen Sie ihn in Ruhe, solange Sie noch keine Beziehung haben, das vergrößert nur Ihre Chancen, wieder von ihm zu hören.

3. Schicken Sie ihm keine SMS!

Ja, es zählt als Hinterherlaufen, wenn Sie ihm eine klitzeklitzekleine SMS schreiben, bevor er wieder mit Ihnen Kontakt aufgenommen hat. Mit billigen Vorwänden wie »Welchen Film sollte ich mir noch mal ausleihen?« oder »Hier ist der Name des Malergeschäfts, das ich dir empfohlen hatte« lassen sich die Jungs nicht blenden.

4. Gehen Sie weiterhin aus

Nach ein, zwei tollen Dates mag die Versuchung groß sein, andere Einladungen auszuschlagen, zu Hause zu bleiben oder das Online-Profil bei der Singlebörse zu löschen, statt auf die x-te überfüllte Party zu gehen. Aber in diesem frühen Stadium Ihrer Romanze müssen Sie sich alle Optionen offenhalten. Die

Stimmung kann nämlich jeden Moment wieder umschlagen, und dann sollten Sie mehrere Eisen im Feuer haben. Es ist wie bei Ihrem Aktienportfolio: Wenn Sie das Risiko schön gestreut haben, kann die eine Aktie zwar fallen, aber dafür eine andere plötzlich steigen.

Zwingen Sie sich, nach anderen Männern Ausschau zu halten und auch mit ihnen auszugehen – das ist in den ersten Wochen einer potenziellen neuen Beziehung enorm wichtig. Selbst wenn es nur dazu gut ist, Sie von Ihrem Wunsch abzulenken, ihn zuerst anzurufen.

5. Schätzen Sie jede Situation individuell ein

Bei der Damenwahl muss man immer berücksichtigen, dass sich natürlich nicht alle Männer über einen Kamm scheren lassen. Einige sind sehr unsicher, was ihre Außenwirkung angeht, manche sind schüchtern, und andere täuschen Coolness vor, obwohl sie mindestens ebenso aufgeregt sind wie Sie. Wie bereits im Abschnitt über die Gleichgültige (siehe Seite 266) erwähnt, benötigen einige Kandidaten eventuell etwas Ermunterung, um zu verstehen, dass Sie an ihnen interessiert sind.

Strohfeuer

Nichts ist berauschender als ein erstes Treffen, das von der ersten bis zur letzten Minute großartig gelaufen ist. Sie sind begeistert, dass er nicht genug von Ihnen kriegen kann, denn Sie erwidern dieses Gefühl. Und er stellt Ihnen wirklich nach! Er schickt Ihnen in den nächsten Tagen massenweise Mails und SMS, er sagt nur die richtigen Dinge, er spricht in der Zukunftsform, und seine Taten sprechen überhaupt noch viel lauter als alle Worte. Er hat Männerabende abgesagt, um mit Ihnen zusammen sein zu können, er hat seiner Familie eröffnet, dass er jemand ganz Besonderes kennengelernt hat, und hat Ihnen Ihre Lieblingsschokolade auf die Fußmatte gelegt. All das betont seine Aufrichtigkeit und seine ernsthaften Absichten. Aber über solchen Situationen schwebt in großen Leuchtbuchstaben die Warnung: ACHTUNG! GEFAHR! Beziehungen, die zu schnell solche Intensität erreichen, erweisen sich oft als Strohfeuer. Wenn ich eines im Partnervermittlungsgeschäft gelernt habe, dann, dass die Strategie »langsam, aber sicher« das Rennen macht.

Neigen Sie zum Strohfeuer?

Das Strohfeuer tritt in drei Kategorien auf. Kommt Ihnen eine davon bekannt vor?

Verfrühte emotionale Nähe

Wer voreilig zu viele Gefühle und persönliche Details austauscht, erzielt eine *Illusion* intensiver emotionaler Nähe. Auch wenn Sie sich vielleicht erst ein-, zweimal persönlich getroffen haben, haben Sie am Telefon, per Mail (oder in Ihren Hoffnungen und Träumen) schon Ewigkeiten miteinander verbracht. Sie gehen davon aus, dass Sie ein Paar sind oder demnächst sein werden... Aber Ihnen fehlt das Sicherheitsnetz, das man erwirbt, indem man Zeit investiert und sich das Vertrauen verdient, und das erforderlich ist, um auch unwegsame Strecken gemeinsam bewältigen zu können.

Connor, ein 33-jähriger Koch, erzählte mir, wie leid es ihm um seine Bekanntschaft mit Madeline tat, einer Frau, die er im Sommer zuvor kennengelernt hatte: »Die Chemie hat sofort gestimmt, und ich wusste, das ist eine Frau, die ich mir als langfristige Partnerin vorstellen kann.« Er beschrieb mir die ersten drei Treffen, die innerhalb von fünf Tagen stattfanden und bei denen sie sich alles anvertrauten: ihre unglückliche Kindheit, Kündigungen, Trennungen von Verflossenen und sogar sexuelle Fantasien. »Das war nicht langsam geschmort, sondern scharf angebraten!«, meinte er. »Und, was ist dann passiert?«, fragte ich matt, denn ich wusste schon, was jetzt kommen musste. Schließlich war er nicht der erste Mann, der mir dieses Phänomen beschrieb.

»Na ja«, fuhr er fort, »bei der vierten Verabredung saßen wir an einem Tisch neben einer gestressten Mutter mit ihrem Nachwuchs, und Madeline flüsterte mir zu, sie könne nicht begreifen, wie Frauen ohne Kindermädchen überleben könnten. Ich fühlte mich, als hätte mir jemand einen Fausthieb in den Magen versetzt: Madeline war nicht die Frau, für die ich sie gehalten hatte. Ich erinnerte mich, dass sie ein Internat besucht und immer ein Kindermädchen gehabt hatte ... Mir wurde klar, dass wir aus verschiedenen Welten kamen und sie einfach nicht die Richtige für mich war.« Er erzählte, warum er so heftig reagiert hatte: Er war auch von Kindermädchen aufgezogen worden, fühlte sich deswegen aber von seinen Eltern vernachlässigt und wollte seine eigenen Kinder ganz bestimmt nicht so aufwachsen lassen. Ich fragte ihn, ob er das Thema mit Madeline besprochen hätte, denn ich war sicher, sie hätte seine Perspektive verstanden, und ich hoffte, dass sie eines Tages doch noch eine Lösung finden könnten – obwohl ich zugeben musste, dass es sich so anhörte, als hätten sie die Dinge zu Anfang einfach überstürzt.

Doch als ich Connor diese Frage stellte, wurde mir klar, welchen Denkfehler ich machte: Große emotionale Themen bespricht und löst man nur in einer echten Beziehung. Aber diese beiden hatten eben noch keine echte Beziehung. Sie hatten ihre Kommunikation noch nicht aufeinander abstimmen und auch noch kein emotionales Kapital ansammeln können, auf dessen Basis man einen Kompromiss hätte aushandeln können. Immerhin war das erst ihre vierte Verabredung! Connor fasste seine Erfahrungen mit Madeline so zusammen: »Wir waren zu verschieden. Ich habe mich zurückgezogen, bevor wirklich noch jemand verletzt wurde.« Ihr Band war so schwach, dass es leicht zu zerreißen war. Was wirklich passiert ist, hat er Madeline nie gesagt (und ich bin sicher, sie wundert sich heute noch).

Weitere Gründe, die nach Angaben der Männer das jähe Ende eines Strohfeuers herbeiführten, waren: ein paar falsche Antworten, die Mail einer Exfreundin, ein schlechter Traum, ein paar warnende Worte von seinem Therapeuten und ein Film über Scheidung (bitte merken: Einen Film wie *Der Rosenkrieg* sollten Sie sich zu Beginn Ihrer Bekanntschaft nicht gemeinsam anschauen!). Das Dumme ist: Wenn Sie zu schnell voranschreiten, verlieben sich die Männer nicht in Sie, sondern in ein Fantasiebild von Ihnen. Sobald dann ein Stückchen Realität oder eine schwierige Situation ins Bild kommt, ist der Klebstoff eben noch zu feucht, und alles fällt wieder auseinander.

Vorzeitige körperliche Intimitäten

Wow – zu diesem Thema habe ich bei meinen Gesprächen eine Menge zu hören bekommen! Offen gesagt, die Anekdoten waren immer dieselben: Die Männer teilten die Frauen in zwei Gruppen ein – zum einen Bettbekanntschaften bzw. Frauen, die zu früh Sex mit ihnen hatten, zum anderen die Frauen, bei denen sie ernste Absichten hatten. Natürlich weiß jede, dass sie nicht gleich nach der ersten Verabredung mit ihm ins Bett gehen sollte, aber danach werden die Grenzen unscharf. Eine Frau, die sofort mit ihnen schläft, können die Männer nicht respektieren. Aber ... äh, kann bitte mal jemand das Wort »sofort« definieren? Wenn Ihr erstes Date sieben Stunden gedauert hat, Sie anschließend zehn Stunden mit ihm telefoniert haben, ihm per Mail Ihr Herz ausgeschüttet haben und sich fühlen, als würden Sie sich schon ein Leben lang kennen, obwohl Sie sich *technisch gesehen* erst dreimal getroffen haben ... ist das »sofort«? JAWOHL, MEINE DAMEN, DAS IST »SOFORT«!

Vorzeitige Intimitäten bringen so viele Probleme mit sich, dass ich kaum weiß, wo ich anfangen soll. Der 29-jährige Toningenieur Toby bezeichnete Sex mit Frauen, die er kaum kannte, als »halbe Sache«. Er meinte, auch wenn er schon tolle Dates mit einer Frau hatte, kann er sich doch nicht sofort in sie verlieben – wenn er dann mit ihr schläft, liebt er sie nur halb, »den Körper ohne das Herz«. Seiner Meinung nach sind die Zärtlichkeiten vorgetäuscht, ebenso wie die bedeutungsschwangeren Seufzer. »Hey, ich würde niemals Nein sagen«, versicherte er mir, »aber das ist nicht der Grund, warum ich mich in eine Frau verliebe.«

Rubin, ein 51-jähriger Chemiker, sagt: »Am Anfang einer Beziehung kenne ich die Frau noch nicht gut genug, um sexuell wirklich mit ihr zusammenzufinden. Wenn sie den einen oder anderen tollen Trick auf Lager hat, super, aber das heißt dann auch, dass sie den schon öfters gebracht hat, und wenn ich sie wirklich mag, törnt mich der Gedanke ab. Wenn sie zu zurückhaltend ist, finde ich sie langweilig, denn ich weiß nicht, ob sie sich zurückhält, weil wir uns kaum kennen, oder weil sie im Bett einfach passiv ist.«

Wie man mir glaubhaft versichert hat, wird Ihnen kein Mann auf dem Planeten glauben, wenn Sie sagen: »Das hab ich noch nie gemacht.« Außerdem finden manche Jungs Sex schlicht *langweilig*, wenn er zu leicht zu haben ist. Diese Aussage überrascht Sie vielleicht, aber die Männer sagen, dass sie schon so lange unverbindlichen Sex haben (können), oft schon seit Teenagertagen, dass sie endlich mal eine andere Erfahrung machen wollen. Sie werden selten erleben, dass ein Mann Nein sagt, wenn man ihn verführt – biologisch gesehen sind die Kerle dann doch nicht sonderlich kompliziert –, aber Sie werden ebenso selten erleben, dass er sich mit derselben Frau auf eine ernsthafte Beziehung einlässt. Der 34-jährige Handelsvertreter Marshall formulierte es so: »Ich glaube, sie verwechselte meine sexuelle Reaktion mit romantischen Gefühlen.«

Anton, ein 36-jähriger Friseur, schilderte, wie einfach er beim ersten oder zweiten Date schon Oralsex oder richtigen Geschlechtsverkehr bekommen kann. »Diese ganzen schnellen Geschichten verstärken nur meinen Wunsch nach echter Intimität«, erklärte er. Der Reiseverkehrskaufmann Myles, 40, sagte, dass er eine Frau sucht, für die es etwas Besonderes ist, sich auszuziehen: »Nennen Sie mich altmodisch, aber Mädchen, die sich ausziehen und ausgiebig mit mir rummachen, sind auch nicht besser als solche, die es gleich mit mir treiben – sie halten sich nur aus Berechnung zurück, nicht weil sie finden, dass sie es außerhalb einer Beziehung nicht tun sollten.«

Übereilte Entscheidungen

Männer und Frauen erleben Strohfeuer oft auch in anderem Zusammenhang: Wenn ihnen zu früh eine wichtige Entscheidung abverlangt wurde und sie in Panik versetzte. Der Bauunternehmer Owen, 43, erzählte mir von seinen Verabredungen mit Brooke, einer alleinerziehenden Mutter mit zwei Kindern. Am Anfang war er völlig begeistert von ihr und fand, dass sie wirklich Potenzial hatte. Am Ende ihres dritten Dates, das zwölf Stunden gedauert hatte, eröffnete sie ihm, dass ihre Kinder nächsten Monat eine Woche bei ihrem Exmann verbringen würden. Diese Woche wollte sie nutzen, um vielleicht eine exotische Reise zu machen. Obwohl sie einräumte, dass sie sich noch nicht sonderlich lange kannten, war die Gelegenheit einfach zu günstig. Ob er wohl spontan mit ihr verreisen würde? Sie gefiel ihm, er hatte flexible Arbeitszeiten und so dachte er sich: »Warum nicht?« Rasch einigte man sich auf eine Woche Thailand.

Doch in den folgenden Tagen kamen mehrere unangenehme Fragen auf, z. B. wer zahlt was? Wäre Brooke seine Frau gewesen, hätte er die ganze Reise bezahlt, meinte Owen – er war nicht reich, aber ein netter Urlaub war immer drin. Trotzdem: Wollte er so viel Geld für jemand ausgeben, den er weniger als zwei Wochen kannte? Sie hatte ihm ein paar Links zu Vier-

Sterne-Hotels gemailt, die sie online herausgesucht hatte, und er überlegte: »Was für eine Kategorie sollen wir buchen? Was kann sie sich leisten?« Über ihre finanzielle Situation war er noch gar nicht im Bilde, traute sich aber auch nicht zu fragen. Irgendwann sagte er zu ihr: »Wie sieht eigentlich unser Budget für diese Reise aus?« Sie antwortete: »*Unser* Budget? Oh Gott, wie peinlich. Seit der Uni habe ich keine Reise mehr selbst bezahlt, wenn ich mit einem Mann weggefahren bin.« Ab da ging es steil bergab. Das Urlaubsthema warf noch andere hypothetische Fragen auf: Würde er für ihre zwei Kinder verantwortlich sein, wenn er sie heiratete? Konnte er zwei Kindern ein Studium finanzieren? Alles sehr verfrühte Fragen, aber sie lagen ihm auf der Seele. Sie fuhren nie zusammen nach Thailand und trennten sich eine Woche später.

Die Männer erwähnten noch andere unbehagliche Situationen, mit denen sie zu früh konfrontiert wurden: nicht erstattungsfähige Tickets für ein Konzert kaufen, das erst in zwei Monaten stattfindet, die Kinder einer alleinerziehenden Mutter kennenlernen, die Frau zu einer Wohltätigkeitsveranstaltung oder auf eine Hochzeit begleiten. Diese Art von Veranstaltungen löst in ihnen eine fatale Kettenreaktion aus, die die keimende Beziehung zum Schluss erstickte.

Kommt Ihnen das bekannt vor?

Vielleicht haben Sie bis jetzt noch keine Anzeichen für ein Strohfeuer bei sich entdecken können. Nehmen Sie die folgenden Fragen zu Hilfe, um herauszufinden, ob die Männer die Bekanntschaft mit Ihnen als Strohfeuer einstufen, bevor sie Ihr wahres Ich besser kennenlernen können.

Bei der Arbeit   *Ja*   *Nein*

Lieben Sie Ihren Job, weil das Umfeld
so intensiv ist? ☐ ☐

Hat man schon mal zu Ihnen gesagt:
»Mach doch mal ein bisschen langsamer,
sonst kommt bald der Burn-out!« ☐ ☐

Ziehen Sie oft voreilige Schlüsse, bevor Sie
alle Informationen haben? ☐ ☐

Bei Freunden und in der Familie

Sind Sie als leidenschaftlicher, emotionaler
Mensch bekannt? ☐ ☐

Werden Sie oft gewarnt: »Pass auf, dass er
dir nicht das Herz bricht!« ☐ ☐

Würden Sie sich als verletzlich bezeichnen? ☐ ☐

**Bei einer Verabredung oder in einer
früheren Beziehung**

Hatten Sie meistens intensive, aber sehr
kurze Beziehungen? ☐ ☐

Sind Sie schon mal kurzfristig mit einem
Mann verreist, den Sie kaum kannten? ☐ ☐

Gehen Sie mit einem Mann ins Bett,
sowie Sie eine intensive emotionale Verbindung spüren? ☐ ☐

Ihre Lebensphilosphie	*Ja*	*Nein*
Sind Sie impulsiv?	☐	☐
Hängen Sie leicht Ihr Herz an Menschen und Dinge?	☐	☐
Sind Sie eine Suchtpersönlichkeit?	☐	☐

Haben Sie mehr als fünf dieser Fragen mit Ja beantwortet? Dann wird die Bekanntschaft mit Ihnen von den Männern möglicherweise als Strohfeuer wahrgenommen. Zweifellos sind Sie leidenschaftlich, liebevoll und intensiv, und selbstverständlich sollen Sie Ihr wahres Ich nicht ändern. Aber Sie könnten darüber nachdenken, ob Sie Ihr Verhalten während und nach den ersten Verabredungen ein wenig verändern möchten. Männer, die noch nicht wissen, wie toll Sie sind, könnten Sie einfach als Strohfeuer abhaken und so die Chance verpassen, Sie bei weiteren Verabredungen besser kennenzulernen.

Was tun?

Neulich stand ich auf dem Gehweg an einer Ampel und betrachtete das rote Männchen, das mir signalisierte, dass ich bitte stehen bleiben sollte. Aber ich hatte es so furchtbar eilig! Schnell blickte ich nach rechts und links, und da kein Auto zu sehen war, dachte ich mir: »Da kann ich schnell rüberlaufen – kann ja gar nichts passieren.« Ich ging los, und im nächsten Moment bog ein Auto um die Ecke und kam bremsenquietschend knapp vor mir zum Stehen. Als mein Puls sich wieder beruhigt hatte, musste ich an die Strohfeuer-Frauen denken. Im Grunde stehen Sie auf demselben Gehweg, und das rote Männchen leuchtet aus gutem Grund, das ist nicht nur zur Dekoration da. Es ist rot als Garant Ihrer Sicherheit, nicht als allgemeine Richtlinie, die Sie ab und zu ignorieren können, wenn Sie gerade weit und breit kein Auto entdecken können. Bei Rot über die Straße gehen ist strafbar, weil es Schwerverletzte geben kann.

Ich habe vier Vorschläge für Sie, die es Ihnen leichter machen werden, geduldig auf Grün zu warten.

1. Achten Sie auf Ihre Wortwahl

Wenn Sie sich während der ersten paar Treffen Dinge murmeln hören wie: »Das habe ich noch nie jemandem erzählt...« oder »Normalerweise gehe ich nicht so schnell aus mir heraus«, ist das ein Alarmsignal dafür, dass die Dinge zu schnell gehen. Es ist schön, wenn Sie mit einem Mann, der Sie wirklich interessiert, die Oberflächlichkeiten hinter sich lassen, aber gehen Sie nicht gleich so tief, dass er mehr über Sie weiß als Ihre Familie oder Ihre Freunde, die Sie seit Jahren kennen. Das ist einfach zu früh und zu viel. Stellen Sie sich Ihre Beziehung wie eine Bergwanderung vor, bei der Sie langsam, aber stetig bergauf schreiten, nicht wie eine senkrechte Felswand. Denken Sie an die Eins-zu-eins-Regel aus dem Abschnitt über die Verflossene: Erzählen Sie ihm ein persönliches Detail beim ersten Date, zwei beim zweiten usw. Worte und Taten, die langsam aber sicher aufeinanderfolgen, bilden ein stärkeres Fundament, das nicht bei der ersten Erschütterung zusammenbricht.

2. Sorgen Sie für Aktivität bei Ihren Verabredungen

Wenn Ihre ersten paar Treffen Quasselmarathons waren, bei denen Sie im Restaurant saßen, sich tief in die Augen blickten und nicht von Ihren Stühlen bewegten, werden Sie eher versucht sein, sich voreilig in emotionale Intimitäten zu stürzen. Ähnlich wie bei der Fixierten, rate ich auch hier, für die nächsten Verabredungen ein paar Aktivitäten einzuplanen: Tennis spielen, den Hund Gassi führen, ein Fußballspiel besuchen. Lernen Sie einander Stück für Stück kennen, während Sie gemeinsam *lustige* Dinge unternehmen und sich auf anderes konzentrieren als die intensiven Gefühle, die Sie schon füreinander hegen.

3. Verkneifen Sie es sich

Wenn Sie vermeiden wollen, dass ein Mann in Panik gerät, weil er sich zu früh mit einer großen Entscheidung konfrontiert sieht, lassen Sie die heikle Frage erst gar nicht aufkommen. Wenn Sie müssen, dann fahren Sie mit einer Freundin in Urlaub oder gehen Sie alleine auf das Konzert. Wenn Sie der Versuchung aus dem Weg gehen wollen, zu früh mit ihm ins Bett zu gehen, bleiben Sie dem Schlafzimmer fern, bis eine Weile vergangen ist (ich schlage *mindestens* acht Dates vor, gleichmäßig über einen Zeitraum von ein bis zwei Monaten verteilt). Es ist immer eine kluge Wahl, sich an öffentlichen Orten zu verabreden.

Ich habe einmal einen sehr klugen Rat von einer Kummerkastentante gelesen, die den Verzicht auf verfrühten Sex mit einer Diät verglich. Wenn Sie wirklich abnehmen wollen, sollten Sie erst gar nichts im Kühlschrank haben. Es ist äußerst unwahrscheinlich, dass Sie sich um elf Uhr nachts noch ins Auto schwingen und zur Tankstelle fahren, sobald die Schokoladengelüste Sie überfallen. Also: Wenn Sie nicht als Strohfeuer enden wollen, halten Sie ihn einfach aus Ihrem Schlafzimmer raus, dann kommen Sie auch nicht in Versuchung.

Und was ist mit Ess- und Wohnzimmern in Ihrer oder seiner Wohnung – sind die auch tabu? Das selbst gekochte Essen ist normalerweise ein Schlüsselelement der ersten Treffen, aber die geografische Entscheidung ist gar nicht so einfach. Normalerweise ist das die Verabredung, bei der man am Ende zum ersten Mal herumknutscht. Sie sollten diese Variante also nur dann auf den Plan setzen, wenn Sie einen eisernen Willen haben und wissen, dass Sie den Abend beenden können (und werden), bevor Sie zu weit gehen (sexuell wie emotional).

4. Drosseln Sie das Tempo

Nur weil *er* will, dass sich die Dinge schneller entwickeln, heißt das noch lange nicht, dass Sie diesem Wunsch entsprechen müssen. Wenn er Ihnen eine SMS schreibt, warten Sie eine Stunde, bevor Sie zurückschreiben. Wenn er Sie sechsmal die Woche treffen will, erklären Sie ihm, dass Sie höchstens dreimal Zeit haben (aber versichern Sie ihm, wie gern Sie andernfalls sechsmal mit ihm ausgegangen wären). Drosseln Sie das Tempo, um eine solide Beziehung aufbauen zu können. Ein Haus baut man ja auch Stein für Stein.

Zeitmangel

»Wie geht's dir?«, fragen Sie Ihre Familie und Ihre Freunde. »Ich hab total viel zu tun«, erwidert Ihre Mutter. »Ich hab total viel zu tun«, erklärt Ihre beste Freundin. »Viel zu tun« ist das neue »gut«. *Jeder* ist eingespannt, genauso wie Sie und Ihr potenzieller Neuer. Manchmal verpassen zwei Leute die Chance auf eine tolle Beziehung, weil einer von beiden es einfach nicht geschafft hat, nach dem ersten vielversprechenden Date seinen Zeitplan in den Griff zu kriegen. Natürlich gibt es Menschen, die sich auf den ersten Blick verlieben und sich dann von nichts und niemandem mehr abhalten lassen, den oder die Auserwählte zu überzeugen, aber das kommt so eigentlich nur in Hollywood vor. Im wirklichen Leben haben viel beschäftigte Männer so viel zu tun, dass Sie normalerweise weder die Zeit noch die Energie aufbringen können, erstmal 17 Hürden in Ihrem Terminkalender zu nehmen, als da wären Ihr Job, Sport, Besuch von auswärts, eine Krise mit Ihrer Freundin, Urlaub, Dienstreise, Lesezirkel, Mädelsabend usw. Ganz zu schweigen davon, dass man sich x-mal gegenseitig auf den Anrufbeantworter sprechen kann, bevor man den anderen endlich mal persönlich erwischt. Irgendwann schwindet sein anfängliches Interesse, und ein anderes Mädchen betritt die Szene.

Wenn es um Multitasking geht, lassen die meisten Frauen – ledig oder verheiratet – ein Schweizer Taschenmesser alt aussehen. Wir organisieren, trösten, schuften, planen, treffen uns mit Freunden und Bekannten und übernehmen nebenbei auch noch ehrenamtliche Tätigkeiten. Doch wenn Sie Single sind, kann dieses Leben schnell zu einem Klotz am Bein werden, wenn Sie sich nicht auch mal von gewissen Verpflichtungen lösen und flexibel bleiben können. Damit meine ich nicht, dass Sie sich jederzeit kurzfristig zu einer Verabredung bereit erklären sollen. Wenn er Sie am Samstagabend um sieben Uhr anruft, um zu fragen, ob Sie um acht Uhr nicht mit ihm essen gehen wollen, ist das schlicht unhöflich. Ich meine auch nicht, dass Sie Ihre Pläne für einen Mann ändern sollen, der Ihre Zeit nicht respektiert, indem er zu spät kommt oder vergisst, Sie anzurufen, oder der Ihre Treffen so diktieren will, dass sie für ihn immer bequem einzurichten sind. Doch nach einem vielversprechenden Date mit einem tollen Mann, der Sie gerne wiedersehen will, wäre es dumm, wenn Sie sich durch andere Verpflichtungen länger als eine Woche davon abhalten lassen, ein zweites Mal mit ihm auszugehen.

Haben Sie Zeitmangel?

Zwei Szenarien sind ganz typisch für den Zeitmangel. Erkennen Sie sich in einer der Beschreibungen vielleicht wieder?

Zu viele Ausreden

Artie, ein 37-jähriger Elektroingenieur aus Dallas, erzählte mir von einer Frau, in die er sich gleich beim ersten Date richtig verguckte. Er war so begeistert, dass er sie noch während des Essens fragte, ob er sie wiedersehen könne. Sie war begeistert, und man einigte sich gleich auf den nächsten Restaurantbesuch, drei Tage später (Sonntagabend). Doch schon tags darauf rief sie ihn an, um ihm mitzuteilen, dass ihr Chef für Montagmorgen eine frühe Besprechung in Atlanta anberaumt habe und sie noch Sonntagabend in den Flieger steigen müsse. Sie verabredeten sich also für Freitagabend, wenn sie wieder in

Dallas sein würde. Doch am Freitagmorgen schickte sie ihm eine SMS: »Tut mir leid, aber ich hab mir eine grässliche Erkältung eingefangen – kann ich dich morgen anrufen, damit wir einen neuen Termin finden? Ich möchte dich wirklich gerne wiedersehen.« Artie war enttäuscht, hatte aber Verständnis.

In den nächsten zehn Tagen schien sich alles gegen sie verschworen zu haben. Als sie sich von ihrer Erkältung erholt hatte, hatte er einen Kundentermin außerhalb. Als er zurückkam, rief er sie an, aber sie verpassten sich permanent. Schließlich bekamen sie sich doch noch persönlich an die Strippe, aber da packte sie schon für einen zweiwöchigen Afrika-Urlaub mit ihrer Mitbewohnerin. Eins kam zum andern. Artie erzählte, dass sie aufrichtig interessiert schien, ihn wiederzutreffen, denn sie beteuerte jedes Mal, wie leid es ihr tat, und bemühte sich, einen Ersatztermin zu finden. Doch als sie aus Afrika zurückkam und ihn wieder anrief, hatte er gerade angefangen, sich mit einer anderen Frau zu treffen.

Viele der befragten Männer erklärten, dass sie skeptisch waren bei Frauen, die ständig »viel zu tun« hatten, und suchten sich lieber jemanden, der öfter für sie da sein konnte. Der 40-jährige Buchhalter Max klagte: »Mehr als die Hälfte der Frauen, mit denen ich ausgehe, ruft mich wenige Stunden vor dem Date an und will die Verabredung verschieben, weil ihr in letzter Minute irgendeine Katastrophe dazwischengekommen ist.« Er erinnerte sich an eine Frau, die ihm sagte: »Tut mir leid, ich hatte diesen Monat furchtbar viel zu tun, aber jetzt hab ich wieder Zeit...« Er konnte es kaum fassen – wollte sie etwa behaupten, dass sie einen ganzen Monat lang keinen Tag gehabt hatte, an dem sie sich für ein oder zwei Stunden hätte freimachen können? Er meinte, früher sei er sehr verständnisvoll gewesen, aber mittlerweile finde er es nur noch unhöflich – und was noch viel schlimmer ist: Er betrachtet so ein Verhalten als Zeichen dafür, dass diese Frau ihrer Beziehung niemals Priorität einräumen würde. Er betonte, dass die Entschuldigungen meistens sehr einleuchtend klangen (krank geworden, Arbeit, Reise usw.), und er glaubt, dass die Frauen es ehrlich meinen, wenn sie sich wortreich entschuldigen und um einen Tag oder eine Woche Aufschub bitten, aber er seufzte: »Damit bin ich endgültig durch. Ich möchte mit einer Frau zusammen sein, die eine Verabredung mit mir wichtig findet.«

Der Witwer Harvey, ein 64-jähriger Luftfahrtingenieur, erzählte: »Neulich habe ich eine Frau kennengelernt – das war die netteste Verabredung, die ich hatte, seit vor drei Jahren meine Ehefrau gestorben ist. Aber als wir telefonierten, um unser nächstes Treffen auszumachen, erwähnte sie, dass sie oft auf Dienstreisen geht. Es war schon ein echtes Kunststück, unsere zweite Verabredung einzufädeln, und da wurde mir klar, dass sie für meinen Geschmack zu viel zu tun hatte. Es ist schwierig genug, jemanden kennenzulernen, wenn man ihn regelmäßig sieht, aber wenn einer dauernd unterwegs ist, wird es einfach *zu* schwierig.« Harvey teilte ihr seine Sorge nie mit und gab ihr auch keine Gelegenheit, eine Lösung vorzuschlagen. Irgendwann hatten sie eine oberflächliche zweite Verabredung, aber zur dritten kam es nicht mehr.

Manchmal werden zu viele andere Verpflichtungen als »Unbeweglichkeit« interpretiert. George, ein 45-jähriger Händler für Hotelbedarf, verabschiedete sich nach einem großartigen Date erst um zwei Uhr morgens von Anna. Doch gleich zu Beginn ihrer zweiten Verabredung teilte sie ihm mit, dass sie um zehn Uhr abends zu Hause sein müsse – nicht nur heute, sondern generell. Sie brauche nämlich jede Nacht ihre acht Stunden Schlaf, und da sie jeden Tag um sechs Uhr Sport treibe, von sieben bis acht ihre Mails beantworte und um halb neun im Büro sein wolle, müsse sie eben früher ins Bett gehen. Er weiß, dass es manchmal schwierig sein kann, alles in so einen Tag hineinzupressen, aber Anna kam ihm doch zu unflexibel vor. Außerdem wusste er, wenn ihm eine Frau wirklich gefiel, blieb er trotzdem länger mit ihr aus und nahm die Müdigkeit am nächsten Tag eben in Kauf. Ihr schien es nach der ersten Verabredung wohl nicht so gegangen zu sein, und so nahm die potenzielle Romanze zwischen George und Anna ein frühzeitiges Ende.

Zu beliebt

Andere Männer erzählten von Frauen, die während ihrer Verabredung zahlreiche Anrufe oder SMS erhielten. Selbst wenn sie ihr Handy auf Vibrationsmodus gestellt hatten, konnte ihr Gegenüber immer noch das Summen hören. Stan, ein 35-jähriger Bauunternehmer, berichtete: »Wir hatten ein tolles erstes Date, aber ihr Telefon vibrierte die ganze Zeit. Sie kriegte ungefähr fünf Anrufe pro Stunde!« Wie er angab, wird auch er viel angerufen, aber wenn er sich verabredet hat, schaltet er sein Mobiltelefon aus. Als sich die Szene bei ihrer zweiten Verabredung wiederholte, beschloss er, dass sie für seinen Geschmack zu beliebt war (und obendrein ein bisschen unhöflich, weil sie ihr Handy nie ausschaltete). Zu diesem Eindruck trug auch die Tatsache bei, dass sie von ein paar Partys erzählt hatte, auf denen sie in letzter Zeit gewesen war, und dass zwei Freunde an den Tisch gekommen waren, um sie zu begrüßen. Obwohl er sie sehr attraktiv fand, sagte er, dass er mit einer »Partymaus« nichts anfangen kann, denn er befürchtete, dass sie nie genug Zeit für ihn haben würde.

Der 51-jährige William, Kommunikationsberater, erinnerte sich an Gabrielle, die offensichtlich eine Menge Verehrer gleichzeitig managte. Sie schenkte William von vornherein reinen Wein ein und meinte, sie hätte sich zwar prima mit ihm amüsiert, aber sie habe für die nächsten Wochen schon Verabredungen mit anderen Internet-Bekanntschaften vereinbart, die sie schlecht absagen könne. Wie sie sagte, hatte sie gerade eine ernsthafte Beziehung beendet, und William war erst ihr zweites Date. Er wusste ihre Ehrlichkeit zu schätzen und verstand, dass sie sich ansehen wollte, was sonst so auf dem Markt war, aber er hatte die immer neuen Verabredungen mit immer anderen Frauen langsam satt. Er wollte etwas Ernsthaftes, also rief er sie nicht mehr an. Sechs Monate später meldete sich Gabrielle noch einmal bei ihm und fragte, ob sie sich noch einmal treffen wollten, aber da ging er schon mit einer anderen Frau aus und lehnte ab.

Ein paar Männer erwähnten auch Frauen, die den Abend früh beendeten, weil sie andere Prioritäten oder Pläne hatten. Eine verkündete zu Beginn des zweiten Dates, dass sie nur bis halb zehn Zeit habe. Da sie keine Erklärung lieferte, nahm er an, dass sie sich für denselben Abend noch mit einem anderen verabredet hatte, und rief sie nie wieder an.

Kommt Ihnen das bekannt vor?

Vielleicht haben Sie bis jetzt noch keine Anzeichen für Zeitmangel bei sich selbst feststellen können. Es ist nicht immer leicht, das eigene Verhalten in den Geschichten anderer Menschen wiederzuerkennen. Die folgenden Fragen helfen Ihnen dabei herauszufinden, ob die Männer Sie wegen Ihres Zeitmangels abschreiben, bevor sie Ihr wahres Ich besser kennenlernen können.

Bei der Arbeit   *Ja*   *Nein*

Machen Sie richtig viele Überstunden?   ☐   ☐

Gehen Sie häufig auf Dienstreisen?   ☐   ☐

Hat man Ihnen schon einmal gesagt:
»Delegier doch auch mal was!«   ☐   ☐

Bei Freunden und in der Familie

Bekommen Sie oft den Rat:
»Versuch doch auch mal Nein zu sagen!«   ☐   ☐

Wenn Sie viel zu tun haben, rufen Sie dann
die Leute, die Ihnen am nächsten stehen,
als Letzte zurück?   ☐   ☐

Haben Sie mehr als fünfhundert »Freunde«
bei einem sozialen Online-Netzwerk?   ☐   ☐

**Bei einer Verabredung oder in einer
früheren Beziehung**

Sind Sie oft spät dran?   ☐   ☐

Ist es schwierig, einen Termin für eine
Verabredung mit Ihnen zu finden?   ☐   ☐

Hat ein Mann schon einmal zu Ihnen
gesagt: »Als du mir letztes Mal abgesagt
hast, war ich nicht sicher, ob du mich
nicht abservieren willst.«   ☐   ☐

Ihre Lebensphilosophie   *Ja*   *Nein*

Glauben Sie, dass Sie erst dann ein
»erfülltes Leben« haben, wenn Ihr
Terminkalender überquillt?   ☐   ☐

Denken Sie sich oft: »Die Zeit reicht
hinten und vorne nicht.«   ☐   ☐

Sind Sie grundsätzlich erschöpft?   ☐   ☐

Sie haben mehr als fünf dieser Fragen mit Ja beantwortet? Dann vermuten Männer vielleicht Zeitmangel bei Ihnen. Zweifellos sind Sie erfolgreich, kompetent und beliebt, und selbstverständlich sollen Sie Ihre Persönlichkeit nicht ändern. Aber Sie können darüber nachdenken, ob Sie Ihr Verhalten während und nach den ersten Verabredungen ein wenig verändern möchten. Männer, die noch nicht wissen, wie toll Sie sind, könnten Sie wegen Ihres Zeitmangels abschreiben und so die Chance verpassen, Sie bei weiteren Verabredungen besser kennenzulernen.

Was tun?

Wenn Sie nicht wegen Zeitmangel abgeschrieben werden wollen, habe ich drei Tipps für Sie, wie Sie Ihren Terminkalender flexibel halten können, damit *Sie* entscheiden, ob er es wert ist, dass Sie ihr hektisches Leben auf ihn abstimmen. All diesen Tipps ist ein Grundgedanke gemeinsam: Sagen Sie andere Sachen ab, damit Sie nicht zu beschäftigt sind, um ihn *bald* zu treffen.

1. Räumen Sie ihm Priorität ein

Ich bin immer wieder überrascht, wenn eine alleinstehende Frau mir erklärt, dass es das Allerwichtigste für sie ist, endlich den richtigen Partner zu finden. Meistens sind ihre Taten nämlich nicht mit diesen Worten in Einklang zu bringen. Wenn sie nämlich einen tollen Mann kennenlernt, ist sie nicht bereit, irgendwelche anderen Termine abzusagen, um ihn in ihrem gedrängten Terminkalender unterzubringen. Natürlich ist es lobenswert, wenn Sie die Versprechen halten, die Sie Ihren Freundinnen schon gegeben haben, und, okay, dieses Projekt bei der Arbeit ist wirklich ziemlich wichtig. Ja, ich weiß, dass Sie Ihre nicht erstattungsfähige Hotelbuchung für nächste Woche nicht verschieben können, nur weil Sie gerade ein tolles erstes Date mit einem Typen hatten. Wenn er nicht auf Sie warten kann, dann soll es wohl auch nicht sein ... oder?

Ich muss sagen: falsch! Wir sind heutzutage so feministisch gepolt (ich eingeschlossen), dass wir gern an der Einstellung »Ich werde mich niemals für einen Mann ändern« festhalten. Das beinhaltet auch: »Ich werde meine *Pläne* niemals für einen Mann ändern.« Aber manchmal schneiden Sie sich damit ins eigene Fleisch. Es ist so selten, dass man einen tollen Mann trifft, dass Sie ab und zu einen mutigen Schritt tun müssen: Ihre Freundinnen werden nicht aufhören, Sie zu lieben, wenn Sie ihnen einmal absagen – sie sollten sich lieber für Sie freuen. Warum wollen Sie unbedingt sechs Stunden statt drei auf dieses große Projekt verwenden? Die beruflichen Erfolge, die Sie im Laufe der Jahre bereits angesammelt haben, sind doch schon Beweis genug! Manchmal klopft der Richtige nicht zweimal an Ihre Tür, manchmal ist er nur ganz kurz frei. Bei Freundinnen oder Chefs kann man sich hinterher immer noch entschuldigen.

Noch ein radikaler Gedanke: Überlegen Sie es sich, ob ein zweites oder drittes Date mit einem interessanten Mann es nicht wert ist, einen Abend länger in der Stadt zu bleiben und den geplanten Flug umzubuchen – Sie müssen ihm ja nicht erzählen, dass es Sie hundert Euro Umbuchungsgebühr gekostet hat, ihn zu treffen. Eine Umbuchungsgebühr für ein Date ist wahnsinnig, oder? Nicht immer. Manchmal müssen Frauen mit Zeitmangel ein bisschen radikal werden, um ihrer Partnersuche Priorität einzuräumen. Mails und Telefonate während Ihrer Reise sind natürlich kein Ersatz für persönliche Gespräche, bei denen man weiter an der Chemie arbeiten kann. Aber lassen Sie nicht zu, dass Ihr Terminkalender eine aufkeimende Romanze erstickt, wenn Sie etwas dagegen unternehmen (und es sich leisten) können.

Aber wenn Sie etwas abgesagt haben und nach dem zweiten Date trotzdem der Vorhang fällt? Dann glaube ich immer noch, dass es die richtige Entscheidung war, den Mann an erste Stelle zu setzen – nicht jeden Typen natürlich, aber ein paar besondere eben schon –, denn die Liebe ist immer ein Glücksspiel (und Sie müssen nur einmal gewinnen).

2. Vergessen Sie die (normalen) Regeln

Drei Tage zu warten, bevor Sie auf den Anruf oder die Mail eines Mannes antworten, der Sie interessiert, ist einfach lächerlich. Trotzdem würde ich raten, ein wenig Zeit vergehen zu lassen bis zu Ihrer Antwort – sagen wir mal 24 Stunden –, denn ich muss zugeben, dass es schon eine gewisse Faszination ausübt, wenn die Frau es langsam angehen lässt (vor allem bei Männern, die die Herausforderung lieben). Aber wenn Sie zu lange warten, weil Sie zu viel zu tun haben (oder auch nur so tun), kann Ihre gerade beginnende Beziehung einfach den Schwung verlieren.

Manche Männer haben Angst, dass im Leben einer viel beschäftigten Frau nicht genug Raum für sie ist. Das habe ich von verschiedenen Männern zu hören bekommen, die zögerten, ob sie bei einer stark eingespannten Karrierefrau oder einer alleinerziehenden Mutter dranbleiben sollten, weil sie *annahmen*, dass solche Frauen oft keine Zeit für sie würden erübrigen können. Es ist also ein großer Unterschied, ob Sie es langsam angehen lassen oder ihm das Gefühl geben, dass Sie keine Freizeit haben.

3. Schmieden Sie das Eisen, solange es heiß ist

Wenn Sie gerade erst einen neuen Job angefangen haben, für einen Marathon trainieren oder sich für einen Studienplatz in einer anderen Stadt bewerben und es für einen ungünstigen Zeitpunkt halten, mit einem netten Mann etwas Ernsthaftes anzufangen, *weil Ihr Leben gerade zu turbulent ist*, würde ich Ihnen nahelegen, es sich noch einmal zu überlegen. Ich habe so viele Frauen gesehen, die es heute bedauern, mit einem tollen Mann nicht weiter ausgegangen zu sein, weil sie gerade so viel zu tun hatten. Lassen Sie mich eines klarstellen: Ich erlebe nicht oft, dass Frauen die Priorität bewusst auf andere Dinge im Leben setzen, aber es kann ihnen passieren. Sie lehnen eine Verabredung ab, weil sie für den Freitagabend schon etwas anderes vorhaben oder am Donnerstag auf Dienstreise gehen. Doch im Laufe der Zeit werden das unterm Strich fünfzig verpasste Gelegenheiten! Glauben Sie mir, wenn Sie jemand Besonderes zu einer Zeit kennenlernen, in der Sie eigentlich alle Hände voll zu tun haben, nutzen Sie Ihre Chance trotzdem.

Kommunikationspanne

Die Verständigung zwischen Mann und Frau ist schwierig genug, doch wenn wir nur noch elektronisch kommunizieren, wird sie so gut wie unmöglich. Heutzutage ist es keine Seltenheit mehr, dass jemand drei Telefonnummern hat (zu Hause, Büro, Handy), einen Pieper, ein Fax, Skype, drei Mailadressen, eine persönliche Webseite oder einen Blog, ein paar Online-Profile bei Kontaktbörsen und vielleicht sogar einen virtuellen Assistenten in Indien! Ich habe bei meinen Gesprächen oft gehört, dass gerade all diese Einrichtungen und Kontaktmöglichkeiten den Kontakt oft unmöglich machten.

Nie halten die Männer und Frauen so genau Ausschau nach den feinsten Signalen für Interesse (oder Desinteresse) wie direkt nach dem ersten Date. Doch da es keine klaren Richtlinien gibt, die die elektronische Kommunikation regeln, können diese Signale so schwer zu deuten sein wie Tarotkarten. Natürlich kommen Missverständnisse auch im persönlichen Gespräch oder am Telefon vor, aber das Wegfallen von Augenkontakt und Tonfall macht den Cyberspace anfälliger für Pannen.

Neigen Sie zu Kommunikationspannen?

Die Kommunikationspanne tritt in drei typischen Szenarien auf. Haben Sie eines davon vielleicht selbst schon einmal erlebt?

Inhaltliche Auffälligkeiten

Die Männer wunderten sich oft über den Inhalt der Mails. So fragten sie sich zum Beispiel, ob eklatante Rechtschreibfehler nun zufällige Tippfehler oder Zeichen von mangelnder Bildung waren. (Diese Sorge bekomme ich übrigens auch oft von Frauen zu hören.) Hand aufs Herz: In Ihrem Lebenslauf würden Sie doch auch keinen Tippfehler haben wollen, also sollte Ihnen das auch nicht im frühen Stadium der Kommunikation mit einer potenziellen Bekanntschaft passieren – auch wenn Sie ein Smartphone oder Internet-Handy benutzen. Nehmen Sie sich doch einfach die zehn Sekunden Zeit, um das Geschriebene noch einmal durchzulesen, denn der erste Eindruck ist so unheimlich wichtig. Burke, ein 31-jähriger Risikokapitalgeber, zählte ein paar gängige Rechtschreibfehler auf und meinte, ein, zwei Schreibfehler seien nicht so schlimm, aber ab drei oder vier fange er langsam an, sich zu wundern. »Nicht, weil ich es wichtig finden würde, dass sie absolut rechtschreibsicher ist«, erklärte er, »aber ich wünsche mir unbedingt eine kluge Partnerin. Wie soll ich nach ein oder zwei Dates einschätzen, ob sie mich auch die nächsten sechzig Jahre intellektuell stimulieren kann? Das ist unmöglich, also fallen mir solche Kleinigkeiten wie Rechtschreibfehler ins Auge – und dann stelle ich mir eben die Intelligenzfrage.« (Dieser Burke ist wirklich ein ganz besonders schlaues Kerlchen, was?)

Mehrere Männer haben auch angemerkt, dass bestimmte Nachrichten einfach so bizarr waren, dass sie nicht wussten, wie sie sie interpretieren sollten bzw. sie eben falsch interpretierten. Der Webdesigner Raj, 28, erinnerte sich, wie er einer Frau nach einem tollen ersten Treffen eine SMS schickte und sie zurückschrieb: »Du warst ganz anders, als ich dachte.« Er war nicht sicher, ob das positiv oder negativ gemeint sein sollte. Manche Frauen hatten ihm schon erklärt, er sei kleiner, als sie dachten, also ging er auch in diesem Fall davon aus, dass sie seine Körpergröße meinte. Er war beleidigt und schoss zurück: »Zumindest hab *ich* mein Gewicht *ehrlich* angegeben.« Sie schrieb: »F*** dich doch ins Knie!«, und schon war das tolle Date vergessen. Nun muss man einem Raj mit seiner Unsicherheit und seinem aufbrausenden Temperament wohl nicht allzu sehr nachtrauern, aber in diesem SMS-Wechsel spiegeln sich trotzdem die elektronischen Missverständnisse wider, die mir mehrfach zu Ohren gekommen sind.

Ein anderer erzählte mir von einer Frau, die ihm eine SMS mit dem Wortlaut schickte: »Die Blumen, die du mir geschickt hast, waren provokativ.« Er fragte sich, was zum Teufel das wohl heißen sollte, und nachdem er mehreren Freunden den Text gezeigt hatte, kam er zu dem Schluss, dass sie nicht wusste, was »provokativ« bedeutet, und wohl nicht besonders helle war. Wieder ein anderer bat eine Frau per Mail um ein zweites Date: »Können wir diesen Samstagabend was zusammen machen?« Sie erwiderte: »Tut mir leid, Samstagabend hab ich schon was vor.« Er wusste nicht, ob sie ihm generell einen Korb geben wollte oder nur diesen Samstag nicht konnte. »Ich kriege nicht gern einen Korb, darum habe ich es lieber gleich gelassen.«

Soziale Online-Netzwerke waren eine zuverlässige Quelle für verwirrende Botschaften. Viele Männer äußerten sich zu den Nachrichten, die sie auf dem virtuellen Schwarzen Brett der Facebook-Seiten lasen, oder zu den MySpace-Gruppen, denen die Frauen angehörten, oder der Art und Menge ihrer Cyberfreundschaften. Mithilfe dieser Informationen versuchten sie sich ein Bild von der Frau zu machen. Warum? Wie Sie schon im Abschnitt über die Zugehörige (siehe Seite 261ff.) sehen konnten, tragen Ihre Online-Freundschaften, die Menge Ihrer Cyberfreunde und die kryptischen Botschaften und Fotos dieser Freunde unweigerlich dazu bei, dass Sie einem bestimmten Stereotyp zugeordnet werden, mag es nun zutreffen oder nicht. Da Singles immer häufiger soziale Online-Netzwerke nutzen (für Freundschaften, berufliche Kontakte und Partnersuche), entsteht hier eine ganz neue Bühne für jede Art von zwischenmenschlichem Missverständnis. Im Gegensatz zum Dating-Profil in der Singlebörse lassen solche Seiten Ihnen weniger Kontrolle über Ihr Image, denn es ist so gut wie unmöglich, immer auf dem Laufenden zu sein, auf welchem Foto Sie mit wem auftauchen und was für Nachrichten Ihre Freunde schicken (auch wenn sie nett gemeint sind oder auf einen Insiderwitz Bezug nehmen).

Außerdem liefern Sie auf diesen Seiten noch unzählige Detailinformationen über sich, ohne Platz für Erklärungen zu haben. Wenn Ihre Seite verrät, dass Sie »Fan von Arnold Schwarzenegger« sind, werden die einen annehmen, dass Sie politisch erzkonservativ sind, andere werden davon ausgehen, dass Ihnen einfach der Film *Terminator* gefällt, der Nächste wird folgern, dass Sie Bodybuilder sexy finden, und manche könnten auf den Gedanken verfallen, dass Sie auf Männer mit österreichischem Akzent stehen. Diese individuellen Interpretationen können zu einem ungenauen Bild von Ihnen beitragen und potenzielle Bekanntschaften abschrecken, wie z. B. den eingefleischten Linken, Leute mit anspruchsvollerem Filmgeschmack, süße Jungs mit ein bisschen Speck auf den Hüften und Männer ohne Akzent. Wenn Sie tatsächlich konservativ wählen und mit den Linken sowieso nichts zu tun haben wollen, prima. Aber wenn Sie einen österreichischen Akzent nur zufällig nett finden, haben Sie unversehens ein paar bezaubernde Bewerber vergrault.

Andere soziale Netzwerke beinhalten ganz ähnliche Risiken. Bei MySpace zum Beispiel können Sie einen Lieblingssong aussuchen, der jedes Mal angespielt wird, wenn jemand Ihre Seite besucht. So können Sie auch aus einer Reihe von Hintergrundbildern, Farben und Schrifttypen das Layout für Ihr Profil bestimmen. Auf diese Art können Sie sich zwar kreativ ausdrücken, aber damit steigt eben auch die Wahrscheinlichkeit, dass Sie von Fremden missverstanden werden. Vielleicht wirken Sie prätentiös, wenn Sie eine Beethoven-Symphonie aussuchen? Kommen Sie nicht irgendwie kindisch rüber, wenn Ihre Seite in rosarot mit Blümchen gehalten ist? Wenn Sie Ihre Seite für die Kommunikation mit Freunden nutzen, ist das alles ganz wunderbar, aber wenn Sie damit einen ersten Eindruck schaffen, wird es heikel. Ich sage nicht, dass Sie diese Seiten nicht nutzen sollten – denken Sie nur gründlich darüber nach, inwiefern Ihre Seite Ihre Persönlichkeit spiegelt, und warten Sie, bis ein Mann Sie etwas besser kennengelernt hat, bevor Sie ihn auf Ihre Seite einladen.

Missverständlicher Tonfall

Der Ton der elektronischen Botschaften leistete Missverständnissen ebenfalls Vorschub, da hatte jeder sein kleines Lieblingsärgernis. Ist es z. B. übertrieben, fünf Ausrufezeichen hintereinander zu benutzen? Wirkt es zu desinteressiert, wenn man gar kein Ausrufezeichen setzt? Sind Smileys lustig oder nervig? Männer haben von Frauen berichtet, die NUR GROSS-BUCHSTABEN VERWENDETEN (wollten sie sie »anschreien« oder hatten sie einfach nur versehentlich die Feststelltaste gedrückt?), von anderen, die Formulierungen wie »CUL8R« (»See you later« = bis später) benutzten (gingen die noch zur Schule oder hatten sie Angst, sich beim Simsen eine Sehnenscheidenentzündung zu holen?), und schließlich von solchen, die mit einer einzigen Zeile antworteten (war das direkt und sexy oder kurz angebunden und desinteressiert?). Wenn man sich noch nicht gut kennt, wachsen sich die kleinsten Kleinigkeiten zur elektronischen Petrischale aus.

Silvia, 22-jährige Mitarbeiterin einer Talentagentur, erzählte mir, sie benutze GROSSBUCHSTABEN, um Aufregung, Übertreibung oder Begeisterung auszudrücken (»Ich LIEBE mein Handy!«). Doch wenn sie so zurückdenkt, fragt sie sich, ob ein Mann, der sie nicht mehr angerufen hat, mit GROSSBUCHSTABEN etwas anderes gemeint haben könnte. Er schrieb: »Ich freue mich auf unser Date, obwohl ich TOTAL viel zu tun habe.« Sie nahm an, dass er sie wohl besonders toll fand, wenn er sich trotz seiner Arbeit die Zeit für sie nahm. Doch als er ihr Treffen eine Stunde vorher absagte und sie nie wieder von ihm hörte, überlegte sie, ob er ihr mit dieser Nachricht wohl hatte sagen wollen, dass sie die Sache verschieben sollten. Wo er doch TOTAL viel zu tun hatte. Vielleicht hatte sie seinem stressigen Job nicht genug Rechnung getragen und wurde als rücksichtslos abgeschrieben? Ich bezweifele es zwar, aber Sie sollten sich einfach klarmachen, dass Missverständnisse gerade bei diesen Kommunikationsmitteln möglich sind. Wenn Sie jemanden gerade erst kennenlernen, sollten Sie sich nicht allzu sehr auf elektronische Nachrichten verlegen.

Vor ein paar Jahren interviewte mich eine Journalistin namens Marcie für einen Zeitschriftenartikel zum Thema Partnersuche. Sie war über dreißig, Single, und unser Gespräch drehte sich bald um ihre persönliche Geschichte. Sie klagte über einen Typen, der sich nach einem vielversprechenden ersten Treffen nie wieder bei ihr gemeldet hatte. Beim Abendessen hatte er ihr verraten, dass *Weg in die Wildnis* sein Lieblingsbuch ist. Als sie zugab, es nie gelesen zu haben, rief er: »Im Ernst? Das musst du lesen – das ist das beste Buch, das ich je gelesen habe! Es handelt zwar von Cowboys, aber es ist romantisch, heroisch, intelligent...« Marcie wurde neugierig und machte tags darauf einen Abstecher in die Buchhandlung. Als sie ihm mailte, dass sie sich das Buch besorgt hatte, schien er sich zu freuen. Am nächsten Tag ging sie auf eine Dienstreise. Nach ein paar Tagen kam – per Mail – seine Frage: »Na, hast du *Weg in die Wildnis* schon durch?« »Nein«, schrieb sie zurück, »ich hatte zu viel zu tun.« Er erwiderte: »Es war auch keine Hausaufgabe.« Da sie nicht verstand, was er damit meinte und seine Reaktion als verschnupft interpretierte, hakte sie nach: »Was heißt das denn?« »Nichts«, kam es von ihm. Und dann hörte sie einfach nie wieder etwas von dem Mann.

Marcie hat sich immer gefragt, was schiefgegangen ist. Normalerweise nehmen diese Missverständnisse ihren Anfang während des ersten Dates. Wenn er sie da z. B. schon ein bisschen egozentrisch oder unhöflich fand, ist eine »falsche Antwort« per Mail oder SMS der letzte Sargnagel. Ich wünschte, sie hätte ihn angerufen, um zu fragen, was da passiert war. Also, lieber Mann auf dem Weg in die Wildnis, schicken Sie mir doch bitte eine Mail! Nach all den Jahren kann ich mich noch immer an Ihre Geschichte erinnern und würde was drum geben, Ihre Sichtweise zu hören.

Verwirrendes Schweigen

Vielleicht ist Schweigen die schlimmste Technikpanne. Männer erzählten mir, wie sie nach einem tollen Date sofort einen regen Mail- oder SMS-Verkehr aufnahmen, der ihren Optimismus und ihr sexuelles Interesse nährte. Doch wenn sich dieser Austausch in den folgenden Tagen oder Wochen plötzlich verlangsamte oder ganz zum Erliegen kam, waren die Männer verwirrt. Manchmal war das gar nicht schlecht (so warteten sie immer gespannt auf ihre Antwort), aber manchmal hatte es auch negative Folgen. Der 26-jährige Unternehmensberater Nathaniel hatte doppeltes Pech mit einer Frau namens Carmen: eine Kombination aus Strohfeuer und Kommunikationspanne. »Am Anfang haben wir uns in kürzester Folge Mails geschrieben. Aber irgendwann ab neun Uhr hat Carmen nicht mehr geantwortet. Erst am nächsten Morgen war wieder eine Nachricht von ihr da, Sendezeit drei Uhr morgens.« Da sie erst einmal miteinander ausgegangen waren, wollte er nicht fragen, wo sie gewesen war, aber er hatte das dumpfe Gefühl, sie müsse wohl mit einem anderen Mann ausgegangen sein, wenn sie erst um drei Uhr morgens nach Hause kam. Also wartete er mit seiner Antwort bis zum Abend, woraufhin sie sich mit ihrer Antwort bis zum nächsten Morgen Zeit ließ. Das Schweigen zwischen den einzelnen Mails wurde immer länger, bis Nathaniel zu dem Schluss kam: »Unsere Verbindung ist einfach im Sande verlaufen.«

Ein paar Männer berichteten auch, dass sie verwirrt waren, als auf eine – wie ich es nenne – »unpersönliche Mitteilung« ihrerseits nur noch Schweigen folgte. Nach einem erfolgreichen ersten Date verwies ein Mann die Frau auf seine Webseite bei einem Businessnetzwerk, ein anderer setzte sie auf den Verteiler, als er eine Witzmail weiterleitete, wieder ein anderer schickte ihr eine E-Card. Wenn sie danach nichts mehr von der Frau hörten, nahmen sie an, sie sei nicht mehr interessiert. Jeder nannte mir einen (lahmen) Grund, warum er so eine unpersönliche Form der Kommunikation gewählt hatte: Sie wollten sondieren, ob die Frau Interesse hatte. Für sie war »keine Antwort« gleichbedeutend mit »kein Interesse«. (Ich weiß, es ist kaum zu glauben, dass der Mann, mit dem Sie ausgegangen sind, Sie auf den fünfzig Adressen umfassenden Verteiler einer Sparwitz-E-Mail gesetzt hat, um Ihr Interesse zu sondieren!)

Eine Klage war jedoch nicht zu überhören, und der kann ich mich nur anschließen. Die Männer hassten diese Spamfilter-Einstellungen, bei denen der Absender benachrichtigt wird, dass er seine Mail erneut schicken muss, um sich als Nicht-Spammer zu autorisieren. Natürlich hasst jeder Spam, aber zumindest wenn Sie Single sind, sollten Sie diese Benachrichtigungen abschalten. Die Männer nervt es, und es kann den Eindruck hervorrufen, dass Sie verklemmt oder übervorsichtig sind. (Wenn es Ihnen schon mal passiert ist, dass ein Mann Ihnen unerklärlicherweise nicht mehr geantwortet hat, schauen Sie doch mal in Ihrem Spamverdacht-Ordner nach – vielleicht hat er ja versucht, Kontakt zu Ihnen aufzunehmen, und ist ausgefiltert worden.)

In der idealen Welt hätte ein Mann, der Sie unbedingt wiedersehen will, es natürlich erneut versucht und hätte sich auf den Kopf gestellt, um Sie zu erreichen. Aber in einer Zeit, in der jeder zu beschäftigt ist und nur einmal klicken muss, um viel zu viele andere Dates zu bekommen, lohnt es sich, etwas einfacher erreichbar zu sein, bis Sie entschieden haben, ob Sie langfristig an ihm interessiert sind (oder auch nicht).

Kommt Ihnen das bekannt vor?

Vielleicht haben Sie bis jetzt noch kein Anzeichen für eine Kommunikationspanne bei sich selbst feststellen können. Nehmen Sie die folgenden Fragen zu Hilfe, um herauszufinden, ob die Männer Sie wegen einer Kommunikationspanne aussortieren, bevor sie Ihr wahres Ich besser kennenlernen können.

Bei der Arbeit   *Ja   Nein*

Senden oder empfangen Sie mehr als
hundert Mails oder SMS pro Tag?   ☐   ☐

Ist an Ihrem Arbeitsplatz die elektronische
Kommunikation wichtiger als persönliche
Gespräche?   ☐   ☐

Haben Sie schon öfters erklären müssen,
wie eine Ihrer Mails gemeint war, weil ein
Kollege sie falsch aufgefasst hat?   ☐   ☐

Bei Freunden oder in der Familie

Zeigen Sie Ihren Freunden öfters SMS oder
Mails eines Mannes, damit sie Ihnen helfen,
die Nachricht richtig zu interpretieren?   ☐   ☐

Sind Sie schon häufiger gefragt worden, was
Sie mit Ihrer Mail oder SMS gemeint haben?   ☐   ☐

Hat Ihnen schon mal jemand gesagt:
»Dein elektronischer Humor erschließt
sich nicht gleich jedem.«   ☐   ☐

Bei einer Verabredung oder in einer früheren Beziehung

Kommunizieren Sie elektronisch mehr
als persönlich?   ☐   ☐

Sagen die Männer öfters zu Ihnen: »Ich war
nicht sicher, wie deine Mail (oder SMS)
gemeint war.«   ☐   ☐

	Ja	**Nein**
Schicken Sie Ihre Mails normalerweise ab, ohne sie noch einmal durchzulesen?	◻	◻

Ihre Lebensphilosophie

	Ja	**Nein**
Haben Sie ein Faible für kurze Mitteilungen?	◻	◻
Werden Sie kribbelig, wenn Sie Ihre Mails nicht jede Stunde abrufen können?	◻	◻
Sind Sie rund um die Uhr erreichbar?	◻	◻

Wenn Sie mehr als fünf dieser Fragen mit Ja beantwortet haben, könnten die Männer die Bekanntschaft mit Ihnen möglicherweise wegen einer Kommunikationspanne abbrechen. Es kann sehr gut sein, dass eine fehlgeleitete Mail oder SMS daran schuld war, dass Sie nicht mehr angerufen wurden. Sie sollten darüber nachdenken, ob Sie vielleicht ein paar Veränderungen an Ihren Mails und SMS vornehmen wollen, zumindest im ersten Stadium des Kennenlernens. Männer, die noch nicht wissen, wie toll Sie sind, könnten Sie sonst einfach wegen einer Kommunikationspanne aussortieren und so die Chance verpassen, Sie bei weiteren Verabredungen besser kennenzulernen.

Was tun?

Im Folgenden gebe ich Ihnen vier Tipps, wie Sie vermeiden können, dass Ihre vielversprechenden zweiten oder dritten Dates von elektronischer Verwirrung sabotiert werden – damit Sie selbst entscheiden können, ob er ein Volltreffer ist.

1. Legen Sie zu Beginn ein Muster fest

Ein häufiger und schneller Austausch von Mails oder SMS kann durchaus berauschend wirken, doch achten Sie von Anfang an auf gewisse Grenzen. Das ist wichtig, denn sonst sorgen nicht nur technische Pannen und plötzliches Schweigen für Verwirrung, sondern es besteht auch die Gefahr, dass Ihre neue Bekanntschaft sich zu einem Strohfeuer entwickelt. Wer nach einer oder zwei Verabredungen schon mit dem frenetischen Nachrichten-Pingpong beginnt (d. h. zwanzig Mails pro Tag oder zehn SMS in zehn Minuten), steuert unaufhaltsam auf die Enttäuschung zu – wie Nathaniel und Carmen.

Handeln Sie vorausschauend und finden Sie frühzeitig einen passenden Rhythmus für die Mails und SMS. Wenn Sie beide die Gewohnheit haben, jede Nachricht innerhalb von sechzig Sekunden (oder Minuten) zu beantworten, wird jede Abweichung von diesem Muster als Alarmsignal gewertet. Einer könnte annehmen, dass das Interesse seines Gegenübers bereits nachlässt. Also variieren Sie die Zeiträume in den ersten paar Wochen, um ihm zu verstehen zu geben: »Tut mir leid, aber ich schaue nicht pausenlos in mein Postfach.« Wenn so eine unregelmäßige Korrespondenz von Anfang an die Regel ist, gibt es viel weniger Verwirrung und negative Gedanken bei der unvermeidlichen ersten Mail, die mit Verspätung eintrifft. Zudem bauen Sie damit eine gewisse Spannung bei ihm auf (und das ist der Heilige Gral beim Kennenlernen).

Außerdem sollten Sie es ihm mitteilen, wenn Sie sich ausloggen, nachdem die Mails eine Weile postwendend hin und her gegangen sind – statt einfach wortlos für zwei Stunden zu verschwinden. Wenn Sie »Gute Nacht« oder »Ciao erst mal« schreiben, bevor Sie sich ausloggen, etablieren Sie diese Höflichkeit als Norm in Ihrer Cyberbeziehung. Wenn dann irgendwann einmal plötzlich elektronisches Schweigen herrscht, werden Sie wissen, dass etwas nicht stimmt, und können zum Telefonhörer greifen und die Dinge klären, bevor es bergab geht.

2. Lockern Sie Ihre Nachrichten auf

Emoticons – diese elektronischen Gesichter mit unterschiedlichem Mienenspiel – und beliebte Abkürzungen (z. B. »lol« für lautes Lachen) haben einen schlechten Ruf. Viele Leute spotten darüber. Aber Emoticons und Abkürzungen können manchen Bemerkungen, die sonst unnötig gereizt oder giftig aussehen würden, die Schärfe nehmen. Ob sie Ihnen nun gefallen oder nicht – Emoticons sorgen für etwas ganz Wichtiges: einen locker-leichten Ton. Natürlich empfehle ich Ihnen nicht, Ihre Mails mit Hunderten von Smileys zu garnieren – lassen Sie nur hie und da einen Zwinkerer oder Lächler einfließen, damit er Ihren Humor nicht unhöflich oder unausstehlich findet.

3. Greifen Sie zum Hörer, verdammt noch mal!

Wenn Sie Zweifel haben, sollten Sie lieber gleich zum Hörer greifen und ihn anrufen, um Ton und Absicht herauszufinden, bevor irreparable Missverständnisse entstehen. Elektronische Kommunikation sollte helfen, das Flirten und Kennenlernen in der Anfangsphase zu unterstützen, aber nicht als Ersatz für den echten menschlichen Kontakt dienen. Es war ein Trauerspiel, sich bei den Abschlussgesprächen diese ganzen Cybermissverständnisse anzuhören. Dabei bin ich sicher, die meisten dieser Missverständnisse hätten sich leicht klären lassen, wenn einer von beiden gleich zum Telefon gegriffen hätte. Es ist schwer genug, den Richtigen zu finden, deswegen ist es absolut überflüssig, wenn aus einem vielversprechenden Paar aus technischen Gründen nichts wird.

Von ihm sollten Sie dasselbe erwarten. Sagen Sie ihm am besten nach ein paar Verabredungen: »Ich bin ziemlich direkt, musst du wissen. Ab und zu wird es in unseren SMS oder Mails bestimmt zu Missverständnissen kommen. Wenn du meinen Tonfall oder den Inhalt einer Mail also irgendwie seltsam findest, oder wenn meine Antwort ausbleibt, rufst du mich dann bitte an und fragst nach?«

4. Haken Sie nach – aber nur ein einziges Mal

Wenn eine erwartete Mail oder SMS nicht eintrifft, gehen wir meist davon aus, dass der andere sie nie geschrieben hat. In 99 Prozent der Fälle ist das auch so. Aber ab und zu versagt eben auch mal die Technik. Ich hatte in den letzten Jahren durchaus die eine oder andere unerklärlicherweise verschwundene Mail zu beklagen, Sie nicht? (Die Tatsache, dass mir Brad Pitt nie geantwortet hat, ist auf einen dummen Fehler des Mailprogramms zurückzuführen, ich bin ganz sicher!) Wahrscheinlich habe ich ein paar Pannen nicht mal bemerkt, weil ich einfach davon ausging, dass der andere keine Lust zum Zurückschreiben hatte. Aufgeklärt wurden solche Fehler normalerweise nur in geschäftlichen Zusammenhängen, wenn ich auf wichtige Mails wartete, die einfach nicht kamen. Einmal antwortete mir meine Literaturagentin geschlagene 24 Stunden nicht auf meine Mail, und ich dachte schon, sie wäre gestorben. Sie engagiert sich nämlich unglaublich für ihre Schützlinge und trägt ihr Smartphone quasi wie ein Implantat. Wenn ich in Europa bin und sie in Los Angeles, schreibt sie mir trotzdem innerhalb weniger Minuten zurück, obwohl ein Zeitunterschied von neun Stunden zwischen uns liegt (auch wenn es bei ihr dann gerade drei Uhr morgens ist). Dummerweise kenne ich ihren Rhythmus, und sobald sie ihn einmal bricht, gehe ich sofort vom Schlimmsten aus.

Aber das ist eben eine geschäftliche Beziehung. Wesentlich komplizierter wird es, wenn Sie in Ihrem Privatleben herausfinden wollen, ob jemand Sie schneidet oder einfach Ihre Nachricht nicht bekommen hat. Daher hier mein Tipp für den Umgang mit männlichem Schweigen: Wenn Sie erwartet haben, dass er Ihnen nach Ihrem Date mailt, oder wenn Sie ihm irgendwann eine Mail geschickt haben, die unbeantwortet geblieben ist, sehen Sie zuerst in Ihren Spamverdacht-Ordner. Wenn Sie dort nicht fündig werden, warten Sie eine Woche und schicken ihm dann eine Testmail – einfach eine ganz unverfängliche Nachricht à la »Ich habe heute an Dich gedacht – wie geht's denn so?«. Wenn er dann immer noch nicht schreibt, vergessen Sie das Ganze. Denn es gibt zwar ein paar denkbare technische Pannen, die sein Schweigen erklären könnten, aber die Chance ist einfach sehr groß, dass er überhaupt kein Interesse hat.

Ich sollte anmerken, dass diese Testmail etwas anderes ist als die »Dankeschön-Mail« der Damenwahl-Kandidatinnen. Für mich läuft die Testmail nicht unter Nachlaufen, denn ehrlich gesagt, nach einer Woche Schweigen kann man mit Fug und Recht behaupten, dass keiner dem anderen nachgelaufen ist. Wenn er vielleicht sowieso kein Interesse mehr hat, haben Sie auch nichts zu verlieren. Wahrscheinlich ist die Reaktion Schweigen oder eine höfliche, blutarme Antwort. Doch für den Fall, dass er tatsächlich versucht hat, Sie zu erreichen, wird er auf Ihre Nachfrage hoffentlich mit einem erleichterten »Schön, von Dir zu hören. Wo warst Du denn? Hast Du meine Mail gar nicht gekriegt?« antworten.

Kontrollverlust

Wenn eine Frau nach einem tollen Date erwartet, wieder von ihm zu hören, er aber nicht sofort Kontakt mit ihr aufnimmt, verliert sie oft völlig die Kontrolle. Sie steigert sich immer mehr in ihre Empörung hinein, und wenn er sich dann endlich meldet, ist sie stocksauer und gibt sich distanziert oder verärgert. Vielleicht fängt sie auch ihrerseits Spielchen an, indem sie ihn nicht gleich zurückruft, ihm zu Hause auf den Anrufbeantworter spricht, obwohl sie weiß, dass er gerade im Büro ist, oder versucht, ihn eifersüchtig zu machen.

Ich bin ein Fan des Buches *Er steht einfach nicht auf dich*, aber vergessen Sie nicht, dass es in diesem Buch nicht um das Szenario der ersten und zweiten Verabredung geht. Wenn ein Mann Sie *in einer Beziehung* nicht gut behandelt, sollten Sie sich klarmachen, dass er nicht interessiert ist, und sich anderswo umsehen. Doch wenn ein Mann, den Sie kaum kennen, nicht sofort anruft, sieht es schon ganz anders aus. Steht er einfach nicht auf *Sie* oder steht er nicht auf das *Stereotyp*, dem er Sie zugeordnet hat? Das ist ein subtiler, aber sehr interessanter Unterschied. Wir haben festgestellt, dass er Ihr wahres Ich nach einem oder zwei Treffen noch nicht richtig kennen kann. Daher ist es keine persönliche Beleidigung, wenn er nicht sofort seinen Terminkalender ausmistet, Ihnen eifrig nachstellt, sich Ihren Namen auf die Brust tätowieren lässt und Sie sofort zu seiner allerobersten Priorität erklärt. Aus diversen Gründen kann es eine Weile dauern, bis er sich wieder bei Ihnen meldet. Wir alle wissen, dass jemand, der völlig hingerissen von Ihnen ist, Sie sofort anrufen wird, aber wenn er nicht sofort hingerissen ist, müssen Sie sich nicht groß aufregen.

Dynamische Singlemänner haben (wie Frauen auch) meistens ein voll ausgebuchtes, hektisches Leben, in dem sie Job, Freunde, familiäre Verpflichtungen, freiwillig übernommene Aufgaben und Hobbys jonglieren. Realistischerweise müssen Sie sich eingestehen, dass es in seinem Leben wahrscheinlich auch noch ein paar andere Frauen gibt. Wie Sie selbst wissen, ist es schwierig, immer alles und jeden unterzubringen. Was also, wenn er nicht so schnell anruft? Kann schon sein, dass er *noch nicht* bis über beide Ohren in Sie verliebt ist. Aber die Männer haben mir gesagt, dass Beziehungen, die sich ganz langsam entwickeln, später durchaus an Fahrt aufnehmen können. Vielleicht dauert es eine Weile, bis Sie seine oberste Priorität werden. So wie eine Frau mit Zeitmangel (siehe auch Seite 292ff.) Gefahr läuft, einen Mann zu verlieren, wenn sie nie Zeit für ihn hat, gibt es auch Typen, die Sie nicht gleich anrufen – und dabei ebenfalls riskieren, Sie zu verlieren. Gut möglich, dass Sie schon anderweitig engagiert sind, bis er wieder anruft. Falls nicht, dann reagieren Sie nicht unterkühlt, denn es gibt immer noch eine Chance auf ein Happy End.

Neigen Sie zu Kontrollverlust?

Drei Szenarien sind typisch für den Kontrollverlust. Kommt Ihnen eines davon bekannt vor?

Der Süßigkeitenladen

Ein toller Mann fühlt sich wie das Kind im Süßigkeitenladen: überall Versuchungen! Vielleicht sind Sie ja in derselben Position. Es ist wie in der Fernsehshow *Der Bachelor* (bzw. *Die Bachelorette*). Wenn ein Mann zwölf potenziell interessierten

Frauen gegenübersteht (stellen Sie sich die Situation bitte einmal umgekehrt vor: Sie, umgeben von zwölf heißen Typen!), dürfen Sie es nicht persönlich nehmen, wenn er eine Weile überlegt, welche er wählen soll.

Der Kardiologe Aaron, 44, gab zu, dass er »massenweise Angebote« hat. Trotz dieser arroganten Formulierung klang er am Telefon wirklich nett – nicht der Typ, der zur Angeberei neigt. Er wurde mir von einer gemeinsamen Freundin vorgestellt, als ich Kandidaten für meine Abschlussgespräche suchte. »Ein total toller Typ ... jeder will ihn verkuppeln.« Aaron erinnerte sich an ein fantastisches erstes Treffen mit einer Frau namens Jessica, die er vor einem Jahr kennengelernt hatte. Am Ende des Abends versprach er ihr, sie bald anzurufen. In der folgenden mörderischen Woche im Krankenhaus mit sechs Operationen und zwei Nächten Bereitschaftsdienst hatte er auch noch zwei Blind Dates, wie er zugab, die er allerdings schon ausgemacht hatte, bevor er Jessica traf. Doch er dachte oft an sie und hoffte, sie wiederzusehen. Er beschrieb seine Gefühle für sie als »sehr positiv; vielleicht nicht grade verknallt, aber definitiv interessiert, mehr Zeit mit ihr zu verbringen«. Nach einer Woche fand er endlich eine ruhige Minute, um sie anzurufen, und war überrascht über ihre Reaktion. Sie war »richtig kühl, anscheinend war sie sauer auf mich. Wahrscheinlich, weil ich sie nicht gleich angerufen hatte. Sie wollte nicht sagen, was los war, aber irgendwie war die Stimmung absolut negativ.« Zur zweiten Verabredung kam es natürlich nicht mehr.

Ich habe noch mit einem anderen Dating-König gesprochen, Leonard, einem 39-jährigen Facharzt aus New York. Die Freundin, die ihn mir vorgestellt hatte, pries ihn als eine »tolle Partie, die sich halb Manhattan gern an Land ziehen würde«. Als wir uns unterhielten, erzählte Leonard mir von zwei großartig verlaufenen ersten Dates, die anschließend im Sande verliefen, weil er nicht schnell genug gehandelt hatte. Er meinte, er habe »ein oder zwei Wochen« mit dem Anruf gewartet. Die eine Frau reagierte sarkastisch: »Leonard *Wer?*« Einer anderen Frau wollte er erklären, wie viel er um die Ohren gehabt hatte, doch sie erwiderte nur: »Ist mir scheißegal.« Als ich vorschlug, dass Leonard früher anrufen sollte, wenn er eine Frau mochte, lachte er nur gutmütig. »Meinen Sie?« Auch wenn ihm eine gut gefällt, wartet er so lange mit seinen Anrufen, *weil er weiß, dass er es sich leisten kann.* Er hat so viele Angebote, dass es ihm nicht viel ausmacht, wenn eine Frau ihn kühl behandelt. Okay, das ist natürlich ärgerlich, aber ich glaube, dass es bei ihm irgendwann (nächste Woche oder im nächsten Jahrzehnt?) auch einmal »Klick« machen wird. Dann beschließt er plötzlich, dass es Zeit wird, sesshaft zu werden – und die meisten von diesen begehrten Männern heiraten tatsächlich irgendwann. Falls er wirklich so super ist (wie meine Freundin behauptet, die ihn seit zwanzig Jahren kennt), was vergeben Sie sich dann, wenn Sie am Telefon nett zu ihm sind und sich die Chance für ein zweites Treffen offenhalten? Ich wette, das Mädchen, das ihm *keine* Vorwürfe macht, wenn er sie erst nach einer ganzen Weile anruft, wird diejenige sein, die ihn zum Schluss bekommt.

In der Grauzone

Der 36-jährige Disponent Brandon schilderte mir sein erfreuliches Blind Date mit Lisa. »Wir haben uns so lustig unterhalten. Sie war total süß, und am Ende habe ich sie ganz leicht auf die Lippen geküsst. Irgendwie wollte ich sie schon wiedersehen, aber andererseits war ich nicht sicher, ob die Chemie stimmt. Außerdem rauchte sie, erzählte allerdings, dass sie gerade versuchte aufzuhören. Es sagen doch immer alle, wenn man nicht ganz sicher ist, soll man es noch einmal versuchen, also dachte ich drüber nach.« Als Brandon sich endlich durchgerungen hatte, sie um eine zweite Verabredung zu bitten, wurde seine Mail mit wenig Wohlwollen aufgenommen. Sie schrieb ihm, dass sie nach zweiwöchigem Schweigen davon ausgegangen sei, er habe kein Interesse. Also habe sie sich anderweitig orientiert, wünsche ihm aber »weiterhin viel Glück!«. Später hörte er von der Frau, die sie einander vorgestellt hatte, dass Lisa mitnichten einen anderen gefunden hatte, sie war nur stocksauer. Ihre Freundin erklärte Brandon: »Ich bin da ganz auf Lisas Seite. Du hättest sie eben besser behandeln müssen.« Brandon seufzte. »Damit wollte sie mir wohl sagen, dass ich ein Idiot bin. Aber nach dem ersten Treffen war ich eben noch nicht ganz sicher – ist das denn so schrecklich? Ich habe schon einige gescheiterte Beziehungen hinter mir und bin eben nicht mehr so schnell zu begeistern wie früher.«

Finden Sie, dass Brandon ein Idiot war? Ich würde definitiv behaupten, dass er nicht von der schnellen Truppe ist. Wenn ich großzügig sein wollte, würde ich ihn vorsichtig nennen. Aber ein Idiot? Schwer zu sagen.

Sam, ein 29-jähriger Immobilienentwickler, erzählte mir von einer Frau, mit der er zwei tolle Abende verbracht hatte. Beth war hinreißend, und er merkte, wie sich etwas zwischen ihnen aufbaute. »Wollen wir versuchen, uns am Sonntagabend wiederzutreffen?«, schlug er vor. Doch dann musste er das ganze Wochenende arbeiten und war Sonntagabend schrecklich müde. Da sie nichts Festes ausgemacht hatten, wollte er früh zu Bett gehen und sie am nächsten Morgen anrufen. Um neun Uhr abends bekam er eine SMS: »Gibt es irgendeinen Grund, warum Du Dich nicht meldest? Ich dachte, wir hätten heute was vor. Ich bin echt enttäuscht.« Er war nicht sicher, wie er ihren Ton interpretieren sollte (siehe auch: Kommunikationspanne, Seite 303ff.), doch er dachte, wenn sie wirklich sauer wäre, hätte sie ihn angerufen, statt zu simsen. Außerdem gab er zu, dass ihre SMS ihm zu denken gab. »Sie hatte überreagiert. Vielleicht sah sie zu schnell etwas Ernstes in unserer Bekanntschaft.« Er beschloss, nicht gleich zu antworten, und erklärte mir seine Logik folgendermaßen: Wenn sie wirklich wütend war, war es besser, bis zum nächsten Tag zu warten, dann wäre er nicht so übermüdet, falls er sich rechtfertigen musste. Als er Montagmorgen zur Arbeit kam, wartete schon eine Mail von ihr: »Ich bin überrascht über Dein Benehmen, ich dachte nicht, dass Du zu der Sorte Mann gehörst. Wenn Du nicht mehr mit mir ausgehen willst, solltest Du wenigstens den Mumm haben, es mir zu sagen.«

Sam griff zum Hörer und rief Beth an, um sich bei ihr zu entschuldigen. Er gab zu, dass seine seltsame Logik, sie erst am nächsten Tag anzurufen, falsch und definitiv unhöflich gewesen war. Allerdings erinnerte er sie daran, dass sie nichts Festes ausgemacht hatten, räumte aber ein, dass er hätte anrufen sollen, um ihr zu sagen, dass er zu müde zum Ausgehen war. Sie beruhigte sich – aber er bat sie um keine dritte Verabredung mehr. »Glauben Sie, wenn Sie sie wirklich gut gefunden hätten, hätten Sie sich am Sonntagabend anders verhalten?«, wollte ich wissen. »Ich fand sie doch wirklich gut!«, behauptete er. »Aber wir waren doch nicht verliebt – nach gerade mal zwei Treffen!«

Unsicherheit

Wenn Ihnen ein Mann wirklich gefällt, ist es ganz normal, dass Sie unsicher sind. Sie hoffen, dass er Sie auch mag, und halten Ausschau nach positiven Signalen. Das Dumme ist nur, dass Signale verwirrend sein können und man leicht überempfindlich reagiert. Kontrollverlust bedeutet nicht nur, dass Sie sich in Ihre Aufregung hineinsteigern und mit Ärger oder Reserviertheit auf verwirrende Signale reagieren – es kann auch bedeuten, dass Sie ein zunehmend unsichereres Verhalten an den Tag legen.

Der 28-jährige Marcus, Leiter einer Wohlfahrtsorganisation, erzählte mir von einem Dilemma, über das er häufig mit seinen Freunden redet: Wie soll man die Funktion der Online-Kontaktbörsen handhaben, die einem anzeigt, wann sich andere Mitglieder zum letzten Mal eingeloggt haben (»gerade aktiv« bzw. »in den letzten 24 Stunden aktiv«). Er erzählte von einer Frau namens Carly, die er über eine solche Singlebörse kennengelernt hatte. Ihre erste Verabredung verlief prima, aber sie regte sich schrecklich auf, als sie entdeckte, dass er sich eine Stunde, nachdem er sich vor ihrer Tür von ihr verabschiedet hatte, schon wieder auf der Dating-Seite eingeloggt hatte. »Was soll ich denn tun?«, fragte er. »Ich weiß doch nicht, ob aus einem netten ersten Date etwas Ernstes wird. Ich hatte auch noch Kontakt mit zwei oder drei anderen Mädchen. Darum geht es doch beim Online-Dating, oder? Dass man einfach mehr Leute kennenlernen kann. Wenn ich in den nächsten Jahren ein tolles Mädchen finden und mit ihr eine Familie gründen will, muss ich meine Zeit schon nutzen und immer mehrere Eisen im Feuer haben.«

Als Carly ihn darauf ansprach, fragte er sie sofort, woher sie wusste, wann er sich eingeloggt hatte. Sie gab zu, sie habe den Abend mit ihm so genossen, dass sie ihrer Neugier nachgegeben, sein Profil noch einmal genauer angesehen und gehofft hatte, dass er keinen Kontakt mehr mit anderen Frauen pflegen würde. Wie Marcus erzählte, musste er lachen, und sagte zu ihr: »Danke, dass du wenigstens ehrlich warst.« Sie gingen noch ein zweites Mal miteinander aus, aber ein drittes Mal nicht mehr. »Ich mag es, wenn ein Mädchen ein bisschen mehr Selbstvertrauen mitbringt«, fasste er zusammen.

Kommt Ihnen das bekannt vor?

Vielleicht haben Sie bis jetzt noch keine Anzeichen für Kontrollverlust bei sich selbst entdecken können. Aber es ist nicht immer leicht, das eigene Verhalten in den Geschichten anderer Menschen wiederzuerkennen. Nehmen Sie die folgenden Fragen zu Hilfe, um herauszufinden, ob die Männer Kontrollverlust bei Ihnen wittern, bevor sie Ihr wahres Ich besser kennenlernen können.

	Ja	Nein
Bei der Arbeit		
Sind Sie es gewohnt, immer sofort Feedback zu bekommen (z. B. Verkaufszahlen, Coaching, Kundenreaktionen)?	☐	☐
Bitten Ihre Kollegen Sie manchmal, ihnen nicht ununterbrochen mit den Berichten und Informationen in den Ohren zu liegen, die Sie bereits mehrfach angefordert haben?	☐	☐
Rät Ihr Chef Ihnen: »Versuchen Sie doch mal, die Dinge einfach laufen zu lassen, und schauen Sie, was sich ergibt.«	☐	☐

	Ja	Nein

Bei Freunden und in der Familie

Sagen Sie oft Dinge, die Sie gar nicht so
meinen, und bereuen sie schon im nächsten Augenblick?

Hat man Sie schon mal gewarnt: »Du
schneidest dir nur ins eigene Fleisch!«

Haben Sie als Heranwachsende mit dem
Gefühl gekämpft, nicht geliebt zu werden?

Bei einer Verabredung oder in einer früheren Beziehung

Sagen die Männer manchmal zu Ihnen:
»Du reagierst total überzogen.«

Gehen Sie mit Männern aus, die unnahbar
wirken?

Halten Sie bei der ersten Verabredung sofort
Ausschau nach Anzeichen, ob er Sie wieder
anrufen wird?

Ihre Lebensphilosophie

Sehen Sie die Dinge tendenziell schwarz-
weiß?

Haben Sie ein stürmisches Temperament?

Behandeln Sie Ihre Mitmenschen oft nach
dem Motto: »Ein Fehler und ich bin fertig
mit dir.«

Haben Sie mehr als fünf dieser Fragen mit Ja beantwortet? Dann wittern die Männer bei Ihnen möglicherweise Kontrollverlust. Zweifellos sind Sie leidenschaftlich und sensibel, und selbstverständlich sollen Sie Ihre Persönlichkeit nicht ändern. Aber Sie könnten darüber nachdenken, ob Sie Ihr Verhalten während und nach den ersten Verabredungen ein wenig verändern möchten. Männer, die noch nicht wissen, wie toll Sie sind, könnten sonst Kontrollverluste ihrerseits befürchten und so die Chance verpassen, Sie bei weiteren Verabredungen besser kennenzulernen.

Was tun?

Wenn Sie Kontrollverlust spüren, sollten Sie *überhaupt nichts* tun. Das ist der Witz: Sie müssen *nichts* tun, außer die folgenden drei Feststellungen verstehen.

1. Man kann es auch langsam angehen

Nicht jedes tolle Paar entflammt sofort in der ersten Sekunde füreinander. Fragen Sie doch mal ein Dutzend glücklich verheiratete Freundinnen oder Freunde, wie die ersten Wochen ihrer Bekanntschaft aussahen. Ja, die eine Hälfte wird Ihnen wahrscheinlich sagen, dass sie »es einfach wusste« und sich gleich verliebte. Aber die zweite Hälfte wird Ihnen eine andere Geschichte erzählen: Zuerst waren sie Freunde – in manchen Fällen waren sie allerdings nicht mal sicher, ob sie den anderen überhaupt leiden konnten, und vielleicht gingen sie zu der Zeit auch gerade noch mit jemand anders aus. So ein langsamer Start passt vielleicht nicht so recht in Ihr romantisches Bild, aber häufiger als Sie glauben, begegnet man genau so dem Richtigen. Es ist wichtig zu wissen, dass auch ein langsamer Anfang zu langfristigem Glück führen kann.

2. Prioritäten können sich ändern

Ich gebe zu, wenn ein Typ zu müde ist, um Sie anzurufen, weil er verreist war, gearbeitet hat oder ein anderes Date hatte, ist das nicht gerade schmeichelhaft. Sie haben bei ihm im Moment nicht oberste Priorität. Aber er kennt Sie ja auch noch nicht gut genug, um Sie auf Platz eins seiner Liste zu befördern. Realistischerweise müssen Sie damit rechnen, dass der Mann, den Sie suchen, ein hektisches Leben voller Termine hat – genau wie Sie. Ehrlich gesagt, ich finde, auch er sollte sich meine Ratschläge für die Zeitmangel-Kandidatinnen (siehe Seite 299ff.) zu Herzen nehmen, aber wie wir wissen, lesen Männer nie die Ratgeber, die sie brauchen. Wenn er zu Anfang eher langsam in Schwung kommt, kann der Grund zwar ärgerlich für Sie sein, aber es heißt noch nicht, dass er ein gemeiner Mensch ist. Wenn er anruft, ist es egal, wie viele Wochen, Tage oder Stunden seit Ihrem Treffen vergangen sind. Er ruft (endlich) an, weil er die Frau mochte, die er kennengelernt hat – also werden Sie jetzt nicht pampig oder unsicher. Wichtig ist nur, wohin Ihre Reise geht, nicht wo sie anfängt.

Ich habe eine Freundin in Manhattan, die nächsten Monat zum zweiten Mal heiratet. Nach einer sehr schmerzhaften Scheidung ist sie vier Jahre mit Männern ausgegangen. Als sie schließlich ihren jetzigen Verlobten traf, ging der gerade mit zwei Frauen aus (und schlief auch mit beiden). Im Geiste »absoluter Ehrlichkeit«, wie er es nannte, eröffnete er ihr diese Neuigkeit bei ihrer zweiten Verabredung. Sie fand ihn in jeder

Hinsicht großartig – bis auf diese Geschichte mit den zwei Frauen! Zuerst lehnte sie seine weiteren Einladungen ab, aber irgendwann ging sie doch wieder mit ihm aus – neben seinen zwei anderen Frauen. Sie vertraute mir an: »Ich bin 41, und es gibt leider nicht allzu viele tolle Männer wie ihn. Ich finde es ganz grässlich, nicht die einzige Frau in seinem Leben zu sein, aber ich glaube, ich würde es noch grässlicher finden, wenn ich nicht doch abwarte, ob er sich entscheiden kann, nur noch mit mir zusammen zu sein.« Ihre Logik erschreckte mich. Ich dachte, er würde ihre Zeit verschwenden, ihr das Herz brechen und ihr den Selbstrespekt rauben. »Vergiss den Typen«, beschwor ich sie. »Ich bin nicht nur deine Freundin, ich bin professionelle Singleberaterin – hör auf mich!«

Tja, es dauerte drei Monate, da machte der Mann mit den anderen zwei Frauen Schluss. Jetzt, wo ich ihn besser kenne, finde ich ihn tatsächlich auch ganz toll. Er hat bloß so lange gebraucht, sich zu verlieben, aber irgendwann ist es dann doch passiert. Ein Glück, dass meine Freundin nicht auf *mich* gehört hat! (Bitte beachten Sie: Sie hat drei *Monate* darauf gewartet, dass sich seine Prioritäten ändern – keine drei *Jahre*.)

3. Die Entscheidung liegt bei Ihnen

Wenn Sie entscheiden wollen, ob Sie liebenswürdig oder zähneknirschend auf den überfälligen Anruf eines Mannes reagieren sollen, an dem Ihnen wirklich etwas liegt, müssen Sie sich ausrechnen, was Sie zu gewinnen und was zu verlieren haben. Mein Freund und Kollege Evan Marc Katz hat das in seinem Buch *Why You're Still Single* perfekt zusammengefasst:

Stellen Sie sich z. B. folgende Situation vor: Er sagt ein Date ab. Das könnte freilich ein schlechtes Zeichen sein. Vielleicht hat er in der Zwischenzeit ja ein besseres Angebot bekommen. Vielleicht steht er auch gar nicht auf Sie! Sie könnten sich eine Weile weigern, seine Anrufe zu beantworten ... gut möglich, dass ihn die Herausforderung reizt. Sie könnten auch mit jemand anders ausgehen und es so einrichten, dass man Sie zusammen sieht. Sie könnten es auch seinen Freunden erzählen und warten, bis er es so erfährt. Immerhin könnte er nicht behaupten, dass er Sie kleingekriegt hat.

Aber stellen Sie sich vor, nichts von alldem wäre passiert. Angenommen, er wollte Sie unbedingt wiedersehen, aber dann kam ihm die Arbeit dazwischen – wie er Ihnen ja auch erklärt hat –, und jetzt freut er sich schon darauf, einen neuen Termin mit Ihnen auszumachen. Wenn Sie ihm jetzt unfreundlich kommen, wird er wahrscheinlich seinen Hut nehmen. Und wer könnte ihm das schon verübeln?

Es gibt einen Punkt, an dem Sie sich mit dem lächerlichen Benehmen, das wahrscheinlich noch aus den Tagen Ihres Abschlussballs stammt, bloß selbst schaden. Damit ziehen Sie nämlich nur Männer an, die Ihnen nicht guttun, und schrecken alle Männer ab, die etwas taugen könnten. Das Einzige, was Sie davon haben, ist, dass Sie sich für eine Kränkung rächen, und das gibt Ihnen vorübergehend die Illusion, die Kontrolle über die Situation wieder zurückgewonnen zu haben. Aber glauben Sie mir – es ist die Sache nicht wert.

Und die Moral von der Geschicht'? Nächstes Mal reagieren Sie auf seinen verspäteten Anruf oder die Mail mit einem lässigen: »Hey, schön von dir zu hören, wie geht's dir denn so?« Dann warten Sie in aller Ruhe ab, wie sich die Dinge weiterentwickeln.

5 IHRE PERSÖNLICHEN ABSCHLUSSGESPRÄCHE

Also, sind Sie bereit, sich anzuhören, warum er Sie nicht mehr angerufen hat?

Es ist ja schön und gut, sich anzusehen, was die Männer über andere Frauen sagen, und hoffentlich haben Sie es auch zum Anlass genommen, Ihr eigenes Verhalten zu überdenken. Aber das erinnert mich an den Witz eines meiner Lieblingskomiker, Steven Wright: »In letzter Zeit habe ich viel abstrakte Bilder gemalt. Extrem abstrakt. Kein Pinsel, keine Farbe, keine Leinwand. Ich denke bloß drüber nach.« Dieses Buch ist so aufgebaut, dass Sie Ihre eigenen Fehler analysieren können, nachdem Sie gelesen haben, was anderen Frauen bei ihren Verabredungen passiert ist. Doch ich möchte Ihnen sehr ans Herz legen, diesen Prozess individueller zu gestalten. Denn wenn Ihnen der Richtige über den Weg läuft, ist das nicht der richtige Augenblick für Missgeschicke.

Okay, ich weiß, was Sie jetzt sagen werden (das sagt am Anfang nämlich jede): »Ich würde eher sterben, als dass ich jemandem erlaube, die Männer zu befragen, mit denen ich mich getroffen habe!« Ich kann nur entgegnen: Wir leben in einer Feedback-Kultur. Von den Amazon-Kundenrezensionen und eBay-Käuferbewertungen über Zuschauerabstimmung bei Talentshows bis hin zu Hotelkritiken bei TripAdvisor und der Warnung »Dieser Anruf kann zu Ausbildungszwecken aufgezeichnet werden« bei einem Anruf im Callcenter – Feedback ist ein ganz normaler Teil unseres Lebens. Viele Frauen hätten kein Problem damit, am Arbeitsplatz um Feedback zu bitten

(Kunden anzurufen, um sie zu fragen, warum sie mit einer anderen Firma Geschäfte machen, oder Personalchefs zu fragen, warum sie einen anderen Bewerber eingestellt haben). Doch dieselben Frauen würden nie im Leben erlauben, dass jemand die Meinungen der Männer einholt, mit denen sie ausgegangen sind. Das ist eigentlich ziemlich unklug, denn gerade die Partnersuche ist wahrscheinlich eines der Themen, bei denen Feedback buchstäblich Ihr Leben verändern könnte.

Glauben Sie mir, nach zehnjähriger Erfahrung mit den Abschlussgesprächen kann ich Ihnen eines versichern: *Der Gewinn, den Sie aus diesen Gesprächen ziehen, übersteigt ihre Peinlichkeit bei Weitem.* Es hat nichts Verzweifeltes, wenn Sie nach Antworten suchen, schließlich wollen Sie nur die Dinge in die Hand nehmen und die entsprechenden Verbesserungen vornehmen – wie Sie es in Ihrem Job sicher Tag für Tag tun. Sie sollen diese Anrufe ja auch nicht selbst erledigen, Sie brauchen einen Dritten, der das für Sie übernimmt (mehr dazu später). Natürlich fand es noch keine Frau toll, wenn ein Mann in ihrem Namen angerufen wurde, aber der Zweck heiligt in diesem Fall die Mittel. Sie lassen sich ja auch impfen – und wer kriegt schon gern eine Nadel in den Arm? Wenn Sie wirklich den Richtigen finden wollen, kann es extrem hilfreich sein, in den sauren Apfel zu beißen und herauszufinden, was während und nach Ihren Verabredungen passiert. Sobald Sie wissen, wo Ihre und seine Wahrnehmungen auseinandergehen, werden Sie in der Lage sein, sich bei der ersten Verabredung mit Ihrem zukünftigen Liebsten ins rechte Licht zu rücken.

Vergessen Sie nicht, dass nach meinen Recherchen neunzig Prozent der Frauen falsch lagen mit ihrem Tipp, warum der Mann sie nicht mehr angerufen hatte. Vielleicht liegt bei Ihnen ja ein immer wiederkehrendes Muster vor, dessen Sie sich nicht bewusst sind (oder das Sie nach Lektüre dieses Buches erst langsam zu ahnen beginnen) und das Ihre Dates und potenziellen Beziehungen sabotiert. Warum sollen Sie sich mit sinnlosen Fragen herumschlagen, wenn Sie die nötigen Informationen aus erster Hand bekommen können?

Das Hochhausfenster

Letzten Mai war ich ein paar Tage in Chicago. Ich wohnte in einem großen Hotel im Zentrum, im 37. Stock eines Hochhauses. Um acht Uhr morgens stand ich auf, weil ich vorhatte, mit einer Freundin auf Sightseeingtour zu gehen. Als ich aus dem Fenster sah, überlegte ich hin und her, ob ich eine Jacke mitnehmen sollte, denn ich hatte keine Lust, den ganzen Tag ein überflüssiges Kleidungsstück mit mir herumzuschleppen. Leider konnte ich die Temperatur nicht prüfen, weil sich das Fenster nicht öffnen ließ, aber ich konnte immerhin sehen, dass die Sonne schien. Also dachte ich mir, okay, es ist Mai, die Sonne scheint, ich werde bestimmt keine Jacke brauchen. Als ich aus der Hotelhalle trat, bemerkte ich zu meinem Ärger, dass es eisig kalt war! Damit hatte ich überhaupt nicht gerechnet, und da ich schon spät dran war, hatte ich auch keine Zeit mehr, noch einmal hochzulaufen und meine Jacke zu holen. Also bibberte ich mich durch den Tag und fühlte mich auf unserem Stadtrundgang ziemlich erbärmlich.

Wenn Sie in einem Hochhaus aus dem Fenster sehen, bekommen Sie kein akkurates Bild davon, was unten auf dem Gehweg passiert. Nächstes Mal rufe ich gleich den Portier an und frage ihn nach der Wettervorhersage. Wissen ist Macht!

Vier von fünf Männern sind sich einig

Oft höre ich den Einwand, dass jeder Mann anders ist – was den einen anzieht, wird den nächsten stören. Dieses Thema habe ich bereits im Zusammenhang mit der Fixierten (siehe: Ein kurzes Resümee, Seite 154) angesprochen, aber wir wollen uns noch einmal ein anderes Beispiel ansehen. Stellen Sie sich vor, wie ein Kellner einer Frau Wein nachschenkt und sie sich nicht bedankt. Daraus können sich zwei Schlussfolgerungen ergeben. Nummer eins: Der Typ stellt fest, dass sie sich nicht bedankt und denkt: »Das war aber unhöflich!« Schlussfolgerung Nummer zwei: »Super, sie hat nur Augen für mich – die hat ja nicht mal gemerkt, wie der Kellner ihr nachgeschenkt hat!«

Natürlich gibt es für jeden Topf einen Deckel, aber wenn nun vier von fünf Männern den Vorfall sehen und die Frau daraufhin als unhöflich abstempeln würden? Dann fällt sie für den Großteil der Männer tatsächlich in die Kategorie Kratzbürste. Mehr müssen Sie gar nicht herausfinden: Steckt hinter den Gelegenheiten, da der Mann Sie nicht mehr angerufen hat, ein Muster oder waren es nur Situationen, in denen Sie »schwarz« sagten und er »weiß« hörte? Wenn es ein Muster ist, wollen Sie doch sicher etwas dagegen unternehmen.

Wenn Sie also erlauben, dass ein paar Abschlussgespräche stattfinden – was wäre das Schlimmste, was passieren könnte? *Ich* glaube, Sie werden einfach herausfinden, in welcher Hinsicht die Männer Sie falsch wahrnehmen (oder vielleicht auch richtig wahrnehmen), dann können Sie bei Ihren nächsten Verabredungen ein paar Änderungen vornehmen, und auf einmal werden Sie viel zu viele Männer um sich haben, die ein zweites Mal mit Ihnen ausgehen wollen. Dann müssen Sie stapelweise Taschentücher verteilen, denn die Männer werden sich die Augen ausheulen, weil Sie neun von zehn Angeboten ausschlagen müssen. Schlimmeres kann meiner Meinung nach nicht passieren.

Vergessen Sie nicht, Sie müssen diese Männer nicht selbst anrufen. Sie bitten jemand anders, das für Sie zu tun, denn ein Dritter wird wahrscheinlich eher aufrichtiges Feedback bekommen. Sie können aus Freunden und Verwandten (Frauen oder Männer) eine Person auswählen, die die folgenden Kriterien erfüllt: Sie sollte extrovertiert, mutig und schnell von Begriff sein, und ihrem Gesprächspartner das Gefühl geben können, dass er ganz frei sprechen kann. Wenn so jemand in Ihrer Umgebung nicht aufzutreiben ist, tun Sie sich vielleicht mit einer anderen Singlefrau zusammen oder Sie heuern einen professionellen Singleberater an.

Diese Person sollte nun mindestens drei bis sechs Männer anrufen, die nach dem ersten Treffen mit Ihnen nie mehr angerufen (oder gemailt) oder sich mit einer vorgeschobenen Ausrede aus der Affäre gezogen haben (z. B. »Wir hatten so wenig Gemeinsamkeiten.«). Außerdem sollten es Männer sein, von denen Sie eigentlich gern wieder gehört hätten, von denen Sie einen Anruf erwarteten oder die Sie zumindest nicht ganz furchtbar fanden. Idealerweise liegen die Dates nicht länger als zwei Jahre zurück und repräsentieren eine gewisse Vielfalt an Charakteren, Situationen und Quellen (d. h. ob Sie sich online kennengelernt oder durch Freunde vorgestellt wurden).

Instruktionen für Ihren Interviewer

Abschlussgespräche gehören nicht unbedingt zum Standardrepertoire des Durchschnittsbürgers. Wenn Sie sich also nicht gerade professionelle Hilfe holen, müssen Sie dem Interviewer

Ihrer Wahl unbedingt genau erklären, was zu tun ist. Betonen Sie vor allem diese drei Punkte:

1. Er wurde für den Job ausgesucht, weil Sie herausfinden wollen, wie die Männer Sie bei Ihren Dates wirklich wahrgenommen haben. Sie wollen keinen Zuckerguss. Er ist eine der wenigen Personen in Ihrem Leben, die Ihnen die Wahrheit sagen wird. Sie versprechen, ihm nicht böse zu sein, wenn er unschöne Botschaften überbringt.

2. Erklären Sie, dass die Männer am Anfang normalerweise aalglatte oder politisch korrekte Antworten bringen: »Chemie hat nicht gestimmt«, »war nicht mein Typ«, »zu viel Arbeit« und »es lag nicht an ihr, sondern an mir«. Drücken Sie Ihrem Interviewer die Liste mit den Fragen in die Hand (siehe Beispiel A, Seite 340ff.), damit er sich durch diese Nebelschleier zur Wahrheit durcharbeiten kann. Wenn die Typen Schwierigkeiten haben, eine brauchbare Antwort zu formulieren, soll der Interviewer zu ihnen sagen: »Sie können ruhig einen Moment drüber nachdenken.« Wenn Ihr Interviewer dann zwanzig Sekunden schweigt, wird er unweigerlich *irgendetwas* Brauchbares erfahren. Der Mann wird sprechen, einfach nur, um das unbehagliche Schweigen zu brechen.

3. Die Männer, die sich zu dem Gespräch bereit erklären (und das werden ungefähr achtzig Prozent sein), tun Ihnen damit einen Gefallen. Also stellen Sie sicher, dass Ihr Interviewer liebenswürdig, einfühlsam und enthusiastisch ist, und auf keinen Fall Groll gegen die Männer hegt, die mit Ihnen nichts mehr zu tun haben wollten. Der Interviewer soll Ihr Verhalten nicht entschuldigen oder Sie in Schutz nehmen, sondern einfach nur zuhören und nachhaken, wenn etwas unklar ist.

Machen Sie eine Kopie des »Abschlussgesprächs« (siehe Beispiel A, Seite 340ff.) oder schreiben Sie auf Basis dieses Beispiels selbst eine Vorlage. Geben Sie diese der Person, die für Sie die Abschlussgespräche führen wird, zusammen mit Namen und Kontaktdaten der Männer. Händigen Sie Ihrem Interviewer auch eine Kopie der »Anfrage per E-Mail/Anrufbeantworter« (siehe Beispiel B, Seite 342) aus. So hat er eine Vorlage, um per E-Mail oder Telefon einen Termin für das Abschlussgespräch anzufragen (was ich sehr empfehle). Beide Vorlagen sind bewusst vage gehalten, denn sie sollen die Neugier der Männer wecken und so die Wahrscheinlichkeit einer Antwort erhöhen.

Vergessen Sie nicht, sich vorher zu notieren, was *Ihrer* Meinung nach der Grund dafür war, dass diese Männer sich nicht mehr bei Ihnen gerührt haben. Hinterher können Sie diese Vermutungen mit den tatsächlichen Antworten vergleichen.

Sie sollen bei der ganzen Sache natürlich auch Spaß haben! Es gibt keine offizielle Verjährungsfrist, also können Sie die Gelegenheit auch nutzen und herausfinden, warum dieser eine Junge vom Gymnasium damals plötzlich das Interesse an Ihnen verloren hat. Wenn Sie jemanden gefunden haben, der diese Gespräche für Sie führt, ergreifen Sie die Chance! Spüren Sie Ihren alten Schwarm auf und lassen Sie Ihren Interviewer die Frage stellen, die Sie insgeheim all die Jahre mit sich herumgetragen haben. Vielleicht können Sie dann endlich mal damit abschließen.

Was tun mit den Ergebnissen der Abschlussgespräche?

Bitten Sie die Person, die die Gespräche für Sie führt, sich während der Unterhaltung Notizen zu machen, Sie aber erst anzurufen, wenn alle Daten gesammelt sind. Es wird Ihnen mehr nützen, wenn Sie wissen, ob nur einer von fünf Männern bestimmte Dinge kritisiert hat oder vier von fünf.

Es ist nicht immer leicht, mit den Ergebnissen umzugehen, aber Ihre Partnersuche kann sich wirklich von Grund auf ändern, wenn Sie endlich aufhören, dieselben Fehler immer wieder zu machen. Schärfen Sie Ihrem Interviewer ein, dass er absolut aufrichtig mit Ihnen sein soll und nichts für sich behalten darf. Wenn er Ihnen das Feedback übermittelt, versuchen Sie, neutral zu bleiben (gehen Sie nicht in die Defensive und rechtfertigen Sie sich nicht), auch wenn Sie sich fühlen, als hätten Sie gerade einen Schlag in die Magengrube bekommen – sonst wird Ihr Gegenüber die Aussagen der Männer automatisch zensieren.

Halten Sie sich immer vor Augen, dass dieses Feedback ja nicht Ihr *wahres Ich* betrifft, sondern dass Sie nur eine Leistungsbewertung zu hören bekommen, nämlich: Was für einen ersten Eindruck haben Sie bei Ihrem Date gemacht? Die Männer haben Sie auf eine bestimmte Art wahrgenommen, genauso wie z. B. ein Kunde Ihre Arbeit wahrnehmen würde. Es ist nichts anderes, als wenn Ihnen Ihre Chefin am Ende des Jahres mitteilt, dass sie mit Ihrer Arbeit sehr zufrieden ist, Sie aber an einer Kleinigkeit noch arbeiten sollten: Sie fummeln bei Präsentationen immer so furchtbar mit Ihrem Stift herum, und Ihre Chefin befürchtet, dass das die Kunden von Ihren tollen Marketingkonzepten ablenken könnte. Nach diesem Gespräch verlassen Sie das Büro Ihrer Chefin mit dem Gedanken, dass dieser Tipp sehr nützlich war, Sie sind froh, dass jemand Sie darauf aufmerksam gemacht hat, und fummeln in Zukunft eben nicht mehr mit Ihrem Stift herum.

Negatives Feedback zu verdauen ist nie ganz einfach, auch wenn es nur ganz oberflächlicher Natur ist. Aber richten Sie den Blick einfach fest auf den großen Preis, den es zu gewinnen gibt, und sagen Sie sich immer wieder, dass Ihnen das alles nur helfen soll, Ihr Ziel zu erreichen: den richtigen Partner zu finden. Bitten Sie Ihren Interviewer, am Ende seines Berichts auch ein paar *positive* Bemerkungen der Männer wiederzugeben.

Ich möchte, dass Sie sich das negative Feedback sehr gut anhören und ernst nehmen. Aber schalten Sie dabei Ihren gesunden Menschenverstand nicht aus und genießen Sie es mit Vorsicht. Natürlich haben ein paar von den Männern selbst Probleme, und Sie werden nicht unbedingt Respekt für jede geäußerte Meinung aufbringen. Wenn nur ein einziger Mann meint, dass Sie zu viel über sich selbst reden, sollten Sie diesen Gesichtspunkt zwar nicht ganz verwerfen, aber betrachten Sie ihn nicht als großes Problem. Wenn jedoch vier von fünf Männern Sie als aggressiv beschreiben, müssen Sie entweder Ihr Verhalten entsprechend ändern oder sich einem anderen Typ Mann zuwenden, der diesen Charakterzug positiv sieht. Setzen Sie sich mit Ihrem Interviewer zusammen und überlegen Sie sich Lösungen und Verbesserungsmöglichkeiten.

Ohne Fleiß kein Preis... aber während Sie sich mühsam durch diesen Prozess arbeiten, stellen Sie sich doch einfach immer wieder bildlich vor, wie Sie in Zukunft Körbe an all die Männer verteilen, die ein zweites Mal mit Ihnen ausgehen wollen – damit Sie sich ganz darauf konzentrieren können, mit dem Mann auszugehen, der Ihnen so richtig gefällt.

Beispiel A: Abschlussgespräch

Hallo, hier ist Susanne Jonas, ich rufe Sie im Auftrag von Petra Bauer an. Können Sie sich noch erinnern? Sie hatten sie vor einem Monat im Internet in der Singlebörse XYZ kennengelernt – die Anwältin, die gerade erst in die Stadt gezogen war.

Ich wollte Sie um fünf Minuten Ihrer Zeit bitten. Ich bin Petras Freundin/Schwester/Beraterin und versuche, ihr zu helfen, ihre Verhaltensmuster bei Verabredungen besser zu verstehen. Ich weiß, dieser Anruf wird Ihnen ein bisschen seltsam vorkommen *(an dieser Stelle bitte kurz lachen!)*, aber sie hat mir erzählt, dass Sie ein sehr aufmerksamer Mann sind, und deswegen hoffe ich, dass Sie mir erklären werden, warum Sie nicht mehr mit ihr ausgehen wollten. Verstehen Sie mich nicht falsch, es ist für Petra nicht weiter dramatisch, dass aus Ihnen beiden nichts geworden ist, aber sie ist mir wichtig, und ich möchte, dass sie den Richtigen für eine Beziehung findet. Deswegen habe ich sie überredet, mich fünf Männer anrufen zu lassen, mit denen sie in der Vergangenheit ausgegangen ist, und mir anzuhören, was für einen ersten Eindruck sie so macht. Ich glaube, Ihr Feedback könnte Petra *wirklich* sehr helfen.

Außerdem habe ich viele nette Freundinnen, die gerade Single sind! Wenn Sie mir erklären können, was Sie suchen, kann ich Ihnen vielleicht die eine oder andere vorstellen, die zu Ihnen passt.

Petra hat gesagt, dass Ihre Meinung ihr sehr wichtig ist, deswegen wäre ich Ihnen sehr dankbar, wenn Sie ein paar Minuten ganz offen mit mir reden könnten. Ich werde auch noch die anderen Männer anrufen und dann die Ergebnisse zusammenfassen, sodass Petra nicht nachvollziehen kann, wer was gesagt hat (es sei denn, es macht Ihnen nichts aus, dass ich ihr Details aus unserem Gespräch mitteile). Wenn Sie wollen, dass ich irgendetwas vertraulich behandeln soll, sagen Sie es mir einfach.

Es wäre schön, wenn Sie mir die folgenden Fragen ganz ehrlich beantworten könnten *(nach jeder Frage soll der Interviewer nach Details fragen)*:

1. Wie würden Sie Ihr Treffen auf einer Skala von 1 bis 10 einstufen? Was hätte anders sein müssen, damit es eine 10 geworden wäre?

2. Was war Ihr erster Eindruck, als Sie sie getroffen haben?

3. Inwiefern war sie anders, als Sie gedacht hatten?

4. Wie würden Sie sie jetzt beschreiben, nachdem Sie ein paar Stunden mit ihr verbracht haben?

5. Was waren ihre besten Eigenschaften?

6. An welchen Eigenschaften sollte sie am ehesten arbeiten?

7. Was war der Hauptgrund, warum Sie beschlossen haben, sie nicht mehr anzurufen?

8. Gab es noch andere Gründe?

9. Wenn Sie ihr bester (und aufrichtiger) Freund wären, was für einen Rat würden Sie ihr dann für ihre zukünftigen Dates geben?

10. Können Sie mir eine Verabredung mit einer anderen Frau beschreiben, das gut gelaufen ist?

11. *(An dieser Stelle Fragen zu speziellen Problemgebieten, falls vorhanden, einfügen.)*

Okay, vielen Dank für Ihre Zeit und Ihre Aufrichtigkeit! Das war wirklich sehr hilfreich, und ich weiß, dass Petra Nutzen daraus ziehen wird. Außerdem werde ich ernsthaft darüber nachdenken, ob nicht eine von meinen Freundinnen zu Ihnen passen könnte, falls Sie daran Interesse haben.

Für den Fall, dass Ihnen später noch etwas einfallen sollte – hier sind meine Telefonnummer und meine E-Mail-Adresse: XYZ

Beispiel B: **E-Mail/Nachricht auf dem Anrufbeantworter**

Hallo Jonathan,

ich bin eine Freundin von Petra Bauer. Sie hat mir Ihre Kontaktdaten gegeben, weil sie dachte, Sie könnten mir sicher ein paar Fragen beantworten. Petra hat erzählt, Sie waren total nett, deswegen würde ich Ihnen irgendwann heute oder morgen gern ein paar nützliche Hinweise entlocken. Außerdem habe ich vielleicht eine tolle Freundin, die ich Ihnen vorstellen könnte. Meine Nummer lautet ... – können wir eine Uhrzeit ausmachen? Ich weiß, Sie sind sehr beschäftigt, aber ich wäre Ihnen wirklich *sehr* dankbar. Ich freue mich schon, von Ihnen zu hören. Vielen Dank im Voraus!

Susanne Jonas

6 UND JETZT?

Rachel, Hilfe!!

Ich habe morgen ein Date mit einem Typen, an dem mir extrem viel liegt. Wir treffen uns zum Kaffeetrinken, und ich brauche dringend Deinen Rat! Du hast doch diese ganzen Daten von Deinen Abschlussgesprächen – ich muss unbedingt wissen, was ich anziehen soll! (Bitte auch detaillierte Schuh-Info: flach oder mit Absatz? Falls mit Absatz, zwei Zentimeter oder fünf?) Ist es in Ordnung, wenn ich meinen gewohnten koffeinfreien Kaffee mit entrahmter Milch und ohne Milchschaum bestelle? Oder soll ich lieber was Einfacheres nehmen, damit ich nicht übermäßig anspruchsvoll wirke? Soll ich mir was zu essen dazubestellen? Ja, nein oder nur etwas, das nicht krümelt? Ist es eigentlich okay, wenn man den Kellner beim Namen ruft? Soll ich ein paar Münzen in die Trinkgeldtasse werfen? Soll ich mir zuerst Zucker nehmen oder erst ihm welchen anbieten? Soll ich überhaupt Zucker nehmen oder lieber Süßstoff? UND WER ZAHLT? Vielleicht sollte ich schon mit meinem Getränk am Tisch sitzen, wenn er kommt, damit ich die Fragen zu Bestellung, Bezahlung, Trinkgeld und Zucker gleich umschiffen kann?

Bitte antworte mir so schnell wie möglich!!

Diese Mail habe ich so von einer Kundin bekommen. Ich nenne sie die »Kaffee-Chronik«. Die Moral von der Geschicht': Bitte tief durchatmen und entspannen. Sie sollen vorbereitet sein, aber nicht paranoid.

Neulich habe ich eine alte Folge von *Seinfeld* gesehen. Elaine hatte einen neuen Freund und meinte: »Mit dem auszugehen ist wie Eichhörnchen fangen: *bloß keine hastigen Bewegungen!*« Nachdem ich Hunderte von Geständnissen gehört habe, warum die Männer die Frauen nicht mehr anriefen, kann ich es Elaine wirklich nachfühlen. Man möchte fast meinen, sobald man niest, zu laut blinzelt, nach dem Kellner Ausschau hält oder sich einen Pulli um die Hüften bindet, wird man sofort für unhygienisch, laut, anspruchsvoll oder fett gehalten.

Wenn man es mit den Analysen übertreibt, kommt man irgendwann an einen Punkt, an dem man handlungsunfähig wird, denn zu viele Informationen können einen auch lähmen. Dann werden Sie unfähig, eine Entscheidung zu treffen und Fortschritte zu machen. Also halten Sie nach Ihren wichtigsten Problemen Ausschau und machen Sie sich diese bewusst. Während Sie sich weiter mit Männern verabreden, können Sie die Reaktionen abschätzen und sich immer besser anpassen.

Ein Fehler wirft Sie noch nicht aus dem Rennen

Wenn Sie sich überlegen, welche Auswirkungen dieses Buch auf Ihre zukünftigen Dates haben wird, möchte ich eines betonen: Trotz aller Beanstandungen handelten die Männer nie nach dem Motto »Ein Fehler und du bist raus!«. Denken Sie daran, dass sich die Dinge immer weiter aufbauten. Eine Frau sagte oder tat etwas, was in seinem Kopf eine Frage aufwarf. Dann wurde aus der Frage die Hypothese eines negativen Stereotyps (z. B. die Chefin), die er im Verlauf des Abends zu bestätigen oder zu widerlegen versuchte, indem er nach weiteren Indizien Ausschau hielt.

Natürlich habe ich auch von »Fehlern« gehört, die sofort das Ende bedeuteten – wie bei Asher, der grundsätzlich nie wieder mit einer Frau ausging, wenn sie sich dasselbe Gericht bestellte wie er. Gott sei Dank waren Typen wie Asher bei meiner Untersuchung in der Minderzahl (und ich bezweifle sowieso, dass Sie mit solchen Männern öfter ausgehen wollen). Wenn Sie einen Mann also fragen: »Hast du eine Ein- oder Zweizimmerwohnung in Manhattan?«, wird er Sie noch nicht als Prinzesschen abstempeln. Erst wenn Sie ihm drei oder vier oder siebzehn ähnliche Fragen stellen, während Sie an einem Ihrer Diamantohrringe (drei Karat) drehen.

Außerdem war da noch Dean aus Raleigh, der sich in seine zukünftige Frau verliebte, obwohl sie bei ihrer ersten Verabredung auf der Treppe stolperte, in Hundescheiße trat und sich dreimal Parmesan nachbestellte.

Manchmal sieht man den Wald vor lauter Bäumen nicht

Sie sollen zwar herausfinden, was Ihre Dates so oft scheitern lässt, aber das heißt nicht, dass Sie sich besessen mit jeder Kleinigkeit beschäftigen sollen (wie in der »Kaffee-Chronik«). Konzentrieren Sie sich lieber auf die Frage, welchem in diesem Buch beschriebenen Stereotyp Sie in den Augen der Männer am meisten ähneln (egal, ob zu Recht oder zu Unrecht). Glauben Sie, dass manches erste Treffen auch das letzte blieb, weil Sie wie eine Fixierte wirkten? Könnte es sein, dass der süße Typ, mit dem Sie Kaffeetrinken waren, der Sie dann aber mit der »keine Chemie«-Ausrede abserviert hat, Sie insgeheim für eine Kratzbürste hielt? Wurden Sie von dem Mann, den Sie auf der Party neulich kennenlernten, der sich aber verabschiedete, ohne nach Ihrer Nummer zu fragen, vielleicht für eine Einbahnstraße gehalten?

Was ist, wenn Sie alle Anekdoten in diesem Buch gelesen und alle »Kommt Ihnen das bekannt vor?«-Fragen ehrlich beantwortet haben, aber immer noch nicht sicher sind, welchem Stereotyp Sie am meisten ähneln? Dann sehen Sie wahrscheinlich den Wald vor lauter Bäumen nicht. Zwei Wege führen aus diesem Wald heraus: der einfache Weg und der bessere Weg.

Der einfache Weg besteht darin, dass Sie ein paar schlaue Freundinnen oder Familienmitglieder um Hilfe bitten. Suchen Sie sich jemanden aus, der mit Ihnen auf einer Party, bei einem Singletreff oder bei einem Doppeldate war, und gehen Sie die Stereotype mit ihm durch. Fragen Sie ihn, was er selbst noch an Ihnen beobachtet hat, um Ihr bestimmendes Stereotyp zu finden. Das kann ein bisschen peinlich sein, aber die Menschen, die Sie am besten kennen, können Ihnen normalerweise die brauchbarsten Auskünfte geben. Sagen Sie ihnen auf jeden Fall, dass Sie die Wahrheit hören wollen, auch wenn sie unangenehm sein sollte. Sammeln Sie Meinungen, bis sich eine Mehrheit gebildet hat. Dabei sollten Sie auch darauf gefasst sein, dass Ihr Stereotyp Sie überraschen wird.

Der bessere Weg verschafft Ihnen das präziseste Bild von dem, was bei Ihren Verabredungen passiert ist. Fassen Sie sich ein Herz und nehmen Sie die Abschlussgespräche in Angriff. Wenn Sie eine Freundin oder einen professionellen Singleberater beauftragen, ein paar von den Männern anzurufen, mit denen Sie ausgegangen sind, werden Sie hundertprozentig herausfinden, welchem Stereotyp die Männer Sie zuordnen. Ich habe selbst gesehen, wie so ein erhellendes Feedback dazu führte, dass die Frauen mit ihren Verabredungen immer bessere Ergebnisse erzielten. Immer und immer wieder.

Wenn Sie das wichtigste (und vielleicht das eine oder andere kleinere) Stereotyp identifiziert haben, denken Sie darüber nach, wie sich vermeiden ließe, dass der nächste Mann Sie so wahrnimmt. Befolgen Sie die Tipps, die ich im jeweiligen Abschnitt gegeben habe. Der Schlüssel zum Erfolg liegt darin, die »Extreme« zu vermeiden, die zu einer Belegung mit Stereotypen führen. Wenn Sie sich z. B. im Prinzesschen-Abschnitt wiederfinden, wäre dies der Schlachtplan für Ihr nächstes Date in einem Café:

▶ Tragen Sie lässige Kleidung, in der Sie sich wohlfühlen, aber vermeiden Sie zu viele Designermarken und protzige Accessoires.

▶ Sprechen Sie ganz normal mit dem Kellner, und bestellen Sie ein relativ schlichtes Getränk.

▶ Bieten Sie an zu zahlen (mit einem Zehn-Euro-Schein statt mit Ihrer goldenen Kreditkarte). Wenn er Ihr Angebot ritterlich ablehnt, bedanken Sie sich liebenswürdig.

▶ Wenn Sie sich beim Griff nach der Zuckerdose einen Nagel einreißen, brechen Sie bitte nicht in Tränen aus.

▶ Während Sie an Ihren Getränken nippen, stellen Sie »Warum«-Fragen, nicht solche, die auf reine Fakten abzielen. »Warum bist du nach XY gezogen?« statt »Liegt deine Wohnung in Strandnähe?«

Der Rest dürfte dann nicht mehr so wichtig sein. Wenn Sie diese Tipps befolgen, aber versehentlich doch erwähnen, dass Sie Ihrem Vater eine Rolex zum Geburtstag geschenkt haben, wird Ihr Gegenüber das als einmalige Äußerung betrachten, Sie nicht als Prinzesschen abstempeln und um ein zweites Date bitten. Und dann können *Sie* entscheiden, ob Sie Lust dazu haben!

Wissen ist Macht, ob Sie nun eine geschäftliche Besprechung haben oder bei Kerzenlicht einem schönen Fremden gegenübersitzen. Meine Rechercheergebnisse sollen Ihnen als generelle Richtschnur dienen, nicht als minutiös zu befolgende Gebrauchsanweisung. Vergessen Sie nicht, dass das erste Treffen zwar ein Test ist, aber keiner, bei dem Sie nur richtige oder falsche Antworten ankreuzen können. Es ist eher wie Aufsatzschreiben. Es hilft zwar, wenn Sie mit dem Thema vertraut sind, aber es gibt keine »richtigen Antworten«, die Sie auswendig lernen könnten.

Die neuen Regeln

Ob es Ihnen nun gefällt oder nicht, im Frühstadium ist die Partnersuche eine Art Spiel. In den letzten Jahren ist es allerdings immer schwieriger geworden, dieses Spiel zu gewinnen, denn die Teilnehmer werden immer raffinierter (weil sie zuvor mehr und tiefere Beziehungen hatten), und die Zahl der Mitspieler steigt ins Unermessliche (dank Online-Dating und Facebook-Wahn). Wenn der anspruchsvolle Single so viel Auswahl hat, setzt er darauf, dass er vielleicht nur einen Mausklick braucht, um jemanden zu finden, der »noch perfekter« passt. Die neue Regel des Spiels lautet: Aussortieren, statt ausprobieren. Ziel Ihres Spiels sollte also sein, über Los zu kommen, das Geld einzuziehen und sich in eine Position zu bringen, in der Sie die Angebote annehmen oder ablehnen können.

Doch ich beobachte, wie die meisten Frauen ein erstes Date nach dem anderen absolvieren und jedes Mal wieder dieselben Signale aussenden, ohne sich klarzumachen, was bei der letzten Verabredung eigentlich schiefgegangen ist.

Das bedeutet nicht, dass Sie Ihre Persönlichkeit ändern sollen. Sie müssen sich keine Strähnchen ins Haar färben, Ihren beruflichen Erfolg aufgeben, Ihre Eizellen einfrieren lassen, Ihre festen Überzeugungen aufgeben oder sich einen neuen Freundeskreis zulegen. Der Komiker Steven Wright aus Los Angeles witzelte: »Meine Uhr ist kaputt, sie geht drei Stunden vor. Ich glaube, ich zieh einfach nach New York, wo alles schneller läuft.« Die Lösung besteht darin, dass Sie ein Detail leicht abändern, nicht, dass Sie Ihr Leben auf den Kopf stellen. Achten Sie bei Ihrer nächsten Verabredung darauf, bestimmte Äußerungen oder Verhaltensweisen etwas zu modifizieren, wiederholen Sie Ihre Fehler nicht ständig. Dann verbringen Sie Ihre wertvolle Zeit nämlich eher bei zweiten Verabredungen mit Männern, die Ihnen gefallen, statt immer wieder erste Dates mit Männern zu absolvieren, die Sie gar nicht interessieren.

Es gibt sie doch, die guten Männer!

(Das weiß ich, weil ich mit ihnen gesprochen habe.)

Es fühlt sich für mich immer wieder komisch an, meine drei Kinder zu Bett zu bringen, meinem geduldigen Mann, mit dem ich seit 16 Jahren verheiratet bin, das Babysitten zu überlassen und mit meinem Notizblock quer durch die Stadt zur nächsten Speed-Dating-Veranstaltung »für Singles von 25 bis 35« zu fahren. (Ich bin übrigens 44.) Willkommen in meiner Welt.

In der Zeit, als ich mein erstes Buch schrieb, arbeitete ich als Singleberaterin, und es verging kein Tag, an dem die Frauen mir nicht vorgejammert hätten, wie schwierig es doch ist, den Richtigen zu finden. Tatsächlich meinten manche, man könne es sowieso vergessen, es seien keine guten Männer mehr übrig. Die Männer, von denen sie mir erzählten, waren Idioten, Lügner, Verrückte, Beziehungsphobiker oder übereifrige kleine Welpen, die über die eigenen Füße stolperten. Ich glaubte meinen Kundinnen, und so gab ich in meinem ersten Buch toughe Tipps für die Notsituationen, die sie mir beschrieben hatten. Als ich beschloss, ein neues Buch zu schreiben und dafür tausend Singlemänner zu befragen, schauderte ich insgeheim. Klar, dadurch würde ich unschätzbar wertvolle Einsichten in die männliche Denkweise gewinnen, aber wie sollte ich nur stundenlange Gespräche mit diesen Vollidioten überleben?

Aber als ich die Abschlussgespräche dann führte, änderte sich die Perspektive, und mein Pessimismus verschwand. Statt täglich mit Singlefrauen zu sprechen, die mir erzählten, dass es keine guten Männer mehr gibt, redete ich jetzt täglich mit Singlemännern, und zwar wirklich tollen. Natürlich waren sie nicht alle toll – ja, manche waren auch einfach ein Albtraum, das habe ich ja auch nicht verschwiegen –, aber mir haben buchstäblich Hunderte von wunderbaren Männern erzählt, was bei ihren Dates schiefgegangen ist. Ich habe mich mit unzähligen klugen, interessanten, warmherzigen Männern unterhalten, die unbedingt die Richtige finden wollten (und auch für jemand der Richtige sein wollten). Natürlich gestattet ein Telefongespräch nicht Einsichten, als würde man einem Mann im Restaurant gegenübersitzen, aber ich war überrascht von ihrer Bereitschaft, sich mir zu öffnen und mir von ihren Enttäuschungen und Hoffnungen zu erzählen.

Meiner Meinung nach ist das Problem nicht, dass es keine guten Männer gibt, sondern dass kleine (vielleicht auch unkorrekte) Wahrnehmungen – die man leicht vermeiden könnte – Amors Pfeil im Weg stehen. Höchste Zeit, die Pfeile nicht länger abzublocken, sondern endlich Spaß bei Verabredungen zu haben, indem Sie Ihr Gegenüber wirklich kennenlernen und sich eine erfüllende Beziehung aufbauen.

Im Laufe der letzten zehn Jahre habe ich den Puls der guten Singlemänner gefühlt, und ich kann Ihnen sagen, sie sind absolut lebendig! Ich habe sogar mal für Sie nachgerechnet: Nach tausend Gesprächen bin ich hundert Prozent sicher, dass vor Ihrer Haustür eine Million tolle Männer nur darauf warten, Sie bei einer *zweiten* Verabredung besser kennenzulernen.

Anmerkungen:
Tausende von Hoffnungsträgern

Recherchemethoden und Details
zum Datenmaterial

Wenn irgendjemand nachvollziehen möchte, was für eine Heidenarbeit ich für dieses Buch leisten musste, bitte sehr: Ich habe über zehn Jahre hinweg mehr als dreitausend Arbeitsstunden darauf verwendet, die tausend Gespräche, die für dieses Buch geführt wurden, zu sammeln und auszuwerten. Im Folgenden gebe ich Ihnen ein paar Eckdaten zu meinen Recherchen.

Zeitrahmen

Mein erstes Abschlussgespräch führte ich 1998. In den nächsten zehn Jahren als Singleberaterin und Partnervermittlerin bot ich meinen Kundinnen (und ab und zu auch ein paar Freundinnen) diesen Service an. Nach meinem ersten Buch *(Fang den Mann: Das perfekte Programm für Frauen ab 35)* explodierte die Liste meiner Kundinnen, und damit konnte ich auch mehr Männer befragen, Telefonat für Telefonat. Als die Idee für *Warum ruft er mich nicht an?* geboren war, stellte ich drei Assistenten ein (zwei Frauen und einen Mann), was die Reichweite enorm vergrößerte. Ungefähr achtzig Prozent der Daten wurden 2007 und 2008 gesammelt.

Die Gruppe der Befragten

Obwohl ich während meines Psychologiestudiums und dem MBA Statistik und Recherchetechniken lernen musste, gebe ich unumwunden zu, dass diese Untersuchung nicht streng wissenschaftlich ist. Unter Zuhilfenahme meiner Ausbildung, begrenzter finanzieller Mittel und des guten alten gesunden Menschenverstands befragte ich nach bestem Wissen und Gewissen eine große Zahl von gebildeten Männern aus allen möglichen Berufsgruppen (vom Lehrer bis zum Investmentbanker), mit denen meine Kundinnen, Freundinnen und Leserinnen sicher gerne ausgehen würden.

Um der Wahrheit die Ehre zu geben: Ich habe nicht von jeder männlichen demografischen Gruppe auf diesem Erdball statistisch relevante Daten sammeln können. Wenn Sie sich also fragen: »Hat sie wohl auch einen linkshändigen Löwenbändiger aus Charleston befragt?«, müsste ich darauf mit einem klaren Nein antworten. Vielmehr habe ich Folgendes getan:

▶ Meine Assistenten und ich nahmen Kontakt zu über 1090 Singlemännern auf. Ungefähr 20 Prozent wollten aus diversen Gründen nicht mit uns sprechen oder antworteten gar nicht auf unsere Mailanfrage bzw. die Nachricht auf dem Anrufbeantworter. Die Antworten von 19 Männern wurden aussortiert. (Dabei handelte es sich um Männer, die wir ganz subjektiv als »nicht begehrenswert« einstuften, weil ihre Bemerkungen ausnehmend geschmacklos waren oder sie sich während der Befragung eklatant danebenbenahmen.) Zum Schluss hatte ich Daten von 878 Männern beisammen, zu denen noch die Antworten von 122 Online-Befragungen kamen, womit ich meine Zielvorgabe von 1000 befragten Männern erreicht hatte.

▶ Diese 1000 Männer erzählten mir von 2374 Frauen, die sie nicht mehr angerufen hatten. Dabei gaben sie 4152 Gründe an, warum sie von einem zweiten (in manchen Fällen von einem dritten oder vierten) Date Abstand genommen hatten. So kam auf jeden Mann ein Durchschnitt von 1,7 Hauptgründen pro nicht zurückgerufener Frau. Die Grafik (siehe Seite 357) zeigt die statistische Verteilung der im dritten und vierten Kapitel genannten Gründe.

▶ Die Männer wurden nach folgenden Gesichtspunkten in Untergruppen aufgeteilt:

Altersgruppe: 21–35: 35 Prozent; 36–49: 42 Prozent; über 50: 23 Prozent

Ethnische Zugehörigkeit: Weiße: 76 Prozent, Afroamerikaner: 12 Prozent; Lateinamerikaner: 8 Prozent, Asiaten: 3 Prozent; andere: 1 Prozent

Familienstand: noch nie verheiratet: 67 Prozent; geschieden: 22 Prozent; getrennt lebend: 6 Prozent; verwitwet: 5 Prozent

Grundsätzlich an einer Heirat interessiert: Ja: 78 Prozent; Nein: 12 Prozent; keine Antwort/Enthaltung: 10 Prozent. Als potenzielles Interesse an einer Heirat wurde gewertet, wenn der Mann folgender Aussage zustimmte: »Wenn ich die Richtige treffen würde, wäre ich sofort an einer ernsthaften Beziehung interessiert.«

Die Methoden der Datenerhebung

Die Singlemänner, mit denen ich Kontakt aufgenommen habe, waren einerseits solche, die mit meinen Kundinnen ausgegangen waren, zum anderen wurden mir aber auch Männer durch Freunde von Freunden vermittelt.

▶ Die Mehrheit der 878 Singlemänner wurde »live« am Telefon befragt. Ansonsten befragte ich sie bei Speed-Dating-Veranstaltungen, zufälligen Begegnungen in Flughafenlounges, Cafés oder Buchhandlungen, bzw. nutzte die Daten anderer professioneller Singleberater, die ein paar ihrer Kunden für mich befragt hatten. Von den Telefonbefragungen waren 375 »echte« Abschlussgespräche, d. h., ich rief drei bis sechs Männer an, die alle mit derselben Frau ausgegangen waren, um ein individuelles Muster zu finden, das verschiedene Männer davon abhielt, die betreffende Frau zurückzurufen. Bei den restlichen 521 Gesprächen bat ich die Männer, eine Frau (oder mehrere) zu beschreiben, die sie nach dem ersten Date nicht mehr angerufen hatten.

▶ Zusätzlich verwendete ich die Antworten der ersten 122 Singlemänner, die per Mail auf meine Anzeige geantwortet hatten, in der ich nach Freiwilligen für eine Umfrage zum Thema Online-Dating suchte. Mit dieser Umfrage wollte ich ganz speziellen Fragen auf den Grund gehen, die in meiner Recherche aufgetaucht waren. Dazu gehörte: »Was wäre der ideale Job für eine Frau, die Sie gerne heiraten würden?« oder »Welche Kleidung würden Sie an einer Frau beim ersten Date am liebsten sehen – wenn Sie in ihr jemanden mit Potenzial für eine langfristige Beziehung erkennen sollen?« und »Was soll eine Frau Ihrer Meinung nach tun, wenn beim ersten Date die Restaurantrechnung kommt?«

Datenschutz

Die Namen und ein paar zu verräterische persönliche Details habe ich in diesem Buch abgeändert, um die Privatsphäre der befragten Männer und meiner Kundinnen zu schützen.

Gründe, warum er nicht mehr angerufen hat

Zahl der Erwähnungen in Abschlussgesprächen
(insgesamt 4152 Gründe)

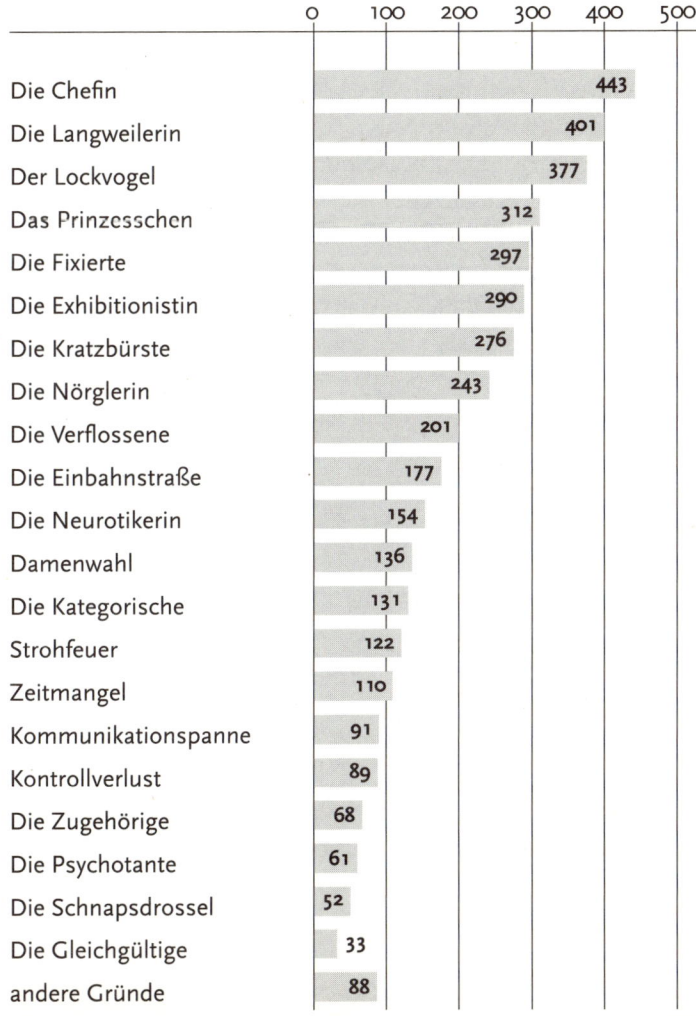

Die Chefin	443
Die Langweilerin	401
Der Lockvogel	377
Das Prinzesschen	312
Die Fixierte	297
Die Exhibitionistin	290
Die Kratzbürste	276
Die Nörglerin	243
Die Verflossene	201
Die Einbahnstraße	177
Die Neurotikerin	154
Damenwahl	136
Die Kategorische	131
Strohfeuer	122
Zeitmangel	110
Kommunikationspanne	91
Kontrollverlust	89
Die Zugehörige	68
Die Psychotante	61
Die Schnapsdrossel	52
Die Gleichgültige	33
andere Gründe	88

Danksagung

An einem Recherche- und Buchprojekt, das sich über zehn Jahre hinzieht, sind natürlich viele Menschen beteiligt. In erster Linie habe ich eine phänomenale Literaturagentin, Andrea Barzvi von ICM! Sie glaubte sofort an dieses Buch und hat alles dafür getan. Ihr Einsatz ging bei weitem über meine Erwartungen hinaus, professionell ebenso sehr wie persönlich. Andy ist der Mensch, den jeder Autor gern an seiner Seite hätte, und ich gehöre zu den paar Glückspilzen, denen dieses Privileg zuteilwird. Danke auch an den fantastischen Binky Urban von ICM, der eine Schlüsselrolle bei der Vorbereitung dieses Buches spielte, und Josie Freedman, meine großartige, überaus talentierte Filmagentin.

Ein dickes Dankeschön an mein Superstar-Team bei Crown: Suzanne O'Neill (meine hoch geschätzte Lektorin, die mich immer so unglaublich unterstützt), Lindsey Moore, Tina Constable, Jenny Frost, Heather Proulx, Jill Flaxman, Campbell Wharton, Annsley Rosner, Christine Aronson, Patty Berg, Mary Choteborsky, Tricia Wygal, Alisha Burns, Jacob Bronstein und Kyle Kolker. Ganz besonders danke ich Aja Pollock, meiner Redakteurin, der unbesungenen Heldin, die so supersorgfältig und so superklug ist.

Meine Recherchemitarbeiter, Shannon, Jonathan und Ellie, waren unschätzbar wertvoll und einfühlsam und haben ganz unermüdlich Gespräche geführt. Beim Aufspüren von Singlemännern unterschiedlichster demografischer Gruppen waren sie äußerst kreativ und drangen mit ihren Fragen hinter die Fassade ihrer Gesprächspartner.

Sandra Bark, freiberufliche Redakteurin und Beraterin, war in jeder Hinsicht wichtig für dieses Buch: vom Überarbeiten des Exposés und dem Anordnen des Stoffes über Gedanken zum Buchcover bis hin zu brillanten Ideen. Sie hat wirklich alles, was ein Redakteur braucht: Sie ist klug, kreativ, detailverliebt und lustig und kann strategisch denken. Ich kann mir gar nicht vorstellen, je wieder ein Buch ohne ihre Hilfe zu schreiben.

Jeder sollte seinen eigenen »Humorberater« haben – sowohl im Leben als auch beim Bücherschreiben. Meiner war das geistreiche, sarkastische Genie Stephen Abrams. Für all seine Bemerkungen und seine Zeit kann ich ihm gar nicht genug danken.

Josh Greenwald, mein Schwager, darf die Lorbeeren für das Konzept der Abschlussgespräche für sich beanspruchen. Meine Schwägerin Holly Greenwald und er haben sich freundlicherweise auch die Zeit genommen, dieses Manuskript zu lesen und kreative und kluge Anregungen zu geben.

Zu den anderen Lesern, die großzügig ihre Zeit geopfert und Ideen beigetragen haben, gehörten Andrea Bloom, Michelle Burford, Shannon Chafin, Sandy Dugoff, Emma Lewis, Joy Mendez, Stacy Preblud Robinson, Hillary Schubach und Melanie Sturm. Jeder von Euch hat eine Dimension hinzugefügt, die den Text bereichert und präziser gemacht hat. Ich weiß das wirklich zu schätzen!

Ein paar von meinen männlichen Freunden haben sich wirklich angestrengt, um mir bei Schlüsselelementen dieses Buchs zu helfen – sie haben meine neugierigen Fragen beantwortet, des Teufels Advokat gespielt, mir bezaubernde Singlemänner für meine Befragungen vorgestellt, Feedback zur Umschlaggestaltung gegeben oder einfach ausdauernd mit mir telefoniert. Mein aufrichtigster Dank gilt Kevin Harrang, Bruce

Kershenbaum, Howard Levy, Jimmy Lynn, Rob Mintz, Jon Nassif, Larry Pidgeon, Eldar Shafir und Irwin Shorr.

Meine Freundinnen haben mir einzigartige Einblicke gestattet, mir Singlemänner zum Befragen vermittelt und mich moralisch unterstützt, wofür ich ihnen sehr dankbar bin: Shawn Chereskin, Sue Cooper, Alison Dinn, Marea Evans, Eileen Kershenbaum, Laura Lauder, Wanda Lockwood, Laurie Nassif, Karen Onderko, Jennifer Risher, Emily Sinclair, Beth Vagle und Elena Weschler.

Kollegen aus dem Partnervermittlungsbusiness haben mir ebenfalls Meinungen ihrer männlichen Kunden weitergeleitet: Lisa Ronis Personal Matchmaking, Kris Kenny Connections, Julie Ferman von Cupid's Coach und Adele Testani von Hurry Date. Ein dickes, dickes Dankeschön auch an Euch!

An all die Singlemänner und -frauen, die mir so großzügig ihre Zeit, ihr Vertrauen und ihre Einsichten geschenkt haben: Ohne Euch hätte diese Recherche nie durchgeführt werden können. Ich stehe vielleicht als Autorin auf dem Umschlag, aber Ihr seid definitiv der Geist und die Substanz dieses Buches.

Ein aufrichtiges Dankeschön auch an all die Singlefrauen, die auf meiner Website Fragen gestellt und ihren Freundinnen von meinem Buch erzählt haben. Ich lese immer wieder gern, was Ihr mir schreibt!

An alle Starbucks-Filialen von Denver bis Barcelona: Wo sonst kann man sich mit dem Laptop auf dem Schoß hinsetzen und acht Stunden am Stück schreiben, ohne mehr zu konsumieren als einen Zwei-Dollar-Becher Kaffee?

Bei jedem Schritt der Veröffentlichung war meine Mutter Eleanor Hoffman meine enthusiastischste Cheerleaderin, unermüdliche Redakteurin und kreative Problemlöserin, während mein Vater Murray Hoffman dreifache Dienste als intelligenter Leser, ermutigender Vater und aufopfernder medizinischer Berater leistete.

Meine Kinder, Max, Gracie und Oliver: Danke, dass Ihr so viel Geduld mit mir hattet, während ich mich auf dieses Buch konzentriert habe. Ihr wart nicht nur verständnisvoll, wenn ich mal wieder zerstreut war, weil ich mein Buch im Kopf hatte, sondern habt mich auch ermutigt und Interesse gezeigt für das, was ich schreibe. Dafür bin ich am dankbarsten. Ich bin furchtbar stolz auf Euch.

An Brad, meinen wunderbaren, großartigen Mann, der mir immer den Rücken stärkt: Ich bin so froh, dass Du mich damals wieder angerufen hast!

Register

Um die ganze Welt des
GOLDMANN Verlages
kennenzulernen, besuchen Sie uns doch
im Internet unter:

www.goldmann-verlag.de

Dort können Sie
nach weiteren interessanten Büchern *stöbern*,
Näheres über unsere *Autoren* erfahren,
in *Leseproben* blättern, alle *Termine* zu Lesungen und
Events finden und den *Newsletter* mit interessanten
Neuigkeiten, Gewinnspielen etc. abonnieren.

Ein *Gesamtverzeichnis* aller Goldmann Bücher finden
Sie dort ebenfalls.

Sehen Sie sich auch unsere *Videos* auf YouTube an und
werden Sie ein *Facebook*-Fan des Goldmann Verlags!

www.goldmann-verlag.de
www.facebook.com/goldmannverlag

GOLDMANN
Lesen erleben